图书馆读者服务与管理研究

王 静 著

吉林科学技术出版社

图书在版编目（CIP）数据

图书馆读者服务与管理研究 / 王静著. -- 长春：吉林科学技术出版社，2019.11
ISBN 978-7-5578-6161-2

Ⅰ．①图⋯ Ⅱ．①王⋯ Ⅲ．①图书馆服务－读者服务－研究②图书馆管理－研究 Ⅳ．① G252 ② G251

中国版本图书馆 CIP 数据核字（2019）第 232688 号

图书馆读者服务与管理研究

著　　者	王　静
出 版 人	李　梁
责任编辑	端金香
封面设计	刘　华
制　　版	王　朋
开　　本	185mm×260mm
字　　数	250 千字
印　　张	11
版　　次	2019 年 11 月第 1 版
印　　次	2019 年 11 月第 1 次印刷
出　　版	吉林科学技术出版社
发　　行	吉林科学技术出版社
地　　址	长春市福祉大路 5788 号出版集团 A 座
邮　　编	130118
发行部电话/传真	0431—81629529　　81629530　　81629531
	81629532　　81629533　　81629534

储运部电话　0431—86059116
编辑部电话　0431—81629517

网　　址	www.jlstp.net
印　　刷	北京宝莲鸿图科技有限公司
书　　号	ISBN 978-7-5578-6161-2
定　　价	54.00 元

版权所有　翻印必究

前　言

　　图书馆是大学标志性建筑，图书馆的藏书、借阅流程与现代化程度，代表着一所大学的办学水平和科研地位。在高校，人们可以从师生使用图书馆的状况初步判断出这所大学的教风、学风和校风。大学生毕业多年后可以淡忘许多事情，但一定对母校的图书馆记忆犹新。优秀的学生群体一定会在图书馆内度过自己的青春岁月，在"泡"图书馆的过程中得到理性的升华和阅读的享受。国内外著名大学一定有同样著名的图书馆，明智的大学校长一定会格外重视图书馆的软硬件建设，重视图书馆藏书的拓展与管理，重视图书馆信息化、现代化建设，重视师生对图书馆建设与管理的评价，从而使图书馆信息量更大，功用更全面，服务范围也更广泛。时代的变迁，社会的进步，信息传播方式的改变以及人们阅读习惯的改变，无形之中弱化了图书馆的作用。新形势下，我们需要结合互联网时代的信息传播与存储方式，更好地发挥图书馆的原有功能，拓展适应新环境的新功能。

　　本书首先介绍了图书馆读者服务与管理工作的新要求，对高校图书馆读者服务的理论基础进行了概述；其次梳理了高校图书馆服务工作体系的构建、互联网背景下大数据对高校图书馆的影响以及互联网背景下高校图书馆资讯数字化服务平台建设；最后对互联网背景下高校图书馆服务内容创新进行讨论和探索。本书通过对图书馆发展与创新的深入研究与探讨，围绕高校图书馆建设中的关键技术、服务方式、工作模式等开展研究，不断探索总结现代图书馆建设的新思路、新方法、新经验，有利于高校图书馆的管理创新、服务创新、理论创新，对推动图书馆的建设与发展起到了一定的作用。

　　另外，作者在撰写本书的过程中参考和借鉴了一些学者的研究成果，在此表示衷心的感谢。由于作者水平有限，书中难免有不足之处，恳请读者批评指正。

目 录

第一章 图书馆服务工作的新要求 ·········· 1
第一节 图书馆的发展渊源 ·········· 1
第二节 图书馆文化与价值 ·········· 15
第三节 互联网对图书馆的影响 ·········· 22
第四节 图书馆创新服务的提出 ·········· 26

第二章 高校图书馆读者服务的理论基础 ·········· 30
第一节 服务标准理论 ·········· 30
第二节 图书馆服务理论 ·········· 35
第三节 图书馆标准化理论 ·········· 46
第四节 高校图书馆服务标准的理论框架 ·········· 49

第三章 高校图书馆服务工作体系的构建 ·········· 54
第一节 高校图书馆服务标准的要素 ·········· 54
第二节 高校图书馆服务标准的体系结构 ·········· 62
第三节 高校图书馆服务标准体系的验证 ·········· 65

第四章 图书馆服务管理 ·········· 72
第一节 图书馆服务"五原则" ·········· 72
第二节 努力提高读者服务质量 ·········· 78
第三节 图书馆信息服务 ·········· 81
第四节 提升服务品质，塑造良好形象 ·········· 84
第五节 公共图书馆信息服务的管理 ·········· 89
第六节 网络环境下图书馆服务模式的演变 ·········· 93
第七节 基于知识管理的图书馆创新服务 ·········· 99

第五章　图书馆管理创新 ·· 103
第一节　图书馆管理创新的涵义 ··· 103
第二节　我国图书馆管理创新现状及思路 ·· 108
第三节　我国图书馆管理创新环境 ·· 114
第四节　管理创新与我国图书馆的可持续发展 ····································· 121
第五节　建立面向变化和可持续创新的图书馆管理机制 ······················· 132

第六章　互联网背景下高校图书馆服务内容创新 ·································· 138
第一节　互联网背景下高校图书馆资源共享服务 ································· 138
第二节　互联网背景下高校图书馆检索服务 ·· 142
第三节　互联网背景下高校图书馆个性化信息服务 ····························· 149
第四节　互联网背景下高校图书馆嵌入式服务 ···································· 154
第五节　互联网背景下高校图书馆知识服务 ·· 158
第六节　互联网背景下高校图书馆阅读推广 ·· 163

参考文献 ·· 167

第一章 图书馆服务工作的新要求

第一节 图书馆的发展渊源

一、图书馆发展历程

图书馆是整理、保存、传播文献并提供使用的科学、文化、教育机构。它的产生和出现是以文字的产生为前提的。在我国，图书馆经历了漫长的"封建藏书楼"时期，发展至今已有数千年的历史。图书馆起源于奴隶社会，成熟于封建社会，当时文献流通量小，重藏轻用，是农业文明的产物。近代图书馆是工业文明的产物，对文献藏用并重。现代图书馆是信息时代的产物，是全面开放的信息系统。未来的图书馆将是无纸社会的产物，是没有围墙的图书馆。图书馆的存在形态必须与社会发展相适应，在社会变革的挑战面前，图书馆只有与时俱进，才能求得生存与发展。

在我国古代封建社会，"图书馆"主要是典籍收藏的一个场所。封建社会的藏书楼是从战国开始直至清代末叶，中国长期的封建社会中央集权制的巩固，促进了官府藏书体系的形成、发展和兴盛。人们写书的盛行和印刷术的推广，学术文化的繁荣，促使私家藏书连绵不绝。宗教的传播，为佛寺、道观藏书提供了有利条件。书院的创立和发展，有效促进了书院藏书系统的建立。

我国古代的图书馆大体可以分为四个体系，分别是官府藏书、书院藏书、私人藏书和寺观藏书。用于收藏典籍的图书馆几乎贯穿着整个封建社会的发展历程。它的主要特点是以藏为主，图书馆文献仅被少数人使用，所以人们普遍称这个时期的图书馆为藏书楼。可见古代图书馆是以收藏和保存图书为主，基本上属于宫廷和神学的附属品。

根据文献和考古来看，我国的官方藏书早在夏朝就已出现。关于图书的起源，《易·系辞上》说："河出图，洛出书。"可见在周代以前就有了藏书之举。商王朝从商汤开始就有典籍记载了推翻夏王朝的历史，并设有史官负责收藏商王的言行、前朝的文献和刻辞甲骨。其中刻辞甲骨是我们现在所见最丰富的原始文献，主要有干支表、记事刻辞和卜辞。《甲骨卜辞》更被视为一部编年体的商代百科全书，记载占卜与应验情况，是统治者寻求神权统治的依据，文献多贮藏于宗庙"龟室"中。

我国图书馆起源于周朝，周代除王室有收藏文献的库室外，各诸侯国也有本国的文献库室。另外，周朝还设有专门收藏典籍的机构"盟府"，并配下史一职进行管理。

《史记》记载，老子曾任周朝的"收藏室之史"。班固在《汉书·艺文志》也说，老子做柱下史，博览古今典籍。随后，从春秋到战国，我国由奴隶社会向封建社会过渡。由于"士"阶层的出现和壮大，出现了中国历史上第一个文化大发展、学术大繁荣的时期：诸子蜂起，百家争鸣。同时社会上开始流行以竹木和绵帛为载体的文献，更加方便了社会信息的记载和传播。藏书行业也由官府著述、垄断藏书发展到公私并存，官府与知识分子俱有。当时出现了许多著名的藏书家，如孔子、老子、墨子、庄子、荀子、韩非子等。他们收藏书籍用于著书立说，于是就有了私家藏书这种新形式。秦始皇统一中国后，已经有大量藏书，又将周朝与诸侯六国的藏书集中起来，使秦朝藏书大大增加。但战国时期的语言文字多是"言语异声，文字异形"，并且没有文献记载秦始皇进行过有目的地整理。而是采纳了李斯的建议，颁布了"挟书律"，推行愚民政策，焚毁民间藏书，于是一场规模空前的"焚书"活动开始了，许多重要的先秦文献古籍付之一炬。民间藏书保留三种：一是记载秦国历史的秦记；二是由于职务需要，秦国个人自藏的书籍；三是官府所藏的医药、卜筮、种树之书。但到秦末，西楚霸王项羽入关火焚秦官，秦代官府藏书也损失重大。秦始皇焚书坑儒，使藏书遭到一次毁灭性的破坏。西汉王朝建立后，实施扶植文化的措施，并用法规的形式加以确定，完成了向封建大帝国的转型。西汉初，相国萧何在未央宫正殿北面盖了三座藏书阁，其中石渠阁和天禄阁后来成了皇家藏书馆的别称。汉武帝时，开始在全国征集图书，广开献书之路，同时组织人员抄写，制作出标准本收藏，在宫内建立了颇具规模的收藏图书的馆舍，"建藏书之策，置写书之官，下等诸子传说，皆充秘府。"其中"秘府"又称"秘阁"，就是皇家藏书馆的名称。到了东汉有了专门的"书市"，人们能够方便地买到要看的书籍。汉代的刘向、刘歆父子更是以藏书、校书显世。中国古代藏书行业从此走上了持续发展的历史轨道。

秦汉以后，图书馆工作逐渐与档案管理和史官职责相分离，开始走上独立发展的道路。汉代造纸术的发明与改进，为纸质文献的产生提供了条件。

竹木简是秦汉时期最主要的书写材料，其将字刻在竹或者木削后的片上。竹木简最大的缺点就是比较重，刻字很麻烦。根据史料记载，秦朝时期，秦始皇每天批阅奏章就达到100多斤。竹木简的长度不一，用途也各有不同。长的木简一般是用来书写国家的法律法规，抄写各种经书。由于其较长的特点，因此被称为"大册"或者是"典"。而短的木简则用来写传记等，字数多少没有定数，少的可以一两个，多的有几十个。秦朝时期对简的长度相比于汉朝较严格。

帛书出现时间相对竹木简晚，但是在使用时间上却是同时的。帛相比竹木简最大的优点是书写简单，重量轻。但是由于帛比较贵重，因此在秦汉时期，帛书和竹木简并行使用，帛书并没有代替竹木简。帛书的长短是比较随意的，可以根据内容大小随意改变。

秦汉时期出现了石刻文字，石鼓文发起，使得秦汉时期的石刻比较兴盛。秦始皇巡游时，经常在石头上刻字，当年的琅琊山石刻依然存在。而汉朝时期的石刻最早兴起于鲁孝王的"五凤石刻"。其后逐渐出现了石碑刻字，用来颂扬死去的人，或者用来赞扬某大型劳动工程。直到东汉灵帝时期，石刻书籍出现，它是书法家把经书抄写在石碑上，这种工作主要由专门的木匠完成。石刻书籍促进了雕刻印刷术的产生。

西汉以前的帛书和竹木简都存在各种缺点，直到西汉宣帝时期，发明了麻纸。此时的麻纸比较粗糙。东汉中期蔡伦发明了蔡侯纸，促进了我国造纸术的产生。蔡侯纸价格低，容易书写，作为我国四大发明之一的造纸术的产生，促进了人类文明的发展。

三国魏晋南北朝由于战争频繁，无论是各国的官府藏书，还是私人藏书，都历经几度积累、破坏和恢复，但图书馆总体仍呈现上升的趋势。隋唐之际，魏征、虞世南、颜师古相继出任秘书省官员，广购天下图书，并选拔书法好的人抄书，然后收藏于秘书省内。唐玄宗也特地修建书院，专门抄校书籍。同时还聘用女子管理员，在长安就抄写了5 100多卷书，并且把这些书装饰得非常考究：玉轴牙签，肖锦飘带，不同种类着不同颜色。

宋代太宗建立崇文院，专门作为藏书之地，后来又另设书库，叫秘书阁。当时宋代著名的个人藏书家宋敏求藏书三万卷，让别人借阅，与现在的阅览室差不多。

元朝专门收藏书籍的图书馆，先有宏文院，后有艺林库。至明清两代，国家藏书得到空前发展，明朝宫廷建有文渊阁。我国最大的类书，世界上第一部大百科全书——《永乐大典》在明迁都北京时搬到此处。

清朝的藏书处所之多，拥有图书之丰富，都远远超过以往任何朝代。有名的国家图书机构，北京有文渊阁，承德有文津阁，沈阳有文溯阁，镇江有文宗阁，扬州有文汇阁，杭州有文澜阁等。《四库全书》被抄写成七份，分别收藏在这些阁中。我国古代的图书馆，大都用亭、台、楼、阁、斋、堂、轩、居、室、庵之类作为名称，其中尤以阁、室、院、馆为多。不过，这些藏书并不会对外公开，一般的老百姓是读不到的。

当然，这些所有的图书馆具有浓厚的封建社会氛围，就算是较为发达的明清两代，其图书馆的主要功能仍是进行典籍收藏，而且功能性、目的性单一，与近现代的图书馆大相径庭，完全是两个概念。

二、我国和世界现代图书馆的发展历程

中华人民共和国成立后至今，中国图书馆行业的发展进入了一个新阶段。现代图书馆的现代技术广泛应用于图书馆各方面的工作。现代技术主要是指第二次世界大战以后出现的各种新技术，它和图书馆工作结合后，使图书馆工作发生了深刻的变化，图书馆行业从而进入一个新的发展阶段——现代化图书馆阶段。

（一）现代图书馆的发展阶段

现代图书馆行业发展可概括为以下四个阶段：

1. 新中国成立初期的第一阶段（1949—1953年）

在新中国成立之初，政府除继续巩固、发展老解放区图书馆外，接管了国民党政府遗留下来的各级图书馆并大力进行改造：确立了以马克思列宁主义、毛泽东思想为指导的原则；调整藏书成分，补充马克思列宁经典著作和进步书刊；对旧有藏书严格审查，剔除反动、淫秽、荒诞书刊；积极开展图书流通工作，完善工作环节，使馆藏被人们所用；改革不合理的规章制度，整顿干部队伍；在北京大学、武汉大学和西南师范学院建立图书馆学专修科，培养人才。经过几年努力，我国图书馆面目一新，成为传播马克思列宁主义、毛泽东思想和学习科学文化的重要设施。这时的现代图书馆虽然技术相对落后，但是功能完善，相对于共产党，乃至社会各界，无疑有重大的意义。

2. 图书馆行业逐渐发展的第二阶段（1954—1965年）

在这一阶段，为发展图书馆行业，1955年7月，文化和旅游部发布了《关于加强与改进公共图书馆工作》的指示；1955年8月，中华全国总工会发布了《关于工会图书馆工作的规定》《关于清理工会图书馆藏书的决定》；1956年7月，文化和旅游部社会文化事业管理局向全国图书馆工作会议提出《明确图书馆的方针和任务为大力配合向科学进军而奋斗》的报告；1956年12月，高等教育部颁布了《中华人民共和国高等学校图书馆试行条例（草案）》；1957年9月6日，国务院全体会议批准了《全国图书协调方案》；1962年12月，中华人民共和国科学技术委员会和中华人民共和国文化和旅游部拟订了《1963—1972年科学技术发展规划（草案）》图书部分等，对加速图书馆行业的建设起了重要作用。

公共图书馆除通过文献流通向人们广泛传播马克思列宁主义、毛泽东思想，进行文化教育工作外，还明确提出了要为科学研究服务。加强基础工作，清理积压图书，补充馆藏，进行集中编目，编制联合目录，改进目录组织，完善规章制度等。在北京、上海建立全国性中心图书馆委员会，在天津、哈尔滨、沈阳、兰州、西安、成都、南京、武汉、广州等地建立地区性中心图书馆委员会，以促进全国图书馆馆际协作。聘请苏联图书馆学专家来华讲学，组织翻译苏联图书馆学著作，学习列宁关于图书馆行业的理论和苏联图书馆的实践经验。

1956年，改北京大学和武汉大学的图书馆学专修科为四年制的图书馆学系，并在各系统图书馆广泛举办业余学校和培训班，培训在职干部。各种类型图书馆得到较大发展。1949年，全国县级以上公共图书馆有55所，至1965年发展到573所；高等学校图书馆由1949年底的132所发展到1965年的434所；工会图书馆由1949年底的44所发展到1963年的43 546所。在边远地区和少数民族地区也建立了一批新馆，采取馆内、外结合的办法，积极主动地开展多种形式的服务。开展图书馆学的研究，加强对基层图书馆的业务辅导。

3. 图书馆事业缓慢发展的第三阶段（1966—1976年）

这一阶段许多图书馆被迫长期关闭，图书馆数量开始减少，县以上公共图书馆由1965年的573所减为1970年的323所，高等学校图书馆由1965年的434所减为1971年的328所，工会及中小学图书馆（室）大多被迫闭馆，大量书刊散失。1966—1971年高校图书馆学专业停止招生，恢复招生后又把学制缩为两年，教育质量急剧下降。

4. 改革开放后的第四阶段（1976年至今）

1976年是中国历史上相当重要的一年。在这一年，各行各业逐渐恢复了活力，图书馆行业在这时候迎来了巨大的发展机会。

1977年8月，在大庆、哈尔滨召开文物、博物馆、图书馆工作座谈会；1978年4月24日，国务院批转国家文物事业管理局《关于图书开放问题的报告》；1978年8月，教育部下发了《关于加强高等学校图书资料工作的意见》的通知；1978年11月13日，国家文物事业管理局颁布了《省、市、自治区图书馆工作条例》（试行草案）；1978年12月，中国科学院颁布了《中国科学院图书情报工作暂行条例》（试行草案）等，进一步明确了各系统图书馆的方针和任务。

1980年5月，中共中央书记处专门听取了关于图书馆问题的汇报，通过了《图书馆工作汇报提纲》并决定在文化和旅游部设图书馆行业管理局，管理全国图书馆行业。1982年11月，在国家"第六个五年计划"中提出了"基本上实现县县有图书馆"的要求等。这些文件对推动中国图书馆行业的全面发展起了重要的作用。1985年7月17~23日，中共中央宣传部和文化和旅游部在北京联合召开全国图书馆工作会议，回顾了中国图书馆行业的发展历程，讨论了文化和旅游部提出的《关于改进和加强图书馆工作的报告》。1987年8月，国务院和中共中央领导同志同意将《关于改进和加强图书馆工作的报告》由中共中央宣传部、文化和旅游部、国家教委、中国科学院印发全国执行。

各种类型的图书馆得到了迅速发展。到1987年底，县以上公共图书馆已达2 440所，高等学校图书馆1 158所，专业图书馆4 500所（其中中国科学院系统图书馆140所），工会图书馆（室）24.6万所，军队图书馆32 264所。

图书馆的馆舍得到改善，新技术开始被采用。1978—1988年，各类型图书馆的馆舍有不少进行了改建、扩建和新建。国家列入重点工程的北京图书馆于1987年10月竣工，建筑面积14万平方米，可容纳2 000万册藏书，有3 000个座位。到1988年，省级以上公共图书馆及一些高校图书馆都有了静电复印机，其中一部分馆还有了缩微摄影机、拷贝机、阅读机、计算机、视听设备和防火防盗设备等。据不完全统计，到1987年，仅全国普通高等学校图书馆已拥有计算机505台，不少图书馆在外借、检索、编目、采访等方面使用了计算机；全国高等学校已建立数据库77个，开发软件131个，终端331台，有的还设置了国际联机终端，开展国际联机检索服务。

20世纪80年代各系统图书馆在基础工作、服务方式、服务质量等方面都有了改进。如各级公共图书馆分别制订了工作条例，整顿了藏书和目录，普遍实行部分开架阅览，延长了开馆时间；高等学校图书馆逐渐重视藏书质量，清理积压图书，剔除陈旧书刊，建立健全各项规章制度；科学和专业图书馆普遍重视对文献资源的开发，提高加工速度和质量，为科研工作提供理论支持等。各图书馆普遍进行改革，实行馆长负责制、岗位责任制和职务聘任制等。图书馆的正规学校教育和在职教育得到了较大的发展,广泛开展学术研究和国际交流。

20世纪80年代中期以后,受国内外书刊价格上涨因素的影响,图书馆界普遍面临经费不足、文献购置量下降等问题。各图书馆除要求增加文献购置费用外,还加强了协调合作(尤其在文献采集方面),更加注重地区的、系统的和全国的整体化文献资源建设。管理体制中各类型图书馆由于隶属部门不同,自然地形成了几个系统,分别由相应部门领导和管理。公共图书馆由中华人民共和国文化和旅游部及各地的文化行政机关管理;高等学校图书馆由国家教育委员会、有关部(委、局)和各省(市)教育厅(局)以及所在学校分别管理;专业图书馆由各部(委)和各地有关部门管理;工会图书馆由中华全国总工会及其所属各级工会管理;中小学图书馆由各地教育机构及所在学校管理等。各类型图书馆间的联系与协作,1966年以前根据1957年6月国务院批准的《全国图书协调方案》,由国家科委下属的图书组负责;1987年以后由教育部图书情报工作协调委员会负责。中国的国家图书馆是北京图书馆,其前身是清末筹建的京师图书馆,1982年起正式接待读者。1987年10月开放的新馆舍在北京西郊白石桥路紫竹院公园北侧,并在文津街设有分馆。

(二)公共图书馆

公共图书馆的兴起是图书馆行业进入现代化的一个重要基础。公共图书馆是为市民服务的图书馆,一般由政府税收来支持。与专业图书馆不同,公共图书馆的服务对象可以从儿童到成人,即所有的普通居民,提供非专业的图书(包括通俗读物、期刊和参考书籍)、公共信息、互联网的连接及图书馆教育。这类的图书馆也会收集与当地地方特色有关的书籍和资讯,并提供社区活动的场所。

1. 公共图书馆的区域划分

中国公共图书馆一般按照行政区域设置。包括:国家图书馆(北京图书馆),省、直辖市、自治区图书馆,地、市图书馆,县(旗、区)图书馆,农村乡镇和城市街道图书馆(室)等。到1987年底,共有县级以上公共图书馆2 440所,藏书2.7亿册,全年接待读者1.16亿人次,借阅书刊1.73亿册次;农村乡镇和城市街道图书馆(室)一般由乡镇街道举办或民办公助,到1987年底共有5.3万多个,每个馆(室)的藏书从1 000册到几万册不等。此外,全国县级以上(含县级)少年儿童图书馆有50多所;在县级以上(含县级)公共图书馆内设有儿童阅览室的有1 100多个。

中国的高等学校图书馆包括大学、学院及高等专科学校图书馆。它又分为普通高等学校图书馆和军队高等学校图书馆。中华人民共和国成立初期,全国只有132所普通高等学校图书馆,馆藏总数794万册。随着教育事业的恢复和发展,1989年全国有普通高等学校图书馆1 075所,藏书3.82亿册,工作人员4.64万人(其中,资料室工作人员为1万人),馆舍面积411万平方米。藏书在300万册以上的有:北京大学图书馆和复旦大学图书馆;藏书在200万册以上的有:中山大学、南京大学、中国人民大学、武汉大学、清华大学、上海交通大学、北京师范大学、华东师范大学等大学的图书馆。

1986年底,全国有军队高校图书馆105所,藏书1 900万册,工作人员1 679人,馆舍面积288 975平方米,其中较著名的有国防大学图书馆、国防科技大学图书馆、空军政治学院图书馆等。

2. 公共图书馆的特点

公共图书馆内收藏学科广泛,读者众多。由国家中央或地方政府管理、资助和支持的、免费为社会公众服务的图书馆,可以是为一般群众服务,也可以是为某一特定读者如儿童、工人、农民等服务。它是人类社会文明发展的产物,其主要特征是:

①开放性。公共图书馆是由国家政府所创建的,是一项利国利民的公益事业,向所有居民开放。

②免费性。公共图书馆的所有经费来源于地方行政机构的税收,对广大读者是免费开放的,不收取任何费用。

③合法性。公共图书馆的设立和经营必须有法律依据。公共图书馆的发展对我们国家图书馆行业的发展起到巨大的推进作用,对我们国家文化素质普及教育也有着重大的促进作用。公共图书馆的发展,体现了政府对文化教育的重视,是政府为广大读者提供的文化福利。

(三)专业图书馆

专业图书馆主要包括研究机构、厂矿、机关和社会团体的图书馆。它们通常只收藏本专业或与本单位业务有关的图书,专业性强。在我国,这种类型的图书馆数量较多。据不完全统计,到1987年底,全国有专门图书馆4 500所。中国的专门图书馆主要有下列几种类型:

1. 研究机构图书馆

研究机构图书馆可分为一般科研系统图书馆和国防科研系统图书馆。随着科学技术的发展,这类图书馆发展较快,有些已在本系统内形成具有全国规模的专业图书馆网。如中国科学院、中国农业科学院、中国医学科学院、中医研究院等研究机构的图书馆(有的称"文献情报中心""文献信息中心"等)都形成了网络。其中,中国科学院系统的图书馆1949年为17所,藏书63万多册;到1990年底,已发展到143所,藏书3 000多万册(件)。中国农业科学院系统图书馆到1986年底,已有14个省、市、自治区的院属所、社中心图书馆(室)34个,藏书达160万册,工作人员247人。国防科研系统图书馆有1 500个,各馆的藏书量从几千到几十万不等,该系统的主要图书馆有国防科技信息中心资料馆(成立于1959年,1987年藏书202万册)、军事科学院军事图书馆(成立于1948年,1987年藏书184万册)、军事医学科学院图书馆(成立于1951年,1987年藏书47万册)等。

2. 厂矿图书馆

这类图书馆有着鲜明的时代特色,这是在当时刚刚改革开放,事业刚刚起步阶段的图书馆。由于技术的局限性，当时的厂矿图书馆在现在看来，水平较低，但是在当时，这类图书馆却为厂矿发挥了重大的作用。这类图书馆主要为本部门生产科研服务。较为著名的有鞍山钢铁公司技术图书馆、上海宝山钢铁公司图书馆等。

3. 中共中央及国家机关图书馆

这类图书馆是共产党领导下的国家机关级图书馆，馆内主要以专业性的理论知识书籍为主，功能单一，专业性较强。比较著名的如中共中央马恩列斯著作编译局图书馆、中共中央文献研究室图书馆、中共中央宣传部图书馆、外交部图书馆、地质矿产部图书馆、铁道部图书馆等，它们的藏书都在10万册以上。

4. 社会团体图书馆

社会团队图书馆指一些社会团体主办的图书馆，服务对象比较广泛，比较知名的如中国科学技术协会图书馆、中国佛教协会图书馆等。

5. 企事业单位图书馆

这类图书馆因事业单位的特色性，藏书非常丰富，且质量很高。如人民日报社图书馆、《求是》杂志社图书馆、人民出版社图书馆、中华书局图书馆、商务印书馆图书馆、中国历史博物馆图书馆、故宫博物院图书馆等，藏书都比较丰富。

6. 工会图书馆

中国的工会图书馆包括全国总工会及其所属各级工会的图书馆（室）以及厂矿、企业的工会图书馆（室）等。中华人民共和国成立初期，全国只有工会图书馆（室）44所。1963年发展到43 546所。到1988年底，全国的工会图书馆（室）已达246 901所，藏书达54 341万册，专职工作人员达92 875人。工会图书馆中藏书比较丰富的有中华全国总工会图书馆、上海市工人文化宫图书馆、北京市劳动人民文化宫图书馆、重庆钢铁公司工会俱乐部图书馆等。

7. 军队图书馆

军队图书馆是为中国人民解放军干部和战士服务的文化设施，分别设在军区、集团军、师、团和连队。据不完全统计，到1987年底全军已建立图书馆（室）32 264个，藏书达1 864.3万册，其中团级部队图书馆2 997个，平均每馆藏书3 000册；连队图书馆（室）29 267个，平均每馆藏书350册。其中藏书较多的有原广州军区俱乐部图书馆、海军俱乐部图书馆、原沈阳军区俱乐部图书馆等。

8. 中小学图书馆

中华人民共和国成立后，一些有条件的中小学陆续建立了图书馆（室）。但各地发展很不平衡，据国家教育委员会对北京、成都、上海、深圳等地抽样调查，1987年中学设有图书馆（室）的占70%，各馆藏书平均1.35万册，每馆有管理人员2.5人；小学设有图书馆（室）的占40%，每馆藏书平均3 100多册，专职管理人员0.5人。其中，天津南开中学图书馆、北京第四中学图书馆、内蒙古师大附中图书馆、华南师大附中图书馆、上海大同中学图书馆等藏书都在7万册以上；北京市第一实验小学图书馆、辽宁省实验小学图书馆等藏书都超过1万册。

（四）智能图书馆

智能图书馆常见于学校、社区、科研中心，方便人们查阅资料，扩充知识面。因为传统设计的图书馆，有着一定的缺陷。比如，要借的图书不在指定的书架上；借还书耗费时间长；图书类别多，管理烦琐等。随着物联网技术的发展，智能图书馆的技术、组成，将新时期图书馆的特点充分地展现出来。

1. 智能图书馆的概念

智能图书馆亦称为智慧图书馆，是把智能技术运用在图书馆建设之中形成的一种现代化建筑，是智能建筑与高度自动化管理的数字图书馆的有机结合和创新，是在二者共同发展的基础上产生的，应同时具备两者的设计思想、基本要求、特征和功能。智慧图书馆＝图书馆＋物联网＋云计算＋智慧化设备，它通过物联网来实现智慧化的服务和管理。本文认为智能图书馆是利用物联网等感知技术让图书馆的建筑环境、设备资产、文献资源以及读者等主要构成因素能够"说话"，即能够实时主动地获取相关感知数据。并在对感知数据分析和处理的基础之上，为图书馆工作人员提供一个智能化的管理平台，为读者提供一个无处不在的智能化的服务环境。

传统图书馆的图书管理大多采用二维码技术，需要人工扫描、分类、盘点，消耗了大量的人力资源。为了提高工作效率、降低资源损耗，以物联网技术为基础的智能图书管理技术应运而生。感知人员、感知环境、感知图书是智能图书馆的三个最基本的要素，与传统的图书管理相比，智能图书管理最大限度地节约了人力资源，使图书管理更加智能化，并可对环境因素做出及时判断与反映，大大提高了安全系数。

近年来中国智能图书馆建设逐步发展，2011年中央财政将新增经费18亿元投入公共图书馆等领域的建设，然而我国现有的图书馆建设还存在诸多问题，与国外图书馆建设相比较，还有一定的差距。例如，不能实现自助借还书业务、不能实时预警监控、图书馆人性化服务水平和图书流通效率普遍较低。

2. 物联网在图书馆中的应用

物联网技术虽然是最近几年才诞生并发展起来的新兴技术，但是由于备受学术界和工业界的重视，因此在较短时间内，物联网已在多个行业和领域中得到了广泛应用。其中应用最为广泛的主要是在工业自动控制、智能家电、智能交通、智能物流等领域。以工业领域的智能控制系统为例，应用物联网技术之后，相对于传统的控制领域，最本质的区别是在信息采集部分，由传统的单个信息采集点演变为由大量传感器节点所组成的网络来实现信息的采集。另外一个特点是，每个传感器节点都具有一定的信息处理和传输能力，各个传感器节点所采集的信息，可以通过相互之间的信息交流实现信息的预处理和信息汇总功能。

物联网是将各种信息传感设备，如射频识别装置、红外感应器、全球定位系统、激光扫描器等多种装置与互联网结合起来而形成的一个巨大网络。物联网不仅创新了图书馆自动化管理模式，而且还实现了图书馆与读者互动的人性化服务，提高了图书管理员的工作效率，加强了图书藏、借、阅一体化的功能，增强了图书馆的安全性、准确性、可靠性和扩展性，具有良好的发展前景。物联网实现了用户间的通信、用户与图书馆间的通信、用户与信息资源的通信以及信息资源间的通信。

物联网技术在当今图书馆领域的应用同样受到人们的重点关注，并陆续进行了一些相关研究。由于图书馆主要是以图书资源和读者信息为管理对象，更多时候它们呈现出的是一种静态的、被动的传统特性。而物联网技术的核心思想是将物理世界与信息世界联系在一起，形成一个有机的整体。因此，就应用背景和需求条件而言，将物联网技术应用到图书馆领域是一个很好地结合思路。

（五）图书馆服务的发展历程

图书馆服务经历了从封闭到开放，从仅提供一次文献到兼提供二、三次文献服务的漫长历史过程。人们对图书馆服务的认识也是逐步提高的。在西方，图书馆服务可以远溯到公元前6世纪到公元前5世纪。在雅典出土的古希腊一个图书馆的墙壁上曾发现刻有"不得将图书携出馆外"的阅览规则。但在印刷术发明前的很多世纪，藏书只能被少数人拥有和使用，且多限于馆内阅览。到中世纪初、中期，在修道院基础上发展起来的大学图书馆已开始重视借阅工作，但那些稀有珍贵的书籍仍被金属链锁住，以防读者携出馆外。17世纪，德国图书馆学家诺德提出图书馆不应只为特权阶层服务，应该向"一切愿意来图书馆学习的人开放"，服务时间也相应地延长，诺德主持的马萨林图书馆从1645年起每周开放一次，1648年以后每日开放。而在同一时期，把图书馆喻为"人类百科全书""一切科学宝库"的另一位德国图书馆学者莱布尼茨认为，"图书馆头等重要的义务是想方设法让读者利用馆藏，配备完整的目录，延长开放时间，不要对出借图书规定太多的限制"。1735年，法国皇家图书馆开始向民众开放。受莱布尼茨思想的影响，1752年格丁根大学明文规定，除星期日外每天开放10小时，读者可以自由地使用馆藏。

19世纪上半叶，美国出现了指导读者更合理使用图书馆的业务。1894年，美国丹佛公共图书馆率先开辟了儿童阅览室。20世纪初，美国出现了农村图书馆和流动书库，英国则开始使用流动书库并开展邮寄借书，许多国家的大型公共图书馆和大学图书馆都设立不同学科的参考咨询、文献检索部门，配备学识渊博的专家指导阅览，开展参考咨询和情报检索等工作，许多公共图书馆还设立讲演厅、展览厅、电影放映室和出借唱片等音像制品。针对图书馆服务问题，许多著名科学家、思想家发表了精辟论述，对图书馆服务工作的发展起了良好的指导、促进作用。例如，美国图书馆学家杜威在长期寻求把书和人联系起来的最有效的方式的基础上，提出任何图书馆都应向读者提供情报，解答咨询。列宁说过："值得公共图书馆骄傲和引以为荣的，并不在于它拥有多少珍本书，有多少16世纪的版本或10世纪的手稿，而在于如何使图书在人们中间广泛地流传，吸引了多少读者，如何迅速地满足读者对图书的一切要求，有多少图书被读者带回家去，有多少儿童来阅读和利用图书馆。"(引自《列宁论图书馆工作》)。

第二次世界大战以后,由于图书馆行业的发展,图书馆服务的内容和方式日益多样化,影响越来越大,一些国家开始制定图书馆服务方面的法律、法规。其中,具有代表性、影响较大的是美国国会于1956年制定的《图书馆服务法》(1964年发展成《图书馆服务与建设法》)。这类法规对于促进图书馆服务逐步走向法制化、科学化和现代化,更好地搜集、整理、保存和提供人类已有知识发挥了重要作用。20世纪中期以后,许多国家开始努力实现图书馆资源共享,广泛开展馆际协作,向各类型读者提供深入、系统、便捷的文献和情报服务。

图书馆其实早在公元前4世纪就已经出现。亚述巴尼拔图书馆是世界上最早并且保存最完整的图书馆。我国作为有着五千年历史的文明古国,图书馆也历史悠久,只是在我国古代不叫"图书馆",而是称作"阁""院""斋""堂"等。之所以会这么早出现图书馆,这跟图书馆本身的职能是分不开的。图书馆是收集文献、资料、信息的地方,用来供人们查阅、参考资料的机构。图书馆在人类文化发展上起着非常重要的作用。每一次文化的变革,思想的进步,图书馆都承载了记录其历程的使命。同时,从古代到现代图书馆的发展及变化也能够从侧面反映出文化发展对图书馆的影响。

图书馆发展至今,已经成为我们生活中不可或缺的一部分。现在,图书馆不仅仅只是一个机构,还由此产生了一门学科——图书馆学。图书馆的发展与图书馆学的发展有着重要的联系。

图书馆学,是研究图书馆的发生发展、组织管理以及图书馆工作规律的科学。其目的是总结图书馆工作和图书馆行业的实践经验,建立科学的图书馆学的理论体系,以推动图书馆行业的发展,提高图书馆在人类社会进步中的地位和作用。目前,图书馆学还是一门新兴学科,正在不断发展中,有着很好的发展前景。

图书馆学的研究发展是从近代开始的,其间经历了漫长的发展时期。最著名的图书馆学家就是美国的约翰·杜威。他是19世纪后期最伟大的图书馆学家,是图书馆学的集大成者。杜威,生于1851年,21岁在阿默斯特学院图书馆当学生助理。在那里,杜威创立了《杜威十进分类法》(简称DDC)。DDC是杜威1873年创立的,1876年正式出版。DDC创立的标记符号制度以简明的方式改变了图书馆的目录排列和图书排架的制度,使图书馆的知识组织现代化,有效地提高了图书馆的工作效率。由于DDC的简明性与科学性,DDC已经成为被世界上使用最多的图书馆分类法,已被135个国家的图书馆使用。不仅如此,杜威还在1876年发起了费城的首届图书馆员大会。该大会是世界上第一个图书馆协会——美国图书馆协会(ALA)的前身。杜威担任过美国第一个现代大学图书馆——美国哥伦比亚大学图书馆馆长,美国第一流的州立公共图书馆——纽约图书馆的馆长。他还创办了世界上第一个正规的图书馆学教育机构——哥伦比亚大学图书馆管理学校。

在理论价值取向方面,杜威倡导的图书馆学十分注重理论的实用性。他的图书馆思想广泛传播,鼓励图书馆工作人员着眼于实际工作,多做有益于读者的事情,从而推动了图书馆学实践的发展。但同时,这一思想也禁锢了人们的思想,阻碍了图书馆学的科学化进程。

紧接着,在20世纪中期,迎来了图书馆学的理性主义思潮。这一时期涌现出的思潮和图书馆学家对杜威的经验图书馆学提出了极大的挑战。

1928年芝加哥大学成立了一所具有博士学位的图书馆学院(简称GLS)。从GLS成立到1942年为止,GLS是美国唯一具有博士课程的图书馆学校。GLS的学风和理论追求影响了整整一代图书馆学家。GLS成立后,该校师生致力于发展具有高度理性的图书馆学知识体系。他们从历史、文化和社会的角度思考图书馆活动的哲学问题,同时也以社会科学中流行的实证方法或思辨方法研究图书馆基础理论。这一具有鲜明学术特色的学术群体,被后人称为"芝加哥学派"。提到该学派,便不能不介绍巴特勒。巴特勒是芝加哥大学GLS最早引进的具有社会科学背景的四位教师之一。他最具代表性的著作是1933年出版的《图书馆学导论》。巴特勒对图书馆学的研究方法基本上是社会科学的方法,他抓住图书馆作为社会的一种现象来研究,而正是凭借这些与杜威完全不同的理论主张,他在学院派图书馆学中赢得了巨大的声望。

在20世纪40至60年代,虽然没有出现许多激烈的理论争议,但却是公共图书馆发展的重要时期。这一时期有许多图书馆学家提出了自己关于公共图书馆的伟大设想以及出版著作。1949年,联合国教科文组织通过了《联合国教科文组织公共图书馆宣言》,这是图书馆行业史上重要的事件之一。它是图书馆行业在世界范围内发展成为一种社会事业的标志,使图书馆活动成为国家民主化建设中的一个重要组成部分。这一宣言不但阐明了公共图书馆由公共资金支持、以同样条件对社区所有人免费开放、承担社会教育职能等早期形成的公共图书馆理念,而且很好地解释了公共图书馆平民化的基本原因。

随着科技的不断发展,图书馆的发展受到了信息技术的冲击。在20世纪60至90年代,以计算机技术为核心的信息技术,真正应用到了图书馆领域,并给图书馆学带来许多积极的影响。

在现代图书馆业务活动中,编目工作是图书馆中花费时间最长的工作之一。由于同一种文献常常由不同的馆重复收藏,因而各馆需要对同一文献重复编目。计算机出现后,图书馆界希望利用这一先进的信息技术,把书目数据变成机读形式,并通过机读目录的发行,实现编目资源的共享。因此,编目成了图书馆自动化最早涉及的领域之一。

1966年,美国国会图书馆开始实施机读目录(简称MARC)试验计划,吸引了16个图书馆参加,制定了MARCI格式。1968年开始正式实施MARC计划,20世纪70年代国际图书馆协会和机构联合会开发了通用的MARC格式,进一步推动了国际间的合作及各种MARC格式间的数据转换工作。之后又出现了更为先进的联机图书馆中心(OCLC)以及联机公共检索目录(OPAC),对图书馆编目工作起到了至关重要的作用。

中国的图书馆历史悠久,源远流长。但由于长期受封建社会制度的制约,"保存藏书"一直是其主要功能,很少对外开放服务。曹溶曾在其所著《流通古书约》一书中,提倡用传抄和刊刻方法扩大藏书的流通和传播范围。清代周永年的籍书园和国英的共读楼等私人藏书楼曾准许少量读者定期入内阅览，但影响都不大。真正向人们开放、服务的是1904年的浙江古越藏书楼和在此前后的一些省立公共图书馆。辛亥革命以后，中国图书馆的服务对象逐渐扩大，如京师通俗图书馆设置新闻阅览室、儿童阅览室，并在一些县设立巡行文库。1919年"五四运动"前后，李大钊（当时任北京大学图书部主任）强调图书馆的教育职能，提出公共图书馆应向工人、市民开放，实行开架阅览。杜定友、刘国钧等人也主张图书馆为民众服务，要用各种方法吸引读者，并辅导他们自学。李小缘强调图书馆应发挥"消息总机关"的作用，向社会提供咨询服务。中华人民共和国成立后，公共图书馆、高等学校图书馆、科学技术图书馆等各类型图书馆分别根据文化和旅游部、教育部和科学院等部门制定的图书馆条例中的有关规定，通过阅览、外借、复制、参考咨询、文献检索、宣传报道、定期情报提供、情报分析等方式，广泛地为大众服务，为经济建设、科学技术和文化教育事业的发展服务。由于代查、代借、代复制、邮寄借书和流动图书馆服务的开展，使远离图书馆的读者也可获得图书馆服务。

现代科学技术，特别是计算机技术、声像技术、通信技术、缩微技术等在图书馆的广泛应用，使图书馆服务方式和服务手段日益多样化，服务范围也日益扩大和发展，服务效率不断提高。同时，随着互联网技术的普及，开始出现电子版图书，使信息的载体更加丰富，让人们可以更方便快捷地获取信息。随着人们信息价值观念的变化、科学技术的进步和文献资源共享的逐步实现，图书馆服务正沿着社会化和自动化方向迅速发展，图书馆服务在人们的物质生活和精神生活中将发挥越来越重要的作用。

图书馆服务的不断发展、变化，与社会的发展是息息相关的。总体来说，图书馆服务的发展过程，是从开始的不重视，到后来的重视，再到现在包括将来的，以服务为核心的一个转变过程，是非常符合社会发展和市场发展规律的。

（六）现代图书馆的新发展

中华人民共和国成立后，中国的图书馆学研究进入了一个新阶段，图书馆界力图用马克思列宁主义的立场观点和方法来研究图书馆学。20世纪50年代初期主要围绕新中国图书馆的性质、作用和工作方法进行探讨。20世纪50年代后期，图书馆学的研究逐步深入，从技术方法转向科学理论的研究。这个时期先后提出了"要素说""矛盾说""规律说"等观点。

文献分类学、目录学、馆藏建设、读者工作等分支学科也开始进行研究，并编写出《图书馆学引论》《藏书与目录篡读者工作》和《目录学》等教材。1978年十一届三中全会以后，图书馆学的研究受到空前重视，相继恢复和成立了一些研究部门，如武汉大学图书馆学情报学研究所、北京大学图书馆学情报学系的图书情报管理研究室等。

1979年7月中国图书馆学会成立，建立了11个专业研究组，以推动图书馆学的研究工作。从1979年7月到1989年，中国图书馆学会及其所属学会组织了近百次学术活动，其中，仅全国性的学术讨论会就有25次，参加会议的有2 300多人，提出论文2 000多篇。

其中涉及基础理论、读者工作、目录学、分类编目、科学管理、古籍版本、新技术的应用、建筑与设备和图书馆学教育等各个方面,出版专著1 500多种。

图书馆界为了交流工作经验,探讨学术问题及推广先进技术,从1949年到1989年,全国共出版图书馆学期刊130多种,1989年还在出版的有100多种,其中《中国图书馆学报》《图书情报工作》《图书馆学研究》《四川图书馆学报》《图书馆理论与实践》《图书馆工作与研究》《图书馆情报知识》《黑龙江图书馆》等较有影响。

我国图书馆界十分重视国际交往与学术交流。新中国成立初期,中国图书馆界就建立了与国外图书馆界的联系。当时对外交流的重点是苏联、东欧和一些发展中国家,后来又逐渐发展了与其他国家的联系,交往的途径主要是国际书刊交换和人员互访。随着我国对外开放政策的实施,图书馆界对外交往也有了很大发展。到1989年底,已与120多个国家和地区的图书馆界建立了联系。具体情况是:

1. 参加国际图书馆协会和机构联合会等国际组织的活动

我国是IFLA的发起国之一,新中国成立初期,曾一度中断联系,直到1981年才正式恢复了中国图书馆学会在IFLA中的国家协会会员的地位。同时,北京图书馆、中国科学院图书馆、清华大学图书馆、北京大学图书馆学系等单位也相继参加了IFLA,成为其机构会员。自1981年起,中国每年都派代表参加该组织的年会并提交论文。此外,中国图书馆界还先后派代表参加全球性的国家图书馆馆长会议(CDNL)、亚太地区国家图书馆馆长会议(CDNLAO)、国际标准化组织(ISO)和国际连续出版物数据系统(ISDS)等举办的会议,以及英国、美国、日本、澳大利亚、新西兰等国图书馆协会的年会。

2. 国际书刊交换

1949年以后,北京图书馆、中国科学院图书馆和北京大学图书馆等单位陆续开展了国际书刊交换工作。20世纪80年代这项工作有了较大的发展。除已开展这一工作的单位继续进行书刊交换外,一些省级以上的公共图书馆、高校图书馆和科研图书馆,也与国外的相应机构进行书刊交换。据1988年统计,仅公共图书馆与国外建立交换关系的就有15个。

3. 国际书刊互借

从1956年起,北京图书馆先后与苏联国立列宁图书馆、苏联科学院图书馆和英国不列颠图书馆等建立了国际书刊互借关系。到1988年,北京图书馆已与英国、法国、日本、苏联、朝鲜、印度和津巴布韦等35个国家的94个图书馆建立了书刊互借关系。

4. 人员互访

几十年来,中国先后组织代表团访问英国、美国、法国、苏联、日本、澳大利亚、加拿大等50多个国家和地区。与此同时,也接待了英国、美国、苏联、日本、法国等31个国家和地区的代表团。

5. 交换馆员、互派留学生和进修生

自1980年以来,我国图书馆界先后派出专业人员和技术人员到英国、苏联、澳大利亚、美国、日本和联邦德国等国家去进修和培训,英国、日本、澳大利亚等国的图书馆员也到我国图书馆进行短期学习。我国图书馆界还派人到英国、苏联、美国、日本、澳大利亚和联邦德国等国留学，同时也接受了外国的留学生。

6. 举办国际学术研讨会和展览

1980年3月，中国图书馆学会与美国国际交流总署联合在北京、上海举办图书馆业务研讨会。1982年5月，中国医学科学院和美国洛克菲勒基金会在北京联合举办医学图书馆管理讨论会。1986年9月，中国图书馆学会和IFLA共同在北京举办图书馆学情报学教育与研究国际研讨会。1987年7月，中国图书馆学会在北京举办美国大学东亚图书馆馆长代表团业务报告会等。1988年，中国先后在日本、美国、加拿大、新加坡等国家举办了中国古代书籍史展览、中国现代书籍展览和中国古代版画展览等。1951—1989年，中国先后邀请了美国、英国、日本、苏联、澳大利亚和联邦德国等国图书馆学专家来华讲学。与此同时，中国也派出古籍专家和图书修复专家到印度、美国、英国和新加坡等国讲授古籍及其各种知识。通过国际交往和学术交流，中国图书馆界不仅了解了国外图书馆的现状和发展趋势，同时也对外介绍了中国图书馆行业的发展与成就，加深了相互了解，增进了友谊。

总之，现代图书馆行业只有在时间上着眼长远，在空间上拓宽视野，才能真正做到战略意识上的服务创新。从现代图书馆的发展阶段我们可以看出，图书馆的发展与我们国家的经济发展、国家的重视程度息息相关。

第二节　图书馆文化与价值

一、图书馆文化与功能

图书馆是提供人们学习文化的场所，但是图书馆的管理本身就是一种文化。图书馆文化是指人们关于对图书馆活动的认识、观念、规范及与之适应的工作方式、执政理念和社会评价等。其具体含义是工作人员的图书馆观念、意识、价值、评价等。文化决定观念、观念决定心态、心态决定行为、行为决定习惯、习惯决定未来。这就说明，文化对于人的行为具有永久性的影响，短期的号召或专项突击式行动，远抵不过文化教育的内在驱动作用。建立良好的图书馆文化事关图书馆发展进程、全体图书馆管理人员的根本利益。从理论上分析，图书馆文化是图书馆建设的深层次软件要素，是一种潜在的无形的力量，是一种道德的软约束。因此，推广良好的办馆理念，培养良好的图书馆文化是非常有益且十分必要的。

公共图书馆是人们的终身学校，是一个城市文明程度的直接标志。作为重要的社会文化基础设施，它担负着向广大群众传播科学文化知识的重要使命。如果说，从提高生产力的角度看，公共图书馆是推动经济发展的加速器，那么从社会稳定的角度看，公共图书馆则是舒缓各种矛盾情绪的减压阀。公共图书馆作为公共设施，它的各项免费服务，实质上是以整个社会的名义体现同情、善意和关怀。作为公共图书馆一个分支的社区图书馆，是通过文献信息的选择、组织和传递来为一定地域内的所有居民服务。它具有区域性、全民性、系统性和多样性等特征，是普及科学文化知识和提高全民素质最有效的途径之一。

现代化的社会是不断变化的，尤其是21世纪的图书馆为适应随时代变化带来的竞争，就必须努力提升办馆实力，从而提高整体服务水平。考察一个图书馆的办馆实力，除了图书馆的设施、图书馆管理人员力量等现实能力外，还有一种容易被人们忽略的隐性实力。这种隐性实力就是指适应时代的办馆理念、服务读者方面的具体价值取向及独具特色的专业建设指向等。这两方面的实力结合在一起，才能体现图书馆的整体水平。而所谓的隐性实力，在某种意义上指的就是图书馆文化建设的水平。

图书馆文化是包括图书馆建设实施环境、馆内文化活动及馆内隐性服务读者方面的文化。这种文化是在社会大文化背景取向下，全体图书馆管理人员在馆长带领下，经过长期服务实践所形成的服务取向的共同认可、共同追求的心理特征，富有进取性的精神风貌及独具特色的服务风格。它既具有对传统文化的继承，又具有符合时代精神的特色。

图书馆文化是指图书馆的整体布局设计，独具匠心的场馆建设、建设的装修风格等各个方面。图书馆文化同时还包括了对图书馆服务本质的认知，对图书馆功能的思考，对图书馆社会责任的理解。图书馆内的人际氛围，领导和员工的互动，昂扬奋进的精神面貌，时代特征的充分体现，团结友善的亲和关系，民主平等的愉悦气氛，馆内各种运作中产生的心灵上的默契等，这些因素一起构成了完整的图书馆文化。

图书馆文化亦指图书馆在馆长的带领下，馆内领导、员工在长期服务中培养而形成的共同的价值取向、共同的精神追求、共同的探索指向等，它影响到馆内管理、服务的风格、政策目标的制定及运行的模式等各个方面。它是图书馆发展的精神上的内在驱动力，它反映一个图书馆办馆品味的高低。图书馆之间的竞争除了硬件设施、馆藏信息及管理人员水平外，更加实质的差距则体现在服务质量上。服务质量包括服务态度和读者所需信息量的多少。两个需求相同的读者在提供的服务质量不同的图书馆里，得到的服务态度和所需的信息量是完全不同的。

而图书馆最重要的文化内容是图书馆对读者的影响。除了良好的读书环境外，还有馆员与读者之间互动的默契，以及通过这一切反映出图书馆内明显的价值取向和共同的理想目标愿望及追求。实质上这些无形的东西才是图书馆服务读者所需要的最重要的内容。图书馆是一种特殊的行业，其主要目的不仅是吸引读者，更是为前来阅读的读者提供良好的服务。读者是接受图书馆服务的直接对象，我们看重读者是因为读者对提供的服务的满意度，在一定意义上反映了图书馆提供服务质量的高低。从这个角度看，图书馆的首要目标应当是满足读者所需要的良好的服务质量。要强化和提升图书馆隐性功能，就必须注重图书馆文化的培育和建设，围绕图书馆的发展目标，致力于图书馆独特的文化色彩并具有明显价值取向的图书馆文化建设，才能从根本上提高图书馆的服务质量。

1. 图书馆文化的特征

图书馆文化的特性可以概括为以下几个方面：

（1）开放性

图书馆文化的开放性主要表现在：图书馆是一个传播知识、获取知识的平台，而知识是没有贵贱之分的，任何人都享有阅读、获取知识、奋发向上的权利。所以图书馆应该向社会公众开放。

（2）时代性

时代性的特征指的是图书馆是社会中的一部分，社会的发展、时代的进步对图书馆文化具有强烈的制约作用。反过来，图书馆的发展目标、群体意识、价值取向也应该反映出鲜明的时代特征，与时俱进。

（3）继承性

图书馆的馆藏不是一朝一夕就能完成的，而是日积月累形成的，图书馆的精神、理念、制度等也不是一蹴而就的，而是在几代人不断地继承和发展中形成的。无论是图书馆的物质组成部分还是精神组成部分，都需要继承与发展。

（4）公益性

图书馆文化的公益性主要是针对公共图书馆来说的，公共图书馆的经费主要来自地方财政，这也就决定了公共图书馆的公益性。

2. 图书馆文化的结构

图书馆文化的划分主要有两种，它们分别是：

①根据包含的内容不同，将图书馆文化分为物质文化、精神文化、制度文化和管理文化。图书馆文化的物质文化主要包括馆藏文化、馆舍文化和环境文化。图书馆的精神文化由图书馆哲学、图书馆价值观、图书馆服务文化、图书馆精神、图书馆形象、图书馆风尚等构成。图书馆的制度文化是图书馆在长期的服务管理活动中生成和发展起来的，以提高图书馆服务质量和服务效益为目的。其主要包括行业规范、业务管理制度体系和行政管理制度体系。而图书馆的管理文化就是以人为中心的管理文化。

②根据图书馆文化的特征，将图书馆文化结构划分为图书馆物质文化、图书馆制度文化和图书馆精神文化三部分。

物质文化是以物质为形态的表层文化，是图书馆文化的最表层。它存在于图书馆的环境、建筑、设施、布局、美化等各个表面，是图书馆精神文化的外在表现。它受图书馆制度文化和精神文化的制约，具有从属性、被动性。

制度文化以规章制度作为存在方式，是图书馆文化的中间层，它以图书馆内部先进的组织管理模式以及各种成文或约定俗成的规章制度为表现形式，是图书馆群体应共同遵循的行为准则的总和。

精神文化是在图书馆发展过程中形成的一种意识和文化观念，它是一种以意识为形态的深层文化,主要表现在图书馆工作人员的价值观念、思维方式、思想意识、文化素质和职业道德等多个方面。它是整个图书馆文化的核心部分,既体现了历史精神,又充满了时代气息,这是图书馆文化的精髓,并且维系着图书馆文化发展的命脉。

3. 图书馆文化的功能

图书馆的文化功能主要分为教育功能、组织功能、辐射功能、凝聚功能、激励功能、约束功能以及融合功能。

(1)教育功能

图书馆在某种意义上与学校的功能一样,都是让人学习的地方。图书馆的教育功能是在图书馆发展初期,即书院阶段就已经形成的文化功能,近代图书馆则是将开发智力资源、进行社会教育和传播民族优秀文化作为一项重要的内容,现今图书馆更是成为进行社会教育的大课堂。正如教育家陶行知先生所说:"一种生机勃勃、稳定和谐、健康向上的环境氛围,本身就具有广泛的教育功能。"

(2)组织功能

图书馆的组织功能是指经过若干年的历史发展和沉淀,已经成为一个组织非常完善的机构,体现在它已经能够通过自身所创造的物质、精神财富来稳定和约束职工队伍,并建立和形成了一套完整的规章制度和职业道德规范,对图书馆员工的思想、行为起引导作用,使之与图书馆的目标相符,并使职工不断去追求、实现自己的价值,完善自身的形象。

(3)辐射功能

图书馆的文化,对社会各行各业都有一定的影响。图书馆的辐射功能是指图书馆文化是社会文化系统中的一个子系统,处在各种社会文化环境的巨大磁场下,受到来自各方面的影响,如网络文化环境的影响、大众消费文化的影响,等等。同时,图书馆文化的辐射功能又体现在它接受影响的同时也将自身的影响辐射到整个社会,给周围社会文化产生不可忽视的影响。

(4)凝聚功能

图书馆文化的凝聚功能是指用共同的价值观与共同的信念使图书馆上下团结一致。一个单位要想在竞争中谋求发展,不仅需要物质力量,同样也需要精神力量。良好的文化扮演的角色就是强大的精神力量,它能将一盘散沙与卵石,凝聚成坚固的混凝土。图书馆文化就是通过改变人的观念和精神面貌来带动图书馆整体面貌改变的。

(5)激励功能

图书馆文化的激励功能是指激励员工向困难挑战,向自我挑战。优秀的文化模式一旦形成,并形成良性发展,那么在图书馆内部就会形成一个良好的工作氛围,图书馆文化的激励作用就能起到物质所不能起到的作用,使全体人员产生责任感、荣誉感和进取心,激励工作人员与图书馆同呼吸、共命运。

(6)约束功能

图书馆文化的约束功能是指通过制度文化约束图书馆领导及图书馆工作人员的行为,

保证每项成文的或约定俗成的规章制度被严格执行，从而提高图书馆运行的效率。这种制度文化的约束作用是一种硬性约束，它对图书馆每一个成员的思想、行为起着有力的约束作用。

（7）融合功能

图书馆文化的融合功能指对图书馆内部成员进行潜移默化的引导，使其自然而然地融合于团体之中。图书馆文化中的共有价值观念，一旦发育成长到习俗化的程度，就会像其他任何文化形式一样，产生强制性的规范作用。

当前是一个网络化的现代化社会，网络化在图书馆系统的应用也是一样。网络化是数字图书馆的基础建设，是图书馆深化服务、实现资源共享、整合资源最重要的基础技术保障。纵观历史发展，每一次技术革命，都对图书馆的发展起到了积极的推动作用。特别是在经济全球化的今天，现代信息技术的飞速发展，也为区域性、地区间、国际的交流与合作创造了十分便利的条件，并共同应对新形势下的各种挑战。

任何一种新技术的发明都为人类创造了一个全新的、更高层次的生存环境。计算机技术、通信技术、网络技术使图书馆的职能、服务方式等发生了重大的变化。图书馆的绝大部分工作都已经基本摆脱了传统手工作业的方式，实现了网络化的计算机管理，读者可以在任何时间、任何地点，使用任何的数字手段检索到所有的知识。可以说，信息技术的独有魅力是有史以来的任何一种技术形态都无法比拟的。然而，虽然信息技术是一个伟大的发明，但它也仅仅是个手段、工具而已，本质上说，并没有从根本上改变图书馆的属性——服务。数字图书馆无论在战略规划、内部机制、人事管理各方面采取什么样的新措施，最终都要落实在服务上，服务是图书馆的天职，没有服务，图书馆就不存在。

新的发展形势和环境无疑给图书馆的传统理念带来了挑战。因此，数字图书馆面临的一个首要问题就是确立怎样的服务理念。而当今社会，信息产业的飞速发展已打破了图书馆的信息垄断地位和优势，迫使我们站在知识经济的高度和图书馆生存发展的高度，认真思考和研究如何借助当今社会一切现代化手段和先进的技术支持，真正进入为社会经济发展服务这一严峻问题。为此，我们必须摒弃一切旧有的观念，树立全新的服务理念。

观念和思想一直以来都属于社会体系中最深层次的部分。当社会面临变革时，人们关注的往往是社会表层那些看得见，摸得着的属于器物的东西，而文化深层中的概念则往往容易被人忽视。实际上，在新技术条件下，图书馆理念、数字图书馆馆员的观念、思想意识才是长期影响和制约图书馆发展的最重要的因素。

4. 图书馆理念

图书馆是为人服务的，所谓图书馆理念，最核心的理念是树立"以人为本"的服务理念。众所周知，图书馆的社会责任就是满足大众的文献信息需求。图书馆馆员只有正确理解自身承担的社会责任，树立起良好的事业理念，才能自觉地履行图书馆馆员的工作职责，全心全意地为读者服务，才能把最大限度地满足读者文献信息需求作为图书馆一切工作的出发点和归宿。因此，服务理念是对图书馆承担的社会责任、社会功能、服务宗旨和认识水平的体现。换言之，只有具有很好的服务理念的图书馆人，才能热爱图书馆行业，才能自觉地做好读者服务工作。

图书馆能不能发展、如何发展，从根本上来说，取决于表现在图书馆人身上的图书馆主体性意识的觉醒。数字图书馆馆员主体性意识的觉醒，数字图书馆的发展，最终需要图书馆人来完成。因此，图书馆人如何理解数字图书馆的发展，以什么样的服务理念推动图书馆服务的发展，推动图书馆向什么方向发展，就成了关系到图书馆的现在和未来的决定性因素。

二、图书馆的价值体现

图书馆是人类学习知识的场所，同时，图书馆也是保存人类文化遗产，收集、整理、存储、传递和开发信息，并向社会提供使用的科学文化的教育机构和信息服务机构。图书馆的价值主要包括资源价值和社会价值两个方面。

（一）资源价值

这是一个很广泛的概念，从天文到地理，从政治到军事，从自然到科学等，无所不包。从图书馆价值的角度来看，最能够体现图书馆价值的资源主要有信息资源、空间资源和文化资源这三类。

1. 信息资源

从根本上来讲，信息资源是图书馆最重要的资源。图书馆，有图书，才称为图书馆；无图书，则不能称为图书馆；即使是数字图书馆，那个所谓的数字，便是电子图书。图书馆应该保存一切有文字的纸片，这样的说法虽然有一定的片面性，但是，印刷型文献资料有着不可替代的优越性。虽然电子文献及网络信息资源的存储丰富了图书馆的馆藏形式和内容，但是图书馆的传统藏品中珍藏着许多人类优秀文化典籍。人类不可能将所有的印刷型文献全部转化为数字型文献，传统的纸质型文献资料具有其优越性，图书馆馆藏的文献资料主要是纸质型书刊，这种纸质型文献与电子文献、网络资料相比，具有使用方便的优点，它不需要使用电子音像设备和计算机设备即可阅读。纸质型文献是实现图书馆价值的物质基础。图书馆的未来必须以其自身的永久资源为基础，不能仅以电子数据存储为基础。

2. 空间资源

图书馆的空间资源是图书馆不可或缺的重要资源。虽然数字图书馆的建设已经取得了不凡的成绩，可是，近十年来，我国图书馆的建设比数字图书馆的建设发展得更快，这是特别值得肯定的。但是，我们也必须看到，我国的图书馆数量仍然很少，图书馆的面积仍然严重不足，需要大力建设图书馆，以满足人们的文化需求和精神需求。

3. 文化资源

文化资源是图书馆的重要资源，一个好的图书馆一定是一个有文化的图书馆。这也就要求图书馆馆长要具有科学管理意识，努力提高自己的文化素质。

（二）社会价值

图书馆是为人们学习文化知识所准备的，是社会分工中不可或缺的重要组成部分。图书馆的社会价值，就在于真正实现图书馆藏书的价值，而实现藏书价值的途径就是为读者服务。图书馆的社会价值体现在以下几个方面：

1. 图书馆是一个绝佳的学习场所

图书馆是除学校以外的一个好的学习场所。图书馆拥有的文献信息资源众多，内容涵盖古今中外和各学科门类，载体形式多样，服务手段多样，是取之不尽用之不竭的知识宝库。图书馆有着幽雅的环境，浓厚的学习风气，营造了一种强烈的文化氛围，能给学习者提供良好的学习环境，无论何时何地，图书馆都是人们接受教育的理想殿堂。图书馆以公益性服务为基本原则，以实现和保障公民基本阅读权利为天职，以读者需求为一切工作的出发点。在对外开放不断扩大、信息网络技术迅猛发展的时期，图书馆对先进文化的倡导作用更为重要。它通过对文献信息的收集、整理、开发、利用来宣传党的方针政策、国家的法律法规和科学知识，发掘、阐述、转化、继承和发扬积极向上的文化成果，牢牢把握先进文化前进的方向，推动先进文化传播。

2. 图书馆是精神文明建设的重要基地

图书馆是从事信息工作的重要领域，一直以文献信息的管理与利用为主，成为文献信息的汇聚与交流中心。图书馆的存在及其职能作用的有效发挥，使人类精神文明的发展有了可靠的保证。正是人们自觉利用和依赖图书馆阅读信息的行为，营造出了良好的社会文化氛围，推动了人类精神文明不断向前发展。

3. 图书馆是一个查询、管理信息的重要部门

图书馆是文献信息资源搜集、加工和管理的重要部门。信息技术和网络技术的飞速发展，拓展了图书馆的信息收藏范围。图书馆的收藏形式日益丰富，由收藏单一的印刷型文献资料，转变为收藏多媒体电子出版物、光盘数据库、网络信息等多种信息存储形式的完整的信息系统。图书馆还肩负着信息资源建设的重任，一方面要丰富本馆特色资源，把馆藏信息数字化；另一方面还要对网络信息进行有效的规范管理，对有害信息、虚假信息和垃圾信息进行筛选过滤，对读者需求的信息和知识进行分类、归纳整理，并将结果通过网络反馈给读者。

4. 图书馆是为社会服务的一个公益机构

图书馆从其出现并为社会公众服务起，就决定了其社会公益性的属性，它的公益性体现在无偿地为广大读者服务。图书馆向读者提供平等的服务，各级各类图书馆共同构成图书馆体系，保障全体社会成员均等地享有图书馆服务。知识一旦生产出来，几乎无须增加任何成本就可供全人类共享，而且不会因为使用而消耗减少。图书馆虽然不是知识的生产者，但其收藏的知识的特征不变。知识一旦被图书馆所收集、加工、保存，同样几乎无须任何附加费用就可以向所有人提供。无论贫富贵贱，无论是大学教授还是平凡的打工者，都能平等地获取图书馆资源。

5. 图书馆在服务与管理中体现人文关怀

图书馆致力于消除弱势群体使用图书馆的困难，为全体读者提供人性化、便利化的服务。随着城市经济的快速发展，越来越多的农村务工者涌入城市，该类读者的社会来源广、构成复杂、个体差异很大，对知识有不同程度的需求。图书馆管理人员指导他们正确的使用图书馆，不但能提高他们的自身素质，而且对于社会的稳定和谐发展起到关键作用。

第三节 互联网对图书馆的影响

随着现代科技的发展，人们已经进入信息大爆炸时代，传统的图书馆已不能适应现代快节奏生活的需要，因此，应用现代化技术的图书馆应运而生。现代化图书馆就是将现代技术应用于图书馆各方面的工作。现代技术主要是指第二次世界大战以后出现的各种新技术，它和图书馆工作结合后，使图书馆工作发生了深刻的变化，图书馆行业从此进入一个新的发展阶段。

随着信息时代的发展，特别是网络技术的高速发展，为人类社会的进步营造了一个前所未有的信息空间，也给图书馆这一重要的社会信息服务系统带来了巨大的挑战和提供了难得的发展机遇。图书馆资源数字化、馆舍的虚拟化、服务的社会化、发展集约化成为图书馆未来发展的最佳模式。

资源数字化。随着信息时代的到来，图书馆也必将朝着数字化方向发展，建设数字图书馆，这是毫无疑问的，业界也讨论很多。资源数字化包括资源的存在形式（或载体形态）数字化、资源的组织数字化和文献信息服务体系建设。资源的存在形式数字化包括馆藏资源数字和社会资源馆藏化。

馆藏资源数字化是根据各馆的特点以及日后的发展规模，确定数据格式标准（主要包括多少字段，采用什么格式）、收录范围、时间段和载体形式等，再根据《图书著录格式规范》《图书资料著录规则》等标准，对馆藏资源进行数据收集与加工。数据加工包括书目编目、文献著录、文字录入、扫描、图片处理等，然后建立专业的、特色的文献数据库。建立文献数据库，还依据《数据库著录规则》《元数据的标引规则》《数据库主题标引规则》《数据库分类标引规则》等多个规则，使每个文献处理人员有章可循，为高质量完成建库任务打下良好的基础，同时为后期的数据库软件研制工作提供保障。

社会资源馆藏化。现有社会的数字信息资源可以分为网络数据库、电子图书、专业数据库和学位论文数据库四大类。网络数据库中常见的有：一是中国期刊网，内有1997年至今的5 300种全文电子期刊，以及1994年至今的题录；二是维普中文期刊数据库，内有文理各学科期刊8 000多种，其中科技期刊较全，收录时间为1989年至今；三是万方数据资源系统：以核心期刊为主线，内容涵盖医药卫生、工业技术、农业科学、基础科学、社会科学、经济财政、科教文艺、哲学政法等各个领域，100多个类目的近5 000多种核心期刊，三大数据库分别是数字化期刊全文数据库、万方数据中文知识（链接）门户以及数字化期刊刊名数据库；四是中文社会科学引文索引数据库，包含人文社会科学各专业，收录国内外出版的重要的中文、人文科学、社会科学学术期刊419种。

文献信息服务体系建设。如果资源的组织与管理模式、相应服务理念与服务方式不能适应数字时代的要求，再多的数字资源也不能构成一个理想的数字化的文献信息服务体系。建设数字图书馆应该全面继承和发展图书馆的资源与服务，通过现代的管理方式和服务理念，采用现代数字技术，使图书馆的各种资源发挥更大的效益。1997年3月，美国国家科学基金会资助召开的"分散式知识工作环境"会议报告上提出："'数字图书馆'的概念并不仅仅是一个拥有信息管理工具的数字收藏的同义语，它更是一个将收藏、服务和人融为一体以支持数据、信息和知识创造、传播、利用和保存的全过程。"建立数据建设同盟，加大数据开发的比重，建立中数据库产业基地；统一数据库制作标准，提高数字化水平；改进数据库检索技术，采用超文本检索技术，提高检索效率，实现在网上轻松阅读和下载。在网络环境下，数字信息传输将采取长距离、大容量、数字式通信方式，其范围之大，可以覆盖全球，其容量之大不是指几十兆、几百GB，乃至几十几百TB，而是可以建设一套快速、大容量的传输系统以实现网络资源共享。图书管理的网络化以及信息资源的数字化、电子化，使得我们可以获得大量信息，而不必关注其收藏点。数字化图书馆联盟下的子单位，就可根据各馆的收藏和服务特点，为数字化联盟加工、传输、共享本馆的数字资源，这就避免相同资源的重复建设，节省了时间，减少了不必要的损失。这就是先进的数字化信息和数字化传输。

馆舍虚拟化。伴随着全球网络化的迅速发展，特别是互联网的出现，已经构成了人类有史以来最大的信息资源网络，在网络环境下，图书馆的资源结构发生了深刻变化。在信息时代的知识社会里，图书馆的发展不再是一个独立的实体，而是信息社会系统里的一个知识功能模块。在实体馆藏资源的基础上，建立具有联机检索功能的数字化图书资源，在当今这个时代，任何图书馆如果离开数字化图书资源而仅靠自己有限的实体馆藏资源来提供广泛的服务，是不可想象的。因此，很有必要在互联网上建立一个统一的、具有全面共享的、高速的、安全的、不受时间和空间限制的、随时随地都可使用的智能化虚拟图书馆。

文献信息资源的数字化，图书馆实体的虚拟化，是图书馆未来的发展方向，真正意义上的数字图书馆可以不受任何约束地通过网络图书馆调出其他馆的文献信息，变缺馆藏为"有馆藏"，真正成为"无墙图书馆"。

图书馆服务社会化。图书馆服务社会是知识经济和信息时代发展的必然趋势。随着知识经济社会的到来，图书馆面向社会开放，为社会大众服务，走社会化的道路势在必行。因为知识经济的兴起和网络时代的到来，为知识创新提供了更加广阔的舞台，同时也带来了信息传播方面的新问题。面对"数量"和"复杂度"激增的各类信息，图书馆有责任通过自己的创造性劳动，做深层次的信息加工和鉴别以确定信息的价值，从而保证知识传播渠道的畅通，为广大科研人员实现知识、科技创新创造条件。基于知识、技术创新的大环境，图书馆的服务社会化是在市场经济条件下谋求自身发展的一个必然趋势。

现有资源得不到充分有效利用。图书馆，特别是高校图书馆，作为文献信息的一个汇集中心，拥有众多的文献信息资源。据不完全统计，全国1 000多所高校图书馆拥有藏书6亿多册，并拥有大量连续出版物等及时性的信息资源。高校图书馆拥有较强的专业文献资料加工处理能力，在长期的教学和科研工作服务中，高校图书馆积累了大量工作经验和专业信息处理知识和能力，这些知识和能力是其他类型信息服务机构无法比拟的。可以说，高校图书馆是一个学科齐全的多功能的信息处理中心。但是，高校图书馆的这些资源优势，如信息资源优势、技术设施优势等并没有得到充分有效的发挥。虽然目前许多高校图书馆已开始向社会开放，但其力度、服务范围和层次还远远不够。高校图书馆的这些资源需要有一个更为广阔的发展领域，让其得到更有效的利用，高校图书馆需要一个展示自己的社会大"舞台"。

图书馆在服务社会的过程中可以方便地引进外部资源，如资金、技术、管理，借助外部力量进一步深化其内部改革，让图书馆更好地为高校教学和科研服务，并进一步为社会提供更为广泛的信息服务。如今，图书、信息已走向市场化，清华同方的中华知识网、中国期刊网、万方数据、维普中文期刊等网上资源与图书馆的强强联手，给图书馆提供了强大的外部资源活力，使图书馆为社会提供服务的工作能够开展得如火如荼。而绝大部分图书馆面对市场经济也不能再冷眼旁观，而应该把目光投向市场，服务社会化是图书馆走向市场的重要途径。

图书馆服务社会化的体现。进入知识经济时代和信息经济时代，人们的信息意识不断提高，对信息的需求量越来越大，信息的迅猛增加和高效利用，给图书馆的文献信息资源管理和读者服务工作开辟了广阔的前景。高校图书馆不仅是学校的文献信息中心，还是学校信息化和社会信息化的重要基地。图书馆应不断拓展自己的教育职能和信息服务职能，把读者第一，服务至上，全心全意为读者服务作为最高宗旨；把吸引读者，争取读者作为重要的策略行动；把拥有最多的读者，最广泛的信息传播面和提高有效的知识流通量作为工作方向；把适应社会的发展，遵循读者服务的发展规律，不断提高为读者服务工作的质量和水平作为自身发展的目标。

读者服务对象的延伸。电子计算机技术、现代通信技术和网络技术在图书馆的广泛使用，将逐步打破图书馆与读者的严格界限。网上读者的出现，将使图书馆的读者范围不断扩大，它不仅有自己特定的读者对象和相对稳定的读者群体，即高校图书馆不仅有本校的教职员工和学生读者，而且还有社会上其他单位的读者，特别是利用本馆特色馆藏资源和文献信息的读者。图书馆读者对象范围的延伸，反映了图书馆从自我封闭到有限开放，再到全面开放的社会化发展趋势，同时也说明，信息时代的图书馆将承担更多的社会职责，发挥更大的社会教育和服务功能。

随着信息时代的发展，特别是网络技术的高速发展，图书馆应用现代化管理方法和先进的科学技术，加强分工和协作，提高信息资源和经费的利用率，增进图书馆行业的整体效益，是图书馆行业集约化的基本含义。信息社会的来临使图书馆面临着前所未有的挑战，一方面社会信息量急剧增加，单个图书馆越来越难满足本馆读者的信息需求；另一方面信息技术正在改变着图书馆的传统面貌，数字图书馆、虚拟图书馆等新的图书馆概念和形象相继产生。为了共同满足社会的信息需求，图书馆，特别是高校图书馆必须联合起来，实现资源共享就成了历史的必然，而现代信息技术的应用能帮助图书馆克服时间与空间的限制，从技术上支持图书馆信息资源的共享。

　　在结构上，计算机技术和通信技术在图书馆的应用彻底改变了图书馆的工作方式，使图书馆的各项工作在图书馆内部形成一个整体，实现了图书馆的局域网络化，图书馆作为社会的一个有机组成部分，与网络结合并将其信息资源提供给社会公众也是大势所趋。以计算机技术与信息处理技术为主的有形的、组织结构精密的现代图书馆网络将取代传统的图书馆网络。在功能上，在未来的以知识为基础的社会里，图书馆不仅是人类文化的保存中心，而且还将成为真正的知识教育中心和素质教育中心；不仅收藏着丰富的信息和知识资源，而且可以通过各种现代化手段和途径获取并传播人们所需要的各种馆内和馆外的信息和知识资源，从而成为各种年龄和知识层次的人学习和研究的最佳场所；不仅为馆内读者服务，而且还可利用现代化手段，在网上开设远程教育课程，提供远程教学服务，从而成为人们终身学习与终身教育的中心。由于馆藏范围的延伸，图书馆将兼有博物馆、美术馆、纪念馆的功能。但与这些机构不同的是图书馆除了保存功能外，将更加重视藏品的使用价值，人们可以将其中的一些艺术复制品像图书一样借出，从中受到艺术熏陶。从这个意义上说，图书馆还将成为重要的素质教育中心。在馆际合作上，交通、通信的发达，特别是高速信息传输网络的建设，使得国际的图书馆业务合作和学术交流变得更加方便，特别是网络作为一种全新的信息传递手段，以其信息量大、传输方便、不受时空局限、共享性强等优点显示了强劲的生命力。我们可以通过网络检索世界上诸多国家和地区各类图书馆的馆藏目录及各种指南、手册和期刊索引数据库，交换书目信息，实现联合编目，开展学术交流。在发展理念上，图书馆作为信息的集散地，其从业人员的群体观念和个体意识应该是最敏锐最开放的，他们应该时刻获知、鉴别和汲取新的有益的思想。在知识经济时代，社会信息网络以其丰富多变的载体形式、交流形式、服务形式使我们重新认识图书馆行业、图书馆信息资源、图书馆读者（用户）、图书馆服务及图书馆本身，具有时代特色的新观念将层出不穷，而那些过时的、不符合发展趋势、落后于客观现状的旧意识将得到更新。

第四节 图书馆创新服务的提出

图书馆是人们学习、查阅资料的重要场所,而一个图书馆的文献信息服务水平的高低,直接决定了图书馆的发展空间。文献信息工作属于知识密集、技术含量高、社会效益显著的综合性服务项目,是 21 世纪图书馆服务工作的重点。随着因特网的迅速普及和信息高速公路建设热潮的兴起,网络更加贴近人们的生活,这种国际社会信息化的大趋势,给文献信息服务工作的开展带来了新的挑战和机遇。作为信息网络的特殊用户——图书馆只有熟悉并掌握各类网络中的信息资源种类、结构、范围、深度等,才能为读者提供优质的智能型服务。在网络环境下,图书馆功能得到加强,读者数量呈指数增长,馆藏资源高度共享,读者将不再局限于本单位、本地区,只要有条件上网,都能够利用图书馆的资源和服务。网络环境下,图书馆由于实现了网络化管理和服务,要求读者必须具备一些基本的计算机信息检索、外语等知识,因此,读者的文化层次更高。

图书馆信息服务主要是文献知识服务,知识在经济发展中的地位,必然引起我们对知识的重视。重视知识投资,重视知识的创造、传播和应用,加快传播和获取知识的速度,就要运用高新技术去传播和获取知识。图书馆文献信息资源是传统的信息服务基础,建立"书目查询"网络信息服务非常重要。联机网上书目查询,替代了图书馆传统的卡片式目录,成为现代教学服务工作的一个组成部分,它不但节省了检索信息的时间,提高了检索效率,而且促进了馆藏文献的利用,对新到的图书、期刊、光盘和数据库等,可进一步在图书馆网页上建立新的通报、最新期刊目次服务、新到光盘和数据库通报等链接,从而及时、有效地提示馆藏、开展形式多样的文献查询服务。

文献传递服务主要是解决如何通过图书馆获取自己无法找到的文献资料的问题。文献资料包含国内外的图书、论文和专利等,主要来源于 CALIS 和 CASHL 两个文献传递服务网内成员馆馆藏及国家科技文献中心和中国地质图书馆等。

一、电子图书馆的出现让文献信息服务迈上了一个新台阶

电子图书馆是随着电子出版物的出现,网络通信技术的发展,而逐渐出现的。电子图书馆,具有存储能力大、速度快、保存时间长、成本低、便于交流等特点。光盘这一海量存储器,能够存储比传统图书高几千倍的信息,比微缩胶卷要多得多,而且包括图像、视频、声音等。

利用 Microsoft Visual FoxPro 技术管理图书馆里的图书,对馆外文献信息资源进行搜索、过滤,成为虚拟馆藏,形成更加宽广、快捷的信息通道;通过最现代化的手段——计

算机网络操作技术使馆藏文献走向数字化，使人们能够很快查找到自己所需要的信息资料。这样，保存信息量的时间要长得多，不存在霉烂、生虫等问题。

二、"读者至上"的文献信息服务

图书馆不断发展的最终目的是为读者创造最大的利益，确定"读者至上"的图书馆文化，以读者对图书馆的满意程度作为衡量图书馆自身工作的主要标准。正因为图书馆坚持处处将读者利益放在主要点来考虑，从而使图书馆文献信息服务出现以下新的面貌：

①长时间、全方位地为读者服务。现在很多的图书馆已做到了全年开放，每周开放72小时，大大方便了读者，使图书馆真正成了"读者之家"。

②服务对象更广泛、服务更便捷。扩大服务对象，敞开发证，有些馆已经做到了无证件就室阅览，办借书证也不受任何条件限制，使公共图书馆的大门无条件地向社会公众敞开。

③开放性文献信息服务。现在很多的图书馆馆藏文献实行全方位开架，让读者最大限度地接近馆藏，从而大大提高了读者对文献信息资源的利用率。

④提升图书馆的服务空间。设立馆外图书流通点，通过送书下乡、文化扶贫、送书到军营、厂房、工地等，全方位、多角度地拓宽了图书馆的服务空间。

⑤加大对文献资源的开发力度，增强图书馆的信息服务功能。文献服务已由以整本图书或期刊为单元进而以知识、信息为单元，向用户提供针对性服务。图书馆还开展信息咨询、代查代译、专题剪报、定题服务等业务，图书馆服务工作正在逐步向信息服务的方向深化与发展。通过在服务过程中对文献资源的开发、挖掘、引导使读者从中得到受益。

⑥另辟蹊径的特色服务。在特色服务上另辟蹊径，如深圳图书馆设有馆中之馆的法律图书馆、时装图书馆，北京东城区图书馆设有包装资料馆，上海曲阳图书馆设有影视文献中心，湖北省宜昌图书馆设有柑橘文献中心，郑州科技图书馆设有饮食图书馆，南京金陵图书馆设有广告人文库。这些馆除了做好常规服务工作外，还开展专题文献信息服务，成为他们深化服务内容的一大特色。

⑦与活动相结合，形式多样。现在很多的图书馆倡导阅读，开展丰富多彩、健康向上的读书活动和社会文化活动，如举办各种讲座、读书报告会，开展优秀图书推介，新书展览，组织多种多样的读书活动，以激发广大群众的读书热情。如1999年沈阳市开展的"建设新沈阳""迎接新世纪"百万市民读书活动，新疆维吾尔族自治区举办的"全民读书日"，文化扶贫委员会等部门联合举办的全国农民读书征文活动等。日益浓厚的学习风气有效地推进了全民阅读型社会的建立。

⑧借助互联网的发展。现代图书馆是离不开互联网的发展的。开拓网上服务，网络资源更新的速度很快，且具有迅速、交互、图文并茂的特点，图书馆还以积极的姿态培训用户，以求将更多的用户带入一个全新的知识天地。

⑨延伸性服务。业务部门开展延伸性信息服务,如通过科技查新、文献检索、翻译服务、培训服务等,为科研和企事业单位提供服务。如广西壮族自治区桂林图书馆是该区授权的广西科技成果检索查新单位,仅1998年为全区科研课题立项、鉴定查新咨询160多项,成为该区最具活力的科技服务单位,充分显示了它的服务价值。

三、文献信息服务的发展趋势

1. 图书馆文献信息服务的完善

图书馆主要以纸质的文献信息为主,在现代化的今天我们应该使图书馆与计算机技术和网络技术紧密结合,利用计算机技术创建适合图书馆规模的数据库,来记录和分析馆内的图书资源,对馆内资源的准确掌握,对管理和发展图书馆至关重要。在进行图书馆文献信息服务时,利用网络资源建立网页和索引来对图书馆中的所有图书进行合理分类,对读者快速合理地查找所需信息十分必要。有了索引的帮助,读者不必为了寻找一本书而穿梭在整个图书馆中,这种既费时又费力的寻找方式将得到有效改善。同时,为了方便客户与读者对知识的获取,在图书馆文献信息服务中还可以采用电话、短信、传真和电子邮箱来为客户进行服务。客户可以将所需的文献信息通过以上方式发送到图书馆有关服务部门,服务部门的工作人员将用最快的速度将准确信息回复给客户。图书馆文献信息服务的发展方向随着信息化技术的不断改变,图书馆文献服务方式也在随之变化。数字化和网络资源的利用使现代图书馆文献信息服务更加人性化,开创了文献信息服务的新局面。

2. 网络化信息服务

近些年随着网络的迅速发展,它已成为人们生活中不可缺少的一部分。图书馆也在应用网络来完善文献信息服务系统,图书馆功能在应用网络后得到加强,读者数量也随之快速增长。网络的一大特点就是资源共享性,读者将不再受限于不同单位和地区,在权限的允许下,读者可以获得任何单位与地区的知识资源,这样使得读者获取的信息更加广泛准确。利用网络可以使自愿的寻找更加快捷,只要读者掌握必备的一些基本计算机、信息检索、外语等知识,就可以用最快的速度找到自己需要的信息。

图书馆可以利用网络将用户所需的各项服务功能进行整合,使之最大限度地满足用户的各项信息服务要求。在这样网络化的文献信息服务模式下,图书馆得以向读者提供多层次、全方位的信息服务,最大限度地方便用户查找信息的过程。网络环境下搜索引擎提供了多主题自由检索,这种检索方式使信息检索已不再是图书馆专业人员的专利,而是成为一种大众化工具。

图书馆文献信息服务在现代化高速发展的社会中逐渐完善并继续发展,图书馆已不再是传统的内部开放,而是面向全社会各阶层开放。任何一个公民都有权利在图书馆中寻找自己所需要的信息,图书馆资源也日益区域共享化。同时,网络化文献信息服务的应用不仅方便了读者的需求，还使图书馆管理系统更加完善化，在今后的发展中图书馆文献信息服务将更加完美。

图书馆文献信息服务是未来图书馆的核心竞争力。随着时代的不断发展与科技的持续进步，文献信息服务展示了新的面貌。传统图书馆的文献信息服务已经满足不了现代社会的要求，结合互联网的电子化、网络化、数字化的文献信息服务已成为当前图书馆的主流。

第二章 高校图书馆读者服务的理论基础

第一节 服务标准理论

一、服务标准的概述

服务是一种社会现象，广泛存在于社会中，在《现代汉语词典》中，对服务的解释是"为集体（或别人的）利益或为某种事业而工作"。服务活动贯穿于人类社会发展的各个阶段。从广义上说，服务是指一切人类活动。自从人类及人类社会出现以来，人类的每一个个体或群体的每一项活动都是在提供或接受某种性质的服务，都是具有服务性质的活动。在农业社会和工业社会，服务通常与低等或非技术工人所做的佣人性工作联系在一起，直至后工业社会到来之后，随着科学技术的飞速发展，人们生活水平的不断提高，对生活质量的要求也越来越高，服务在社会经济中的地位和作用与日俱增，服务得到人们普遍重视。1960年，美国市场营销协会（AMA）最早正式提出服务的定义：用于出售或者同产品连在一起进行出售的活动、利益或满足感。

国际标准化组织（ISO）在有关服务的相关标准中对服务做出了界定。ISO9004—2：1991《质量管理和质量体系要素第2部分：服务指南》对服务的定义是：服务是为满足顾客的需要，供方与顾客接触的活动和供方内部活动所产生的结果（中国社会科学院语言研究所词典编辑室，2005）。ISO9000：2005《质量管理体系基础和术语》认为，服务是无形的，并且是在供方和顾客接触面上需要完成至少一项活动的结果。ISO/IEC 76：2008《服务标准制定考虑消费者需求的建议》对服务的定义是：服务提供者与顾客接触过程中所产生的一系列活动的过程及其结果，其结果通常是无形的。我国国家标准《服务标准化工作指南第1部分：总则》（GB/T 15624.1—2011）对服务的定义是：服务是为满足顾客的需要，供方与顾客接触的活动和供方内部活动所产生的结果。服务是不可感知活动，是无形的。格鲁诺斯等人（2000）指出服务是由一系列或多或少、具有无形性的活动所构成的过程，这种过程在顾客与雇员、有形资源的互动关系中进行，这些有形资源（有形产品或有形系统）是作为顾客问题的解决方案提供给顾客的。格罗斯对服务的认知变化非常明显地指出了服务由有形资源构成无形活动的重要特性。综合前人的看法，本书认为服务就是为满足用户的需要，由服务提供者凭借自身的能力（体力、智力、技能、资源），利用一定的手段（工具、设施或设备），通过与用户之间的活动接触为其做事的一系列行动和过程。

标准是对一定范围内的重复性事物和概念所作的统一规定（张铎，2010），而且这种规定常常形成一种文件，称为标准文件。例如，《自助服务终端通用规范》，这种统一的一致性要求就是标准。当事物具有重复出现的特性，就有制定标准的必要。国际标准ISO/IEC指南2：1996《标准化和相关活动的通用词汇》，我国国家标准《标准化工作指南第1部分：标准化和相关活动的通用词汇》（GB/T20000.1—2002）都对标准进行了定义，标准就是为了在一定的范围内获得最佳秩序，经协商一致制定并由公认机构批准，共同使用的和重复使用的一种规范性文件。同时指出，标准应以科学、技术和经验的综合成果为基础，以促进最佳社会效益为目的。标准的本质反映的是需求的扩大和统一。NASA把标准化文件按元素的类型分为六类：标准、规范、手册、指南、规程、法规，并统一称为标准产品。

服务和标准是伴随着经济、文化、社会高度发展而产生的现代社会中两个非常重要的概念，此后，服务标准的研究日益增长，逐渐形成与产品标准相当和相对应的领域。1994年，国际标准化组织对1SO9000族标准进行了修改，将其应用领域从工业扩大至建筑业、服务业等行业，1995年，第17届国际标准化组织消费者政策委员会年会在北京召开，以"服务——国际标准化工作的挑战"为会议主题，1996年，ISO第27届世界标准日的主题确定为"呼唤服务标准"，在全球开启了服务标准的研究热潮。

国际标准ISO/IEC指南2：1996《标准化和相关活动的通用词汇》对标准化和相关活动的术语进行了说明。我国于2002年采用并发布《标准化工作指南第1部分：标准化和相关活动的通用词汇》（GB/T 20000.1—2002），于2003年1月1日起开始实施。其中对服务标准做出的界定是：服务标准（service standard），是规定服务应满足的要求以确保其适用性的标准。其后，在我国有关服务标准的国家标准，包括《服务标准制定导则考虑消费者需求》（GB/T 24620—2009）、《服务标准化工作指南第1部分：总则》（GB/T 15624.1—2011）、《服务标准编写通则》（GB/T 28222—2011）对服务标准概念界定都与《标准化工作指南第1部分：标准化和相关活动的通用词汇》（GB/T 20000.1—2002）是一致的。即服务标准就是规定服务应满足的要求以确保其适用性的标准。另外，《服务标准编写通则》（GB/T 28222—2011）规定了服务标准的基本要求：服务标准应根据服务行业的发展现状和特点，以及服务技术条件编写；服务标准应根据顾客需求编写，保护顾客权益，尤其是考虑老年人、儿童、不同文化背景及不同行为能力等特殊顾客的期望和权益；服务标准编写宜考虑安全和环保方面的要求；服务标准编写应确保内容明确、具体和完整；服务标准编写宜尽可能设定一些可量化的技术指标，并确保技术指标的适用性、可操作性和先进性。

二、服务标准的内容和作用

(一)服务标准的内容

由于服务标准是针对某项服务工作应该达到的要求而制定的标准,因而服务标准中最核心的内容就是对要求的描述,这些要求就是服务标准的主题。

国际标准化组织消费者政策委员会(ISO/COPOLCO)制定的ISO/IEC 76:2008《服务标准制定考虑消费者需求的建议》于2008年发布,用以指导服务标准的制定工作。指南中给出了制定服务标准时通常应考虑的服务要素及其规范主题,见表2-1。

表2-1 ISO/IEC 76号指南中的服务标准主题

主题	主题范围
服务提供者	质量管理、环境管理、职业健康安全管理偿付能力和其他财务方面、诚信、能力、社会责任、人力资源
供方	为服务提供者通过支撑的组织应满足的要求
职员	知识、技能和资质、态度、培训
顾客	接受服务顾客应满足的要求
合同	清晰和明确、客观和公平、格式
支付	与支付相关的信息、支付方式、条件
交付	活动说明、可信赖性、隐私、安全、健康和卫生、环境、行为准则、保密
服务结果	满意度、持续改进
服务环境	健康和安全要求、可达性
设备	质量和安全要求、可用性
服务提供者与顾客之间的沟通	沟通方法、沟通内容、沟通频率、易获得性、态度、行为守则、顾客满意度测量
服务组织内部沟通	沟通方法、沟通频率、共享信息

注:资料来源 ISO/IEC 76:2008《服务标准制定考虑消费者需求的建议》

ISO/IEC 76号指南为全球各国服务标准工作起到了重要的参考作用。全国服务标准化技术委员会(SAC/TC 264)对ISO/IEC 76号指南进行了采标,转化成我国指导服务标准的国家标准,即《服务标准制定导则考虑消费者需求》(GB/T24620—2009)。该标准认为制定标准要根据消费者在选择、购买或预约服务、服务交付、服务结束等过程中可能询问的主要问题,指出了这些问题与服务要素之间的关系,具体见表2-2。通过消费者提问可以归纳服务要素包括:服务提供者、沟通、职员、服务环境、设备、合同、支付、交付、服务结果、补救措施。

表 2-2　消费者可能询问的主要问题及相关的服务要素

阶段	消费者询问的问题	服务要素
预约前有关服务提供者和服务的问题	我信任服务提供者吗？	服务提供者、沟通、供方
	我符合接受该服务的条件吗？	顾客、沟通
	我是否从服务提供者处获得了价格、性价比、可选性等方面的足够信息，以便能做出正确的决策？	沟通
	我是否理解信息？信息是否易于使用？信息是足够还是过多？	沟通
	关于服务提供者或服务的某方面影响我的决策吗？	服务提供者、沟通
	服务提供者及其职员对我有礼貌并且帮助吗？	职员、沟通
	我容易联系到该组织吗？	服务环境、设备、沟通
	该组织考虑我的特殊需求和局限吗？	服务环境、设备
有关购买或预约服务阶段的问题	我理解合同或默示合同吗？	合同、沟通
	合同给我提供了足够的信息做出决策吗？	合同、沟通
	我可以清楚预见该服务将给我带来什么吗？	交付、沟通
	我能试用该服务吗？	服务环境、设备、沟通
有关服务交付的问题	我可以采用不同的支付方式吗？是否清晰说明？	支付、服务环境、设备、沟通
	我是否能在预定时间，以预期的方式享受到预期的服务质量？	交付、服务结果、沟通
	服务的提供是否安全、是否尊重我的隐私，且不损害健康和环境？如果不是，我怎样才能获得帮助？	交付、服务结果、设备、服务环境、补救措施、沟通
	是否以礼貌、专业、友善的方式和适当的态度提供了服务？	职员、沟通
有关售后、后期服务的问题	我如何投诉，有可供选择的方式吗？	补救措施、沟通
	我的投诉是否得到迅速、礼貌、专业的处理？	职员、沟通
	如果服务提供者没有解决我的问题，我是否可以请第三方考虑我的投诉？	职员、补救措施、沟通
	如需要，是否提供应急服务？	补救措施

我国 GB/T D15624.1—2003《服务标准化工作指南第 1 部分：总则》将服务标准的内容概括为：服务基础标准、服务管理标准、服务质量标准、服务资质标准、服务设施标准、服务安全卫生标准、服务环境保护标准、保护消费者权益标准，如图 2-1 所示。

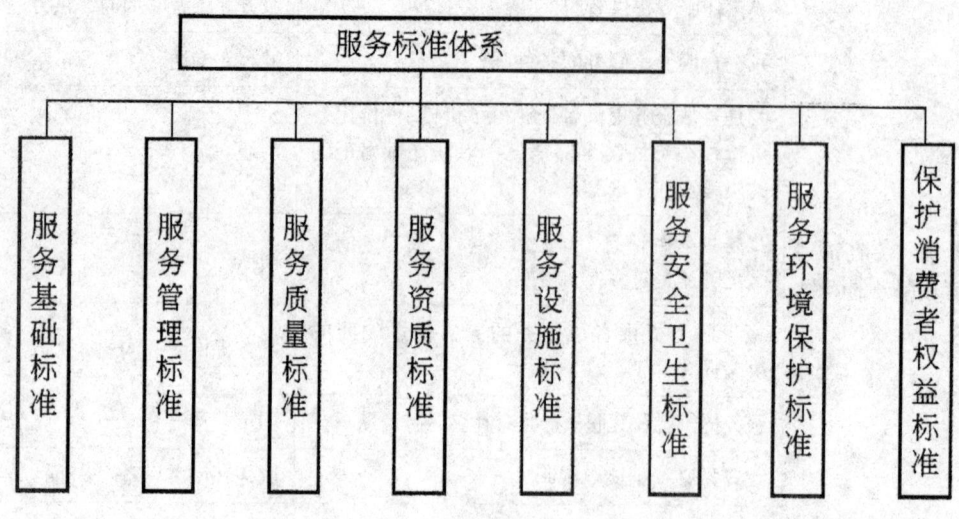

图 2-1　GB/T D15624.1—2003 规定的服务标准体系

我国 GB/T 28222—2011《服务标准编写通则》不对服务标准内容按服务要素进行分类，而是按照服务的动态过程将服务标准内容分为三大类九个小类。三个大类为：服务基础标准、服务提供标准、服务评价标准。具体的标准小类分别为：服务基础标准包括服务术语、服务分类、服务标识与符号三个小类；服务提供标准分为服务提供条件、服务提供过程、服务质量三个小类；服务评价标准分为顾客满意度、服务分等分级、服务质量评价三个小类。2011 年修订的 GB/T D15624.1—2011《服务标准化工作指南第 1 部分：总则》也采纳了这一分类体系。

此外，GB/T 24421.2—2009《服务业组织标准化工作指南第 2 部分：标准体系》确定了服务业标准体系由服务通用基础标准体系、服务保障标准体系、服务提供标准体系三大子体系组成。服务通用基础标准指服务业组织内被普遍使用，具有广泛指导意义的规范性文件。服务通用基础标准是其他标准制定和实施的基础，不受服务业组织的行业类型、运行模式、技术水平等因素的限制。服务保障标准指为支撑服务有效提供而制定的规范性文件。服务提供标准指为满足顾客的需要，规范供方与顾客之间直接或间接接触活动过程的规范性文件。服务通用基础标准体系是服务保障标准体系、服务提供标准体系的基础，服务保障标准体系是服务提供标准体系的直接支撑，服务提供标准体系促进服务保障标准体系的完善。

服务标准是世界趋势，图书馆服务标准应当符合服务标准的总体要求，并能够指导规范图书馆服务的合理开展和运行。通过对上述国际或国家有关服务标准内容的规定，可以发现，服务标准化工作的开展必须重视对消费者的考虑及服务的过程，服务标准内容必须对服务的提供方、服务的接收方、服务的过程以及服务的效果做出规范，其他诸如服务的资质、服务的设施、安全卫生等也都能涵盖在其中。

(二)服务标准的作用

服务是为满足顾客需求,服务提供方与服务需求方之间的活动。标准是服务开展双方共同使用和重复使用的规则,通过标准的制定和实施实现双方的最佳利益及社会效益。服务标准就是规范服务双方的思想、行为,通过标准提高服务提供者的服务水平,提升服务品质,满足服务接受者的需求的规则。因此,服务标准具有重要的作用。

通过服务标准的制定和实施,首先,明确了进入服务领域的准入条件、准入程序,以及服务过程中的监管方式等,从而建立了健康有序的服务制度体系,形成了确保服务正常开展的制度环境。其次,通过服务标准,能以硬性方式形成对服务的约束,避免了服务"无法可依"的状态,便于对服务进行控制,实现优质服务。再次,通过服务标准,还能对服务从业人员进行资质、资格和能力方面的约束,提高了服务从业者的门槛,促进服务人员加强自身道德修养、知识能力、服务技能等。最后,服务标准有助于改进管理,合理配置各种资源,挖掘服务提供者的潜力,增强其活力,提高其素质,实现服务的内涵式发展。总的来说,服务标准有利于规范服务秩序,提高服务人员素质,增强服务者的能力,提高服务水平。

第二节 图书馆服务理论

一、图书馆服务的内涵及特征

《中国大百科全书·图书馆学、情报学、档案学》对"图书馆服务"的描述是"图书馆服务是图书馆利用馆藏和设施向读者提供文献和情报的一系列活动,有时也称图书馆读者工作"(中国大百科全书总委员会《本卷》委员会和中国大百科全书出版社,1993)。图书馆服务的外延是"现代图书馆不仅通过阅览和外借的方法为读者提供印刷型书刊资料,而且还提供缩微复制、参考咨询、编译报道、情报检索、情报服务、定题情报检索,以及宣传文献情报知识的专题讲座、展览等服务"。《新编图书馆学情报学辞典》对图书馆服务的界定是,"图书馆服务是为履行其职能,围绕文献与读者而开展的一系列工作,是图书馆活动的组成部分。特指组织读者利用图书馆资源的各种活动,包括读者服务、读者培训、读者研究及相关政策制度与组织管理等"。这些概念为我们指出了图书馆服务的活动类别。王世伟认为图书馆的服务是图书馆工作者以建筑设施、技术设备、文献资源为依托,以真挚的情感、聪明的才智和自觉的行动为代价,提供适合于满足读者对知识、信息需求和心理满足的劳动活动及活动所产生的结晶。柯平提出,图书馆服务是为满足读者和社会需求,利用图书馆的文献信息及其他各种资源,实现图书馆使用价值的全部活动。该观点指出了图书馆服务包括三大要素：一是对象，即读者与社会；二是内容，即利用图书馆的资源；三是目标，即实现图书馆使用价值。

1. 图书馆服务的内涵

在服务的内涵基础上，提出图书馆服务的内涵为：①图书馆服务以图书馆用户为中心，以满足用户的需求为目的，服务的产生由需求开始，服务的存在是为了实现用户的需求。②图书馆服务提供者必须具有一定的能力，掌握一定的服务手段才能实现服务目标。服务提供者的能力既包括体力和智力上的能力，又包括服务的技能和所拥有的资源，服务提供者的服务手段包括必要的软硬件、操作流程、工具、服务设施和设备，这些主要以有形资源形式呈现。③服务的过程就是服务供需双方的接触过程，通过一系列服务活动来实现，具有无形性的特征。④服务的结果是满足用户需求，通过服务过程实现服务结果，且这种结果通常也是无形的。

为了实现图书馆服务目标，图书馆服务必须包含的基本要素有：①图书馆用户，即服务需求者，他们产生和提出服务需求，既是服务流程的起点，又是服务流程的终点。②图书馆服务提供者，提供服务的个人或组织，以满足用户需求为宗旨。③图书馆服务能力，图书馆应具有提供服务所需的资源，并能够通过一定的流程或程序实施服务。④图书馆服务接触，是图书馆与用户之间为了实现服务需求的彼此交互过程，图书馆服务具有服务的一切特征。

2. 图书馆服务的特征

（1）图书馆服务的无形性

与有形产品相比，无形性是服务的最大特点。服务是表现、行动或过程，所以无法在购买和使用前凭借感知器官来感觉、看到或触摸服务的特性并以此判断服务质量的优劣，只能在购买服务后，通过使用服务的过程进行感官上的认识和感觉。图书馆服务也具有这种无形性，图书馆用户在选择和使用服务前对于服务具有一定的盲目感，对图书馆服务的认可与否只能通过使用服务后做出评价。无形性造成了图书馆服务的信息不对称，不易向用户展示图书馆服务，也不易与用户进行沟通，用户无法通过直观的外在信息感知服务。虽然优质的图书馆服务会令用户感到愉悦，令人不满意的图书馆服务招致用户的抱怨和投诉，但对于本次服务而言，只是在事后做出的评价。因此，为了增加用户对图书馆服务的认识，必须通过其他方式事先将图书馆服务的具体情况传递给客户，图书馆主动对服务做出标准规范便是一种有效的信息传递方式。

（2）图书馆服务的异质性

服务的提供是依靠服务提供者与用户接触而产生的，服务主体和服务对象都是人，每一个人都具有自身个性，服务的品质既受到服务提供人员的素质差异的影响，又受到客户个性特色和个体需求的影响。不同素质的服务者会产生不同的服务效果，同样的服务者为不同要求的客户服务也会产生不同服务质量效果。服务的行为几乎不可能完全一样。服务的异质性因而产生。服务的这一特性要求图书馆重视服务规范，提高馆员自身素质，通过制订服务标准对服务的构成成分和服务质量做出统一认定,加强与图书馆用户对服务要求的沟通,全面实施服务标准,尽量保证服务的一致性,并赋予图书馆员适当权力处理用户的个性化要求,从而提高服务质量。

(3)图书馆服务中生产和消费的同时性

有形产品从原材料采购、生产加工、物流运输到分销销售,按照流程发生在不同的时间和地点,是异时的。服务的产生过程就是客户使用的过程,服务的生产和使用消费同时发生,服务生产与服务消费同时伴生,相互依存,不可分离。对于图书馆而言,服务的质量,用户对服务的满意与否都是在服务的过程中产生的,依靠的是服务的交互过程,这个过程包括了图书馆员之间、馆员与用户之间的行为。低质量的服务将造成无可挽回的后果。因此,提高图书馆服务质量不是临时的工作,而要事先做好充足的准备,提升馆员服务素质,保障服务能力,统一服务要求,制订服务准则,才能在为图书馆用户提供服务的过程中将优质服务传递给他们。同时还意味着图书馆服务要重视时间开销。由于服务是实时传递的,用户必须在现场接受服务,时间(包括搜索图书馆服务、等待图书馆服务、使用图书馆服务的时间)将全部被列入成本,因此,提高用户对图书馆服务质量的感知,必须通过规范的服务要求实现迅速服务,主动服务。

(4)图书馆服务的不可储存性

顾客在购买有形产品后可以自主选择使用的时机,可以不立即使用而通过合理的方式储存起来,待需要时再使用。图书馆服务的生产和消费是同时发生的,提供者提供服务的过程不可能储存起来待今后使用或转让给他人使用,服务生产过程的结束就代表其消费的完成。图书馆服务具有的同时性也造成服务消费的过程不可储存,因此,重视图书馆用户的服务体验,重视服务过程,重视每一个服务环节成为提高图书馆用户满意度的重要途径。通过图书馆服务标准的制订与实施,促使图书馆员重视每一次的服务提供,认真对待每一个服务环节,按要求保质保量地提供规范的服务。

(5)图书馆服务的用户参与性

对于有形产品来说,客户就是整个产品供应链的末端,意味着产品最终到达客户,客户只能够购买产品和消费产品,无法参与本次产品的生产过程。但对于服务而言,由于其生产与消费不可分割,同时发生,因而服务通常需要客户参与其中。因此,图书馆服务质量不仅受到馆员影响,还受到来自用户的影响。图书馆用户如何参与服务,用户是否能熟练地参与服务过程都将对服务造成影响。这就要求图书馆对整个服务进行合理规划与设计,不仅对图书馆管理员提出要求,对图书馆用户也需要提出相应的要求,进行一定的指导。当然,用户在图书馆服务过程中是否能履行自己的职责往往受到服务提供过程环境的影响,如果服务环境的设计符合用户需要,就能够提高用户的感知服务质量和参与服务的程度。

(6)所有权的不可转让性

有形产品是一种物品,消费者付出一定的代价购买产品就获得实有的物品,产品的所有权从产品提供方转移到了客户。服务是一种行为或过程,在生产和消费的过程中并不涉及物品所有权的转移,服务在交易和消费完成后便消失了。例如,在图书馆享用阅读服务,并不意味着可以将图书馆图书占为己有。

图书馆服务所具有的特性来自服务本身,这些特性启示图书馆管理者和研究者重视图书馆服务,加强图书馆服务规范的研究和应用,通过有形实在的服务标准图书馆向用户传达无形隐蔽的服务信息,促进图书馆服务双方的有效沟通,提高图书馆服务质量和用户对图书馆服务的满意程度。

二、图书馆服务的类型

依照不同的划分标准,服务可以有不同的分类,由此决定了图书馆服务的类型。按照服务工具的区别,服务可以分为以机器设备为基础的服务和以人为基础的服务,图书馆服务二者兼而有之,设施设备和图书馆员是开展图书馆服务的必要条件。按照服务活动的本质,服务可以划分为作用于人的服务、作用于物的服务,图书馆服务主要是作用于人,即图书馆读者的服务,即使对图书、文献进行处理加工也是为了满足读者对图书资料或信息的需求。按照服务组织与客户的联系状态可以分为连续性服务和非连续性服务,图书馆用户在需要时使用图书馆服务,因此属于非连续性服务。按照作用于服务组织的目的和所有制的区别可以划分为营利性服务、非营利性服务、私人服务和公共服务,总体上,图书馆服务属于非营利服务。按照服务提供的形式可以分为提供实物的服务、提供信息的服务以及提供知识的服务。图书馆向用户提供服务的形式可能是三者之一,也可能是三种的任意组合,如图书借阅主要是提供实物,导读服务则既要提供实物又要提供一定的信息,而学科咨询服务则以提供知识为主。随着用户需求的改变和图书馆服务能力的提升,图书馆越来越多地向用户提供知识,知识服务已成为当今图书馆服务的一大趋势。图书馆服务类别也可以按照图书馆类型来划分,主要包括公共图书馆服务、高校图书馆服务、国家图书馆服务、学校图书馆服务、专业图书馆服务、企业图书馆服务等。

当然,图书馆服务分类最常见的方式是按照图书馆提供的服务内容进行划分的,随着计算机技术、声像技术、通信技术等在图书馆的广泛应用,图书馆服务手段日益多样化,图书馆服务内容也不断增加。常见的图书馆服务内容有:阅览、外借、缩微复制、参考咨询、编译报道、文献传递、情报检索、定题、专题讲座、展览、自助等服务。不同类别的图书馆,其服务内容具有一定的侧重点。

《普通高等学校图书馆规程(修订)》指出,高等学校图书馆是学校的文献信息中心,是为教学和科学研究服务的学术性机构,是学校信息化和社会信息化的重要基地。高等学校图书馆的工作是学校教学和科学研究工作的重要组成部分。高等学校图书馆的建设和发展应与学校的建设和发展相适应,其水平是学校总体水平的重要标志。高校图书馆隶属于特定高等教育机构,为所属高校的师生、科研人员或其他相关人员和机构提供服务(于良芝，2003），其服务工作以最大限度地满足读者的需要，为学校的教学和科学研究提供切实有效的文献信息保障为目标。

20 世纪 90 年代初，随着计算机、现代通信、网络、多媒体等技术的发展，为了满足用户对信息资源的各种需求，高校图书馆着力改变原有提供文献借阅的服务模式，对其服务方式和服务内容做出了许多新的尝试。美国田纳西大学、伊利诺伊大学香槟分校、布莱恩特大学、德雷塞尔大学等共同从科研、教学等多个社会化和专业化领域开展了高校图书馆的价值研究的 UVR 项目，在该项目中，高校图书馆服务被归纳为以下 11 类：①期刊、图书及其他出版物的访问服务；②网络设备、视听设备等软、硬件设施地提供服务；③馆际借入服务；④馆际借出服务；⑤参考咨询和学术研究支持服务；⑥指导性服务，如嵌入课堂教学；⑦公共宣传服务，如馆内电视宣传和实时通信宣传；⑧空间服务，如提供工作室和项目活动空间；⑨客户端远程访问服务；⑩复制和传送服务；⑪对校外用户的敞开性服务。现代大学图书馆面向师生日益增长的学习、研究和学术交流的需求，已经不仅成为社会化、多功能、综合性的学术中心、信息中心和文化中心，更成为健康、舒适、开放式的学习、交流和社交场所，有利于用户的学习和休闲活动。

三、图书馆服务的要素

（一）来自服务理论分析的要素

服务是多种多样的，服务的多样性是由服务要素的不同组合决定的。服务要素是构成服务、使服务能够达成用户需求的各种要素，如服务设施、服务环境等。在前面分析图书馆服务内涵时，曾总结了图书馆服务实现的基本要素包括：①图书馆用户；②图书馆服务提供者；③图书馆服务能力；④图书馆服务接触。除了这些基本要素之外，为了构建图书馆服务标准体系，还要从服务理论中挖掘更多的相关要素。

服务理论认为，服务要素除了基本要素还包括服务环境、合同、支付、交付、设备、预防性措施和沟通。决定服务是否能够达成最重要的因素当属服务能力。服务能力是指服务满足顾客和相关方明确和隐含要求的一组固有特性的能力。服务能力包含服务提供能力。决定服务能力的服务特性是指根据该项服务所需实现或具有的功能及其相关要求，如图书馆提供的文献传递服务具有及时性就能体现图书馆服务能力。服务特性应在服务提供前加以确定。服务特性具有以下显著特点：服务结果取决于服务提供的员工质量和管理；服务过程直接面对客户；服务有若干不同的特性，互相制约，相互影响，如图书馆向用户提供信息的及时性和全面性是互相制约的。作为服务能力的特性，所有的服务特性应该是能评价的，评价的依据有两个，即客户的需求和组织的规定及标准。服务特性的评价就是将服务提供过程、结果与服务组织有关的规定、标准和顾客的需求进行比较。服务提供者的服务能力必须保持相对的恒定性，在服务要求文件中可能指定的服务特性实例包括：①设施、能力、人员的数目和材料的数量；②等待时间、提供时间和过程时间；③卫生、安全性、可靠性和保密性；④应答能力、方便程度、礼貌、舒适、环境美化、胜任程度、可信性、准确性、完整性、技艺水平、信用和有效的沟通联络。服务提供的规范需要做出具体的规定。从服务本身的作用机制来看，服务是由服务提供者为满足客户而提供的内容，是由一系列动作环节组成的过程，服务的生产和消费是同时进行的，用户感知服务质量往往也是发生在同时进行的生产和消费的交换作用和交互过程之中。因此，服务交互是服务中的重要问题之一。美国研究者最早提出服务中的交互问题，将其称为服务接触，意思是"顾客与服务提供者之间的动态交互过程"，不过，他们认为"服务接触是服务双方的角色表演，顾客和员工各自承担自己的角色"，服务接触局限于顾客和员工之间的人际接触，因此他们提出的服务交互是比较狭义的交互。基于服务接触概念，肖斯塔克提出服务交互概念，既包括服务人员与顾客的交互，又包括顾客与设备和其他有形物的交换。同时顾客之间也存在相互交互，而且这种交互还会直接影响顾客对服务过程的评价，直接影响顾客感知的服务质量。另外，实践应用中服务要素中的服务交互也常被称为服务提供，不过，服务交互更强调双方作用机制，突出服务双方的参与，相比之下，服务提供强调单方面作用机制，突出提供方的服务能力。服务交互是一个抽象概念，图书馆服务交互是指在图书馆服务过程中的服务接触面，包括馆员与用户的接触面、用户与图书馆物品（包括实体和电子的资源、设施设备等）的接触面、用户与用户之间的接触面。对图书馆服务交互的要求可以转化为对馆员的服务意识和服务技能的要求，为用户利用服务的意识以及与馆员和其他用户协作的能力的要求。

另外也有研究者认为服务实质上体现的是客户需求的价值，因此，将服务包含的要素统称为服务包。服务包是指服务产品是各种有形服务和无形服务的一个集合或者组合，非常形象地道出服务产品就如同一个包裹，涵盖了各种服务，也被称为顾客的价值包。当服务提供者为用户提供服务时，并不仅仅指该服务本身，还包括为了完成服务而具有的各方面特性，因此，服务包的组成要素通常包括：①支持性设施，是服务时必需的物质资源，即服务设施，主要包括建筑、空间、环境、本设备等，如图书馆的阅览室、阅览座椅、书库、照明灯等；②辅助物品，是指客户为了享用服务而购买和消费的物质产品，或顾客自备的物品，如图书馆的纸笔、查新报告等；③显性服务，是指可以感官察觉的、为客户提供的基本或具有本质特性的服务利益，是服务包的核心要素，如用户在图书馆借到了想看的书，通过图书馆数据库查到了想要的论文；④隐性服务，是指客户在服务中体验到的精神状态，是服务的本质特性，如用户在图书馆阅览图书时感受到图书馆安静的氛围，借书时感受到馆员友好的服务态度。以上四类要素构成了服务，其中，显性服务是客户真正需要的内容，其余三者起到辅助作用。服务包的每一方面都会影响用户对服务的感受和体验，从而影响用户对服务做出的评价。

（二）来自图书馆服务研究的要素

为了进一步挖掘图书馆服务要素，本书将从图书馆服务研究的文献中提取服务要素。

采用文献计量法，从中外文数据库有关图书馆服务的论文中提取图书馆服务要素，主要采用引文网络分析法和共现聚类分析法。

一是引文网络分析法。每一个研究领域都是不断地由知识积累和知识扩散形成的，具体表现为科学文献间的引用，通过对引文网络的分析，可以追溯领域发展的历史，追踪学科的热点和研究方向、评价科学的发展趋势。普赖斯最早应用引文网络关系来探测领域知识结构和变化。后来，哈蒙和多莱尔提出识别出引文网络中具有最大连通度的系列文献称为主路径。主路径是承载领域知识扩散的核心通路。基于主路径分析的核心通路，便可以以主路径为种子文献，对引文网络基于弧线值聚类，利用弧线值的相似性将相关文献聚集成小群体，即主题岛，从而可以通过对主题岛的主题分析得到领域发展过程中的主要研究范畴。

二是共现聚类分析法。相同特征项共同出现在多篇论文中的现象称为共现，如多篇论文共同出现的关键词、共同出现的合作者、共同出现的合作机构等。对共同出现的特征项进行分析从而反映论文之间的关联则称为共现聚类分析。共现聚类分析法中最常见的是共词分析，又以关键词共现聚类使用最广泛。

不过，需要说明的是，由于软件工具的限制，目前还只能对外文数据库检索的引文数据开展引文网络分析，因此，本书将对外文数据库通过引文网络分析和关键词共现聚类提取服务要素；对中文数据库则以关键词共现聚类提取服务要素为主。

四、图书馆用户满意及服务质量理论

与图书馆服务关联最密切的当属用户，图书馆服务的产生、存在及不断发展，皆源于用户的信息需求及其满足，因此，以用户需求为图书馆服务的起点，以用户需求满足为图书馆服务的目标是图书馆服务的最基本导向，提供高质量的服务是图书馆服务标准的最基本准绳。

用户满意概念来自营销学的顾客满意，ISO9000:2000 标准对顾客满意的界定是"顾客对其要求已被满足程度的感受"。图书馆用户满意是指用户对其要求得到图书馆满足程度的感受。对满意的测度就产生了图书馆用户满意度，是指用户对图书馆提供服务的满意程度，是用户在接受图书馆一次或多次服务经历的内心感受和主观评价，提供用户接受服务的可感知的效果与其期望值比较进行测定。在对图书馆用户满意度的研究中，研究者分别分析了影响因素或构建了测度的指标体系，这些指标体系或因素指出了图书馆服务通过哪些方面的努力能提高用户满意度。从中能提取符合用户期望的图书馆服务标准要素。

科里奇和哈西德考察了高校图书馆后提出环境是影响高校图书馆用户满意度的重要指标，具体影响因素包括隐私、个人空间、领土权和拥挤程度。另有研究认为服务质量和用户满意度是相互影响的，影响用户满意度的最主要的五大因素为：图书馆工作人员愿意帮助用户，在线查询响应，图书馆工作人员积极并及时提供服务，图书馆建筑和标识是清晰的，图书馆工作人员是友好和礼貌的。初景利提出影响用户满意度的因素主要有资源状况，即资源是否丰富，资源是否容易获取；馆员状况，即图书馆员的知识水平、服务水平、工作效率和工作态度；环境状况，即环境整洁、美观、舒适；用户自身状况，即对利用图书馆的认识、利用文献资源技能的掌握程度。王向锋和杨玖波认为影响高校图书馆用户满意度的主要因素可以总结为4P，即服务提供者（Provider，包括人员、设备、图书、数据库）、服务过程（Process，包括服务态度、服务的及时性、经济性和先进性、服务项目的多少、个性化服务）、服务接受者（Patron，包括用户特征和获取信息的能力）及服务场所（Place，如馆内的布置、摆设与空间的大小、环境舒适、优美、整洁、安静）。鞠建伟和梁花侠从工作人员、文献资源、服务方式、环境、设备、服务结果六个方面总结了用户满意的服务要求指标，其指标体系中考察的主要是工作人员的可信、可靠和亲和性，与其他研究者的观点有所区别。高雯雯等人主要从服务（服务效率、服务方式、服务时间、服务态度）、文献、设备、环境提出了读者满意的指标体系。为了实现用户满意，研究者们提出的用户满意度指标体系都共同强调了图书馆环境、图书馆设备、图书馆资源、图书馆人员。任红娟和赵伯兴提出的指标还包括信息系统、人员的服务能力、用户的期望、用户的需求等，详见表2-3。

表2-3 图书馆用户满意度指标

一级指标	二级指标
信息产品	馆藏资源丰富
	信息产品的可获取性
信息系统	系统响应速度
	界面的友好性
	资源的整合程度
人员的服务能力	提供服务的准确性
	提供服务的及时性
	提供服务的全面性
	工作人员的操作能力
	工作人员与用户交流能力
	工作人员的服务态度
用户的期望	用户对信息产品和信息系统的期望
	用户对信息服务的期望
用户的需求	用户对信息产品和信息系统的需求
	用户对信息服务的需求

	图书馆的布局是否方便用户寻找
图书馆的服务环境	图书馆的氛围是否安静、整洁，有文化氛围
	图书馆是否具有空调、暖气、饮水等设备

图书馆服务质量模型的研究来源于质量管理领域。最具代表性的服务质量模型SERVQUAL是20世纪80年代末依据全面质量理论提出的、由顾客填写的服务质量评价体系（调查问卷）。该体系由22个陈述项构成，根据服务质量差距模型，每个陈述项分别从特定角度，同时测度着顾客对服务的最低期望水平、理想期望水平和感知到的水平。服务质量取决于用户所感知到的服务水平与用户所期望的服务水平之间的差别程度，因此SERVQUAL也被称为期望—感知模型。这22项陈述分别测度着五个方面的质量指标：可靠性、响应性、保证性、移情性、有形性，见表2-4。

表2-4 SERVQUAL项目组成表

项目	内涵
可靠性	代表可靠与正确的执行已承诺的服务的能力；可信赖的服务绩效是顾客的期望；意味着每一次都能够准时、一致、无失误的完成服务工作
响应性	代表立即提供服务的意愿；让用户等待会造成不必要的负面认知，当服务失败发生时，专业而迅速地恢复服务给用户的正面认识
保证性	代表员工的知识、礼貌，以及信任与信息的能力。其特征包括：执行服务的能力、对顾客应有的礼貌和尊重、与顾客有效的沟通，以及实时关心顾客的最佳利益
移情性	代表提供用户个性化关心的能力。此维度的特征包括：平易近人、对用户需求敏感度高
有形性	代表实际的设施、设备、员工，以及外在的沟通材料。这些有形的东西是对用户关心的显著证明

20世纪90年代后，服务质量模型在图书馆服务领域得到了广泛的应用，在SERVQUAL体系基础上开发出了专门用以评价图书馆服务质量的LibQUAL+T。LibQUAL+TM衡量的是图书馆服务质量水平。ARL和得克萨斯A&M大学合作，以SERVQUAL为基础，采用了SERVQUAL的工作原理和评价方法，通过反复进行读者调查将新发现的质量方面问题融入SERVQUAL，进行不断的修订，提出了LibQUAL+TM，现已成为图书馆界常用的工具。从2000年开始，ARL利用LibQUAL+TM对12所大学图书馆进行服务质量测试，取得了比较理想的结果，同时也反映出指标存在的一些问题，因此，在实践应用中ARL对其进行多轮实验、修正，以使LibQUAL+TM更加突出对图书馆的适用性，覆盖图书馆服务的各个领域。

杨志刚等人认为图书馆服务质量可以从图书馆和用户两个角度来衡量。前者通过图书馆标准，也就是图书馆内部的各项规章制度来体现，能够被感知和具体执行，被称为显性标准（或客观标准）。后者指图书馆用户对服务的期望水平，不易体察，不可预知，称为隐性标准，也叫主观标准，二者之间存在正差距、零差距和负差距，可以通过事前与事后两种方式相互转化，图书馆服务工作的重点就是对隐性标准的识别与外化，使服务最大可能接近用户的期望；他们通过研究证明用户体验的图书馆服务质量可以转变为实现确定的图书馆标准，如图 2-2 所示。

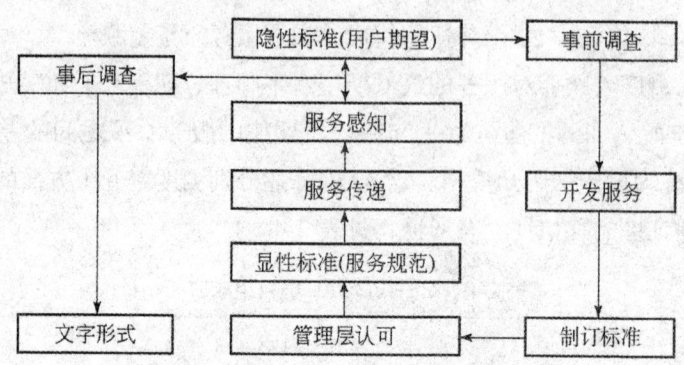

图 2-2　隐性标准向显性标准的转化 48

根据转化模型，Kano 模型可以实现隐性标准的事先识别和外化，通过 LibQUAL 模型实现隐性标准的事后识别和外化。杨志刚等人还阐述了如何更好地改进两种模型的问卷更好地收集调查数据，从而更好地将隐性质量标准转化为显性质量标准。根据 Kano 模型设计的 Kano 问卷包括 23 个问题。问项"1、图书馆员接待热情友善""2、图书馆员仪表整洁，行为举止文明得体""3、图书馆员能够正确理解您的需求，并提供可信答复"体现的是对馆员的态度、职业素养等方面的要求。问项"15、图书馆环境舒适、整洁、安静，充满文化氛围""16、馆内设置各种指引标识""18、馆内提供必要的设备（网络环境、计算机、打印机等）""20、馆内温度（空调和暖气）、饮水、卫生间、通风、安全等方面条件适宜"反映了对图书馆环境方面的要求。问项"19、允许您远程（在办公室、家中或宿舍）获取馆内电子资源""11、图书馆网站对其他资源（如课件、试用数据库、免费网络资源、娱乐资源等）进行集成与管理"体现了图书馆服务方式的要求。问项"5、图书馆帮助您及时获取最新电子资源信息""6、图书馆满足您在交叉学科学习和研究方面的需求""8、图书／期刊（包括电子版）收藏齐全，能够满足您的需求""9、光盘可以借阅""10、图书馆网站对网络学术资源整合，提供统一检索平台"反映了对图书馆资源方面的需求。问项"7、图书馆及时回复您对图书馆工作提出的批评和建议，并改进工作""4、图书馆开设利用图书馆和文献检索方面的各种培训讲座或课程""17、馆内提供联合目录检索""12、开展参考咨询服务（包括实地、邮件、网上即时咨询）""13、开展馆际互借和文献传递服务""14、提供科技查新服务""21、适当延长开馆时间""22、馆内设置自习室""23、馆内设置供团队学习、研究用的单独空间"反映了对图书馆服务内容的要求。

归根结底，图书馆服务质量和用户对图书馆的满意程度都是来源于图书馆服务的。无论高校图书馆是否对服务进行了明确的明文规范，图书馆服务总是根据一定的服务要求来开展的，达到一定的服务质量。因此，从这个意义上，可以根据已经较为成熟的图书馆用户满意和服务质量体系来反推出图书馆服务标准，从它们的因素来反推出图书馆服务标准的具体要素。本书根据上述对用户满意和服务质量的研究分析，归纳出图书馆服务应关注的规范要求包括：服务设施设备标准、服务资质标准、员工、职业素养、服务能力、服务态度、服务沟通、个性服务关注、服务补救，主要反映出服务提供过程的要求和规范。

五、高校图书馆服务的作用

（一）支撑教学

教书育人是高等学校的首要任务，是社会衡量高校办学质量的重要指标。高等学校通过教学培养高层次人才，对提高社会文化素养具有重要作用。因此，支撑教学是高校图书馆的主要功能之一。一般而言，高校图书馆可以为教学提供教学的场所，提供教学资源，如教材、参考资料等。在现代信息技术的支持下，高校图书馆提供的教学帮助更为丰富、全面和及时。除了数字化的文献资源，教学相关的音视频材料都可通过图书馆提供给师生，从而支撑教学全过程。

（二）支撑科学研究

除了教学，高等学校的另一主要任务就是开展科学研究，高校图书馆应支持所在高校各个学科的科学研究。科学研究的起点有赖于及时准确的信息，高校图书馆通过收集科技动态信息、国家战略规划、学科前沿、市场需求信息等为科学研究提供论证依据。图书馆还拥有支持科研全过程的丰富的信息资源和多种形式的信息服务。图书馆不断扩展学术信息交流空间，组织学术探讨和咨询，为科学研究提供必备的条件。

（三）支撑学习

学生是高校的主体，支撑学生学习是高校图书馆的职责所在。高校图书馆通过图书馆实体为学生提供学习场所和学习氛围，通过图书馆丰富的文献信息为学生提供学习资源，通过图书馆服务为学生提供学习辅助。学生是未来社会的主体，高校图书馆为学生提供的学习服务将对其未来人生产生潜移默化的影响。培养学生利用图书馆的学习习惯、学习方式，将促进他们的终身学习，提高社会成员的文化素质。

（四）支撑文化传播

高校图书馆除了服务本校师生外，为社会服务也是高校图书馆的义务，在高校图书馆为社会服务的范畴中，文化服务是其主要功能。《普通高等学校图书馆规程（修订）》中指出有条件的高等学校图书馆应尽可能向社会读者和社区读者开放。高校图书馆通过其所在地的社区向社区居民进行宣传，动员他们使用图书馆的资源，举办讲座、展览等，向他们传播文化。高校图书馆还应与当地的政府、企事业单位联合发挥文化服务功能。例如，向它们捐赠图书、软件、设备,建立地方文献库和专题库,为企事业单位提供定制信息服务,提供智力和人力支持,将高校图书馆的文化资源输送到更多公众手中。

高校图书馆服务应发挥的作用是高校图书馆组织信息资源和提供服务的根据,依据高校图书馆服务作用制订的服务标准能准确反映用户需求和图书馆目标,不仅成为判定资源和服务合格与否的依据,而且还能够促使高校图书馆重视服务、改善服务、提高服务质量。高校图书馆采取规范统一的服务制度、服务技术和服务程序,合理使用图书馆人力、物力、财力资源,部分服务效率通过指标可以进行量化,使图书馆服务功能达到最佳,从而在既定投入的情况下提高工作效率,保证图书馆的服务达到最佳的秩序和质量。

第三节 图书馆标准化理论

一、图书馆标准的内涵

我国对图书馆标准的认识源于 20 世纪对图书馆工作规范化、现代化的认识,认为图书馆标准化是指对图书馆行业的发展、图书馆业务技术方法,以及设备用品等实行统一的规范。它是图书馆行业现代化的前提,主要包括:图书馆行业标准化、文献分类标准化、文献著录标准化、名词术语标准化、情报检索语言标准化、机读目录款式与结构标准化、缩微制品标准化以及各种设备用品标准化等。我国于 1979 年 11 月 7 日成立了全国文献工作标准化技术委员会,专门从事图书、情报和档案等方面的标准化工作,相继制定了有关标准。1990 年,《中国百科大辞典》对图书馆标准化做出了正式的定义,图书馆标准化是指主要对图书馆业务技术方法,以及设备用品等实行统一的原则或规范。其内容包括文献分类的标准化、文献著录标准化、名词术语标准化、情报检索语言标准化、机读目录款式与结构的标准化、缩微复制品的标准化等,是实现图书馆现代化的前提。研究者也认为图书馆的标准化管理体系一般由工作标准和管理标准两部分组成,其中最主要的是文献工作的标准化,文献工作标准化的范围是情报工作、图书管理业务和有关信息服务,同时还包括应用于文献工作的信息系统和互换网络系统的标准化,包含以下两类标准:其一是基础标准,包括文献工作名词术语标准;文献工作代号代码标准;文献工作缩写标准等。其二是用于图书资源检索和报道用的服务性标准,由检索刊物标准;出版物格式标准;代号代码类标准;缩微、摄影技术标准;机读形式文献目录;记录交换格式标准等组成。在加强高校图书馆标准体系方面,滕德斌认为图书馆员要做好文献、信息服务工作,不仅要熟悉本行业的国际、国家标准,还要熟悉图书馆内标准。其中馆内标准化工作的措施主要包括以下两点:一是开展图书馆的标准化管理工作的宣传教育,不断提高图书馆工作人员的标准化工作意识;二是不断建立、健全完善标准化管理各项规章制度和标准,而且要在工作中以这些规范和标准作为行动的准则，为读者提供优质服务，这一观点无疑是正确的，但其在这里将服务划归到文献工作标准化，认为服务标准属于文献工作标准只是反映了 20 世纪图书馆活动的情况，即当时的图书馆活动以文献工作为主，服务性能还不突出。

由此可以看出研究成果只能反映出在当时条件下人们对图书馆标准的认识，集中在图书馆业务工作方面，都没有涉及图书馆服务的标准规范，在今天看来，已经难以反映图书馆标准的全部内涵。

根据前面内容对标准的概念界定，本书对图书馆标准做出如下定义：图书馆标准就是为了在图书馆工作的范围内获得最佳秩序，经协商一致制定并由公认机构批准，共同使用的和重复使用的一种图书馆规范性文件。图书馆标准的内涵包括：①获得图书馆活动的最佳秩序、促进图书馆和读者的最佳共同效益是制订标准的根本出发点和最终目标；②图书馆标准是经公认的权威机构批准，在一定范围内规范图书馆活动；③图书馆标准已经从业务领域延伸到图书馆全部活动中；④图书馆标准所反映的不是局部的片面的经验，而是一定范围内普遍共同的经验和利益，既有可能是来自同一类型图书馆的普遍经验，也有可能是出自对一定地域范围或行政级别图书馆经验的总结；⑤图书馆标准是对同一事件重复多次出现的性质进行规范，目的是总结以往的经验，选择最佳方案，作为今后图书馆实践的目标和依据，如图书的分类标准就是在一定范围内通用的反复出现的事物；⑥制订图书馆标准要将理论研究成果、新的科学技术与实践中经验相结合，经过分析、筛选、对比、综合而形成。图书馆标准是对图书馆工作的科学、技术和经验加以理解、提炼和综合概括而形成的。

二、图书馆标准的类型

从不同目的和角度可以对标准进行不同分类，常见的分类标识包括按标准的约束力大小、不同制订主体、不同形态等。

人们制订标准的目的强烈性不同，标准具有不同约束力，强制性标准主要目的是保障人体健康和人身、财产安全，对这方面的要求必须由国家法制强制执行。在我国，冠以 GB 标准代号的都是强制性标准。与强制性标准相对的是推荐性国家标准，其标准代号为 GB/T。推荐性标准不强制执行，而是自愿执行，但具有指导性。图书馆标准都是属于推荐标准。图书馆行业协会通常会积极提倡采用推荐标准，由各个图书馆自主决定是否采用该标准。高校图书馆采用图书馆工作推荐性标准的积极主动性主要是来自用户对图书馆的需求，也来自图书馆发展的需要，此外，图书馆界的标准往往和评估结合在一起，在有国家标准或行业标准的情况下，图书馆通常都会采用标准，根据标准调整自身的建设。

制订标准的主体不同，标准覆盖的范围也就不同，按标准制订的主体，标准分为国际标准、区域标准、国家标准、行业标准、地方标准和企业标准。知晓度最高的国际标准为 ISO 标准，图书馆工作最常参考的国际标准也是 ISO 标准。国家标准是指由国家标准机构通过并公开发布的标准，国家标准机构按专业对标准划分具体种类，在我国，图书馆标准属于文化行业标准，标准代号 WH。覆盖范围最小的标准是企业标准，也是最随机灵活的标准，高校图书馆可以自行研究并制定自己的"企业级标准"。

除此之外，标准还可以划分为标准和标准文件。前者代表标准所要约定规范对象的内容实质，后者是根据标准内容按照特定的编写原则和体例格式所撰写的标准文件，便于人们阅读和使用。然而，最符合图书馆实际情况的标准分类是按照图书馆活动类型划分的。图书馆活动包括管理活动、业务活动、服务活动。图书馆服务标准对应地分为图书馆管理标准、图书馆技术标准以及图书馆服务标准。不过，从图书馆的实际情况及图书馆标准的研究现状来看，大部分标准都是针对业务活动的技术标准，如文献分类标准、文献著录标准、都柏林核心元数据集、Z39.50标准、MARK标准等，对图书馆服务进行的规范屈指可数，不能不说是图书馆标准的一大遗漏。

在图书馆领域，较为早期的标准几乎集中在技术标准的文献工作标准化方面。文献工作标准是在第二次世界大战前后首先在欧洲兴起的，1947年国际标准化组织（ISO）成立。其中组建的第46技术委员会（ISO/TC46），即文献工作标准化专门委员会，使文献工作标准化理论研究有了专门的组织保障。在我国，1979年成立了我国图书馆工作相关的第一个国家标准化组织——全国文献工作标准化技术委员会（简称文标会，现改名为中国情报文献工作标准化技术委员会）。文标会负责制定、修订、管理和推广有关文献工作方面的国际标准，各级各类图书馆广泛地采纳了文标会制定的文献工作相关标准。但文献工作标准化仅仅是图书馆标准化工作中的一部分，其目标是为图书馆服务提供基本的保障。此后，包括中国图书馆学会制订的《公共图书馆建设用地指标》，以及由国家文化和旅游部主编、住房和城乡建设部与国家发展和改革委员会批准发布的《公共图书馆建设标准》等标准都还是针对图书馆服务的基本条件而制定的。图书馆这一服务性质的机构，还没有制定专门规范其服务的标准。随着我国图书馆基础条件和服务设施体系的日趋完善，图书馆服务的标准化开始提上议程。2008年12月9日在国家标准化管理委员会和文化和旅游部领导下，成立了我国图书馆行业真正意义上的国家标准化组织——全国图书馆标准化技术委员会（简称图标委）。国家图书馆馆长詹福瑞在图标委成立暨工作会议上提出，标准规范是衡量一个行业成熟程度的重要标志，图标委将全面开展图书馆管理、服务工作，图书馆古籍善本的收藏、定级、维修、保护，图书馆环境等领域标准化工作，提高我国图书馆行业的现代化、规范化程度，对图书馆服务规范进行研究标志着我国图书馆行业的标准化工作进入了一个新的发展阶段。

三、图书馆标准的生命周期

著名标准化专家桑德斯提出的标准化理论认为，标准化活动过程可以概括为制定—实施—修订—再实施标准。标准的生命周期是制定标准、实施标准、修订标准的循环过程，如图 2-3 所示。开展标准活动的起点和基础是制定标准，否则标准活动就缺乏规范的依据，无法开展标准活动；实施标准是实现标准作用，体现标准意义的活动，是整个标准活动的中间环节；在实施过程中，对标准的实施情况进行监督和反馈，收集标准实施的建议和意见，通过监督反馈结果客观评价标准的水平；根据实施反馈意见对标准进行修订完善是标准活动的重要过程，促进标准体系不断完善，推动标准活动持续进行。因此，制定标准、实施标准、修订标准的过程不断往复，形成标准活动发展的螺旋式模型，反映出标准不断改进不断完善的生命进程。图书馆标准也具有同样的生命周期。

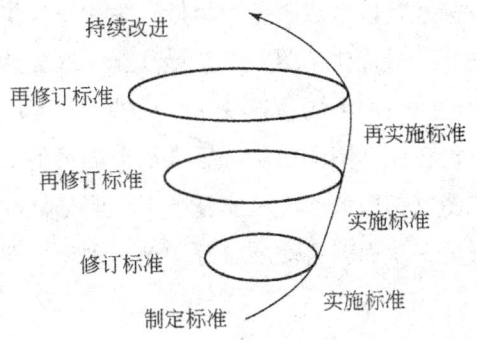

图 2-3 标准化过程螺旋示意图

推动图书馆标准化进程的动力来自图书馆生存环境的不断变化、图书馆行业的不断发展，以及图书馆用户需求的变化。

第四节 高校图书馆服务标准的理论框架

一、高校图书馆服务标准理论框架的架构

根据上述几节理论分析的结果，本书认为在服务标准理论、图书馆服务理论、图书馆标准化理论基础的共同支撑下，能建立图书馆服务标准的理论框架，如图 2-4 所示。

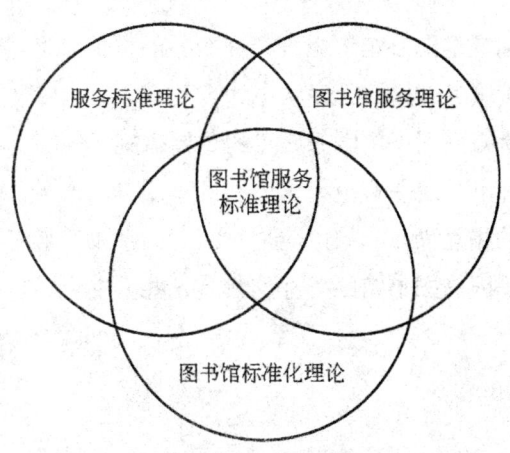

图 2-4　图书馆服务标准理论框架

图 2-4 中三个圆圈分别代表服务标准理论、图书馆服务理论和图书馆标准化理论，它们的交集即为"图书馆服务标准理论"。这一框架表明图书馆服务标准理论是图书馆标准化理论的一个组成部分，与图书馆业务标准理论、管理标准理论共同组成图书馆标准化理论体系。与图书馆其他标准相比起来，图书馆服务标准的研究还比较欠缺，长期以来对图书馆标准的关注点主要集中在技术标准上，较少关注服务标准的研究和应用。根据图书馆服务标准理论框架，本书认为图书馆服务标准就是针对图书馆服务工作应该达到的要求而制订的标准。图书馆服务标准是以星级服务为目标，为用户提供高品质的规范化服务，实现服务效率最大化，服务管理最优化，服务效益最高化，服务达到五星级水平。图书馆服务标准体系就是为了获得图书馆服务的最佳秩序，由若干相互联系、相互作用、具有特定功能的标准共同组成的有机整体。图书馆服务标准活动的目的是在标准体系的指导下，运用标准原则和方法，制定图书馆服务标准及实施图书馆服务标准，实现服务质量目标，严格服务方法，规范服务过程，从而获得优质服务。这一理论框架成为支撑高校图书馆服务标准研究的基础。

二、高校图书馆服务标准理论的功能

标准是对实践经验的科学总结，标准的运用使重复出现的需求简单化。"获得最佳次序，取得最佳效益"集中概括了标准的作用和制定标准的目的，指出了图书馆工作者的努力方向，同时也成为评价图书馆服务标准的重要依据。图书馆服务的最佳次序是通过实施服务标准，使服务的有序化程度提高，发挥出图书馆服务的最好效应。通过上述对图书馆服务标准理论的阐述，可以总结图书馆服务标准的功能具有如下特点。

首先，根据图书馆服务标准，图书馆采取标准统一的服务制度、规范的服务技术和服务程序，合理使用图书馆人力、物力、财力资源，可以排除随意性、人为干扰等因素。因此，图书馆服务标准是规范图书馆服务的重要途径。

其次，根据图书馆服务标准，图书馆能以相同的服务流程、服务手段提供同等水准的服务，满足读者的要求，使读者享用同样的服务。因此，图书馆服务标准是保护图书馆用户权益的重要保障。

再次，图书馆服务标准是图书馆组织资源和服务的根据，通过服务标准的应用，能最大程度减少和消除图书馆服务工作的无序状态和重复现象，提高服务效率，提升服务质量。可见，图书馆服务标准是提高图书馆服务质量的重要措施。

最后，图书馆服务标准是统一规范要求，有助于服务信息的传播、交流和共享，能促进新的服务、流程之间的相互操作和推广应用。因此，图书馆服务标准是实现图书馆服务现代化的重要手段。正是因为图书馆服务标准具有这些功能，所以研究和实施图书馆服务标准是非常必要的。

图书馆服务标准必须具有上述功能，支持图书馆服务的规范化，因此，高校图书馆通过服务标准的规范实现自身价值时，要发挥对高校、对高校师生的全面支持作用。支持作用主要体现在四个方面：第一，支撑教学。教书育人是高等学校的首要任务，是社会衡量高校办学质量的重要指标。高等学校通过教学培养高层次人才，对提高社会文化素养具有重要作用。因此，支撑教学是高校图书馆的主要功能之一。一般而言，高校图书馆可以为教学提供教学的场所，提供教学资源，如教材、参考资料等。在现代信息技术的支持下，高校图书馆提供的教学帮助更为丰富、全面和及时。除了数字化的文献资源，教学相关的音频视频材料都可通过图书馆提供给师生，从而支撑教学全过程。第二，支撑科学研究。除了教学，高等学校的另一主要任务就是开展科学研究，高校图书馆应支持所在高校各个学科的科学研究。科学研究的起点有赖于及时准确的信息，高校图书馆通过收集科技动态信息、国家战略规划、学科前沿、市场需求信息等为科学研究提供论证依据。图书馆还拥有支持科研全过程的丰富的信息资源和多种形式的信息服务。图书馆不断扩展学术信息交流空间，组织学术探讨和咨询，为科学研究提供必备的条件。第三，支撑学习。学生是高校的主体，支撑学生学习是高校图书馆的职责所在。高校图书馆通过图书馆实体为学生提供学习场所和学习氛围，通过图书馆丰富的文献信息为学生提供学习资源，通过图书馆服务为学生提供学习辅助。学生是未来社会的主体，高校图书馆为学生提供的学习服务将对其未来的学习产生潜移默化的作用。培养学生利用图书馆的学习习惯、学习方式将促进他们的终身学习，提高社会成员的文化素质。第四，支撑文化传播。高校图书馆除了服务本校师生外，为社会服务也是高校图书馆的义务，在高校图书馆为社会服务的范畴中，文化服务是其主要功能。《普通高等学校图书馆规程（修订）》中指出有条件的高等学校图书馆应尽可能向社会读者和社区读者开放。高校图书馆通过其所在地的社区向社区居民进行宣传，动员他们使用图书馆的资源，举办讲座、展览等，向他们传播文化。高校图书馆还应与当地的政府、企事业单位联合发挥文化服务功能。例如，向企事业捐赠图书、软件、设备，建立地方文献库和专题库，为企事业单位提供定制信息服务，提供智力和人力支持，将高校图书馆的文化资源输送到更多公众手中。

三、高校图书馆服务标准理论的原理

任何标准的形成都是在实践过程中对实践活动逐渐摸索和探讨而形成的，标准形成后，又应用于实践，不断地修正标准。标准活动的整个过程就是理论结合实践，二者不断协调并相互促进的过程。依据标准规范，图书馆开展服务的过程，就是不断完善服务标准，不断提升服务实践的双向协同过程。研究者对标准活动的基本规律做出了探索和研究，形成了有影响力的成果。例如，英国标准化专家桑德斯提出的七项原理，日本政法大学教授松浦四郎提出的十九条原则，我国李春田教授提出的四项原理等。在这些原理的基础上，结合图书馆服务的特点，作者认为图书馆服务标准有其自身规律性，图书馆服务标准的原理主要包括以下四个部分。

1. 用户中心原理

研究、制定及应用服务标准的最终目标是为了满足用户期望。在服务业领域，把依据顾客要求制定服务标准的原则称为顾客导向的服务标准或顾客界定的服务标准。若服务标准的制订是从图书馆的利益出发，首先满足的是图书馆自身要求，只有当图书馆要求与用户要求完全一致，即图书馆导向的服务标准符合用户要求时，用户才认为此服务是高质量的服务。但现实情况中，图书馆利益目标与用户要求完全一致的情况是极少的。因此，若从图书馆角度制定服务标准，不一定能满足用户的要求。只有以用户为中心，从用户角度考察图书馆服务，从用户期望或要求出发研究并制定服务标准，才能更好地满足用户的期望。

2. 标准化与个性化兼容并存原理

标准化和个性化看似矛盾的两个问题，在实践中，僵化的标准化导致服务缺乏灵活应变，完全的个性化也可能导致服务混乱。图书馆服务的标准化有助于为用户共同期望提供等同服务，提升服务效率，保证服务质量；图书馆服务的个性化有助于更好地满足用户信息需求，提高服务质量。在标准统一的规范要求下，避免了馆员随意凭借自身的喜好、心情、关系等提供服务；在个性化的主导下，有助于馆员发挥主观能动性，及时发现用户个性需求，与用户积极交流沟通，有效地帮助用户解决问题。因此，服务的标准化和个性化都是紧紧围绕"用户为中心"的理念，图书馆服务标准应该是以用户为中心，满足用户一切需求的（包括个性需求）的标准。这意味着服务标准对图书馆员将提出更高的要求，这种要求来自在掌握规范化服务技能的基础上，拥有更丰富的经验和技术、更好的交流沟通能力，以及更多的情感投入。因此，标准化和个性化在面向满足用户需求的基础上，获得了高度统一，是兼容并存的。要避免简单而片面地理解标准化和个性化，将它们有机融合，制定和实施满足用户一切需求的服务标准，并在实践中不断完善。

3. 系统协调原理

服务标准所指并非一个或某个标准要求，而是指整个服务标准系统。服务标准效应的衡量也不是从单个标准的效应得到，而是从相互协同的整个服务标准体系的效应而来。系统协调原理的思想是贯穿于图书馆标准活动开展的全过程的。根据系统协调原理，图书馆工作人员应树立系统意识、全局观念，从服务标准目标的确定、服务标准体系规划、服务标准工作计划、服务标准实施的方案选择，到服务标准实施过程中依据实施情况进行的协调、控制等都必须运用这一原理。根据系统协调的原理，图书馆服务标准体系的内容组成只有彼此兼顾、形成优化的系统结构，才能在实践应用中产生良好效果。根据系统协调的原理，图书馆开展服务标准活动并不仅仅是一项图书馆内部活动，而是一项社会活动，要取得图书馆内、外因素的相互协作，共同推动服务标准活动的实现。

4. 有序发展原理

标准效应的发挥要求标准具有一定的稳定性，但这并不表示标准就是固定不变的。标准系统的稳定是相对的、非永久的，在一定时间范围和空间范围发挥其效应。标准系统不发展就会被时代发展和社会所淘汰。对图书馆服务标准系统，要持续进行监控，不断总结其实施情况，判断标准是否与环境相一致、相适应。及时淘汰其中落后的、低功能的、无用的要素，及时补充新的符合社会发展、用户需求和图书馆服务要求的标准要素，才能不断使系统从较低的有序状态向较高的有序状态发展，不断保持标准应有的功能。有序发展原理为图书馆服务标准发展、进化机制提供了理论依据。在图书馆服务标准活动过程中，既要积极促进现有服务标准的应用，发挥其应有的作用，又要对当前服务标准进行控制和调整，使其与环境发展协调一致，实现标准的可持续发展，保持标准的先进性。

这些原理能够指引包括高校图书馆在内的每种类型图书馆理性地考虑其图书馆服务的规范化需求、科学地制订服务标准、有序地执行服务标准，以及不断修订和完善服务标准。

第三章 高校图书馆服务工作体系的构建

第一节 高校图书馆服务标准的要素

一、调查数据的质量分析

对高校图书馆服务标准体系的实证研究主要通过对调查数据进行统计分析实现,具体采用因子分析法对服务标准所包含的要素进行聚类从而构建服务标准体系。因子分析法是通过统计、精简变量来描述观察变量,尽量减少信息损耗,从而提供理论假设。因子分析的主要目的是简化数据并求取基本结构,将门类繁多的变量归并为因子,达到化繁为简的目的。本书利用因子分析法的这一功能对高校图书馆服务标准各要素进行归并,综合形成高校图书馆服务标准的体系。

戈萨奇提出进行因子分析时对样本数量的要求为:样本容量不应低于100,原则上容量越大越好,样本容量与变量的数量比例应在5:1以上,理想的比例为25:1,在一般情况下,样本容量为变量的5~10倍即能得到比较理想的效果。本书取得的有效问卷为310份,因子相关题项55个,样本容量与变量的比例超过5:1,符合因子分析的条件。

1. 描述性统计

为确保后续统计分析的可信性,作者通过描述性统计分析对样本数据进行了初步的质量分析。也就是通过对量表中各个题项的统计数据进行描述,初步判断数据的分布情况。表3-1展现了55个题项的基本统计量(主要包括均值、标准差、偏度、峰度和极值等)。描述统计结果显示,55个题项的偏度绝对值均小于2,峰度绝对值均小于4。根据偏度值小于3、峰度值小于10就可以判断数据呈现正态分布的规律,由此可以判断本量表题项的得分值服从正态分布,可以进行下一步的分析。

表 3-1 描述性统计值

变量	N	极小值	极大值	均值	标准差	偏度	峰度
服务对象	310	1	5	4.55	0.81	−1.966	3.63
用地	310	1	5	3.65	1.032	−0.314	−0.548
房屋建筑	310	1	5	3.8	0.945	−0.347	0.589
空间布局	310	1	5	4.14	0.906	−1.02	0.853
设备	310	1	5	4.32	0.799	−1.214	1.628
环境	310	1	5	4.21	0.794	−0.816	0.435
标识	310	1	5	3.97	0.929	−0.649	−0.075
检索系统	310	1	5	4.56	0.698	−1.689	3.05
网站	310	1	5	4.51	0.723	−1.598	2.758
个性化系统	310	1	5	4.03	0.899	−0.75	0.254
软件程序	310	1	5	3.88	0.928	−0.526	0.209
信息资源的来源	310	1	5	4.17	0.904	−1.038	0.743
信息资源的范围	310	1	5	4.25	0.826	−1.267	2.151
信息资源的类型	310	1	5	4.17	0.846	−0.94	0.739
信息资源的数量	310	2	5	4.33	0.751	0.985	0.664
经费来源	310	1	5	4.15	1.006	−1.122	0.569
经费数额	310	1	5	4.39	0.832	−1.388	1.5
经费使用	310	1	5	4.39	0.8	−1.355	1.655
人员构成	310	1	5	4.29	0.805	−1.106	1.064
人员数量	310	2	5	3.85	0.851	0.275	−0.613
人员结构	310	1	5	4.24	0.797	−1.034	1.085
人员配备	310	1	5	4.2	0.753	−0.846	0.973
馆员招聘和选拔	310	2	5	4.26	0.788	−0.858	0.187
馆员资质	310	2	5	4.26	0.791	−0.889	0.297
馆员教育与培训	310	1	5	4.41	0.722	−1.266	2
考评机制	310	1	5	4.19	0.811	−1.088	1.675
薪酬体系	310	1	5	4.32	0.74	−1.07	1.456
提拔和晋升	310	1	5	4.23	0.805	−1.032	1.24

续　表

变量	N	极小值	极大值	均值	标准差	偏度	峰度
职业道德	310	1	5	4.53	0.7	−1.661	3.327
职业素养	310	1	5	4.47	0.718	−1.361	1.934
职业规范	310	2	5	4.4	0.711	0.909	0.134
服务纪律	310	2	5	4.37	0.738	−0.997	0.547
服务态度	310	2	5	4.2	0.83	0.826	0.063
服务技能	310	1	5	4.41	0.765	−1.45	2.603
部门职责	310	1	5	4.36	0.778	−1.259	1.85
业务规章	310	1	5	4.22	0.814	−1.105	1.633
服务流程	310	1	5	4.2	0.826	−0.969	0.917
服务体系	310	1	5	3.92	0.934	−0.718	0.278
服务方式	310	1	5	4.04	0.922	−0.993	1.004
服务内容	310	1	5	4.21	0.899	−1.265	1.772
读者需求调查	310	1	5	4.29	0.855	−1.346	2.18
服务理念	310	1	5	3.57	1.03	−0.406	−0.339
服务承诺	310	1	5	3.85	0.917	−0.531	−0.124
服务宣传	310	1	5	4.1	0.832	−0.732	0.386
服务监督	310	1	5	4.13	0.848	−0.82	0.465
服务沟通	310	1	5	4.17	0.844	−1.114	1.625
服务改进	310	1	5	4.22	0.811	−0.971	0.989
服务补救	310	1	5	4.09	0.826	−0.788	0.626
服务统计	310	1	5	4.11	0.86	−0.89	0.91
读者规范	310	1	5	4.12	0.874	0.902	0.815
读者行为分析	310	1	5	4.19	0.851	−1.104	1.482
读者关系管理	310	1	5	4.07	0.905	0.99	1.103
服务效率	310	1	5	4.26	0.799	−0.92	0.55
读者满意度调查	310	1	5	4.26	0.812	−0.987	0.684
服务质量评价	310	1	5	4.35	0.765	−1.355	2.695

2. 因子负荷量分析

对于样本数据，还需要对其因子负荷量共同性进行计算，以进一步确认各个因子的合理性。主要通过对所有题项只抽取一个因子的因子分析，从而得到每个题项的因子负荷量。因子负荷量主要表示题项与因子关系的程度，题项在共同因子的因子负荷量越高，表示题项与共同因子的关系越密切，反之若题项在共同因子中的因子负荷量越低，表示题项与共同因子的关系越不密切。吴明隆提出若因子负荷量小于0.2，则该因子与题项关联程度不大，则考虑删除该题项。根据统计结果，量表的55个题项，其因子负荷量均大于0.2（表3-2），因子与题项的关系紧密，可在这些题项基础上开展因子分析。

表3-2 因子负荷量

题项	子因负荷量	题项	子因负荷量
服务对象	0.307	职业道德	0.597
用地	0.374	职业素养	0.653
房屋建筑	0.424	职业规范	0.652
空间布局	0.417	服务纪律	0.619
设备	0.455	服务态度	0.66
环境	0.485	服务技能	0.659
标识	0.474	部门职责	0.654
检索系统	0.541	业务规章	0.665
网站	0.578	服务流程	0.625
个性化系统	0.53	服务体系	0.659
软件程序	0.528	服务方式	0.675
信息资源的来源	0.546	服务内容	0.664
信息资源的范围	0.633	读者需求调查	0.633
信息资源的类型	0.621	服务理念	0.533
信息资源的数量	0.589	服务承诺	0.685
经费来源	0.531	服务宣传	0.659
经费数额	0.577	服务监督	0.732
经费使用	0.575	服务沟通	0.76
人员构成	0.624	服务改进	0.682
人员数量	0.478	服务补救	0.747

续表

题项	子因负荷量	题项	子因负荷量
人员结构	0.625	服务统计	0.706
人员配备	0.632	读者规范	0.681
馆员招聘和选拔	0.562	读者行为分析	0.652
馆员资质	0.636	读者关系管理	0.65
馆员教育与培训	0.637	服务效率	0.618
考评机制	0.675	读者满意度调查	0.703
薪酬体系	0.542	服务质量评价	0.688
提拔和晋升	0.525		

3. 信效度检验

描述统计后，还需对数据进行信度分析。信度也称为可靠度，主要表现检验结果的一致性，是检验被测特征真实程度的重要指标。由于本书的量表采用的是李克特量表，李克特量表常用的信度检验方法为克隆巴赫系数值（Cronbach's α）。克隆巴赫系数 α 主要用于表示不同题项之间彼此互相相关程度的函数。一般在因子分析研究时，信度系数的最低要求标准是 0.5 以上，最好能大于 0.7。通常认为任何测量或量表的信度系数如果在 0.9 以上，则表示测量或量表的信度甚佳。作者对整个量表中的题项进行了信度检验，见表 3-3。结果表明，量表的 55 个题项的克隆巴赫系数 α 为 0.967，表示量表中各个题项的内部一致性好，信度理想，十分适合进行因子研究。

表 3-3 克隆巴赫系数值系数

可靠性统计量		
克隆巴赫系数值	基于标准化项的克隆巴赫系数值	项数
0.967	0.967	55

效度也称为有效性，表示一份量表所能真正测量到的该量表所要测量的能力的程度，用以检验问卷是否能达到研究者的测量目的。问卷的效度首先体现为其内容的有效性，由相关专家人为主观地判断，本书的问卷在设计过程中通过预测试进行了调整，并广泛征求了多位专家学者的意见和建议进行修改，因而尽量保证了问卷内容的有效性。问卷的效度其次体现为构建效度，将在因子分析部分详细阐述。

二、因子分析

1. KMO 与巴特利特球形检验

通过将多变量进行降维处理，因子分析可以实现对原始变量的分解，按照一定的提取方法，从原始变量中归纳出潜在的类别，相关性高的指标或变量归为一类，而不同类之间的相关性则相对比较低，每一类变量代表一个共同因子。用控制所有变量的公因子表示原来变量的主要信息。变量之间的存在相关性是数据采用因子分析方法的基础，本书采用 KMO（Kaiser-Meyer-Olkin）样本测度和巴特利特（Bartlett）球形检验两种相关性检验方法。

KMO 值用以研究变量间的相关性，比较变量间的简单相关系数和偏相关系数的相对大小，变化范围在 0~1。KMO 值越接近于 1，意味着变量间的相关性越强，原有变量越适合做因子分析；KMO 值越接近于 0，意味着变量间的相关性越弱，原有变量越不适合做因子分析。采用 KMO 值判断是否适宜开展因子分析的常用标准为凯泽提出的标准：KMO 值 0.90 以上为极佳的情况，表示非常适合因子分析；0.90 至 0.80 区间为良好的情况，表示很适合因子分析；0.80 至 0.70 区间为中度的情况，表示适合采用因子分析；0.70 至 0.60 区间为平庸的情况，表示不太适合因子分析；0.60 至 0.50 区间为可悲的情况，表示基本不适合因子分析；0.5 以下则无法接受，表示根本不适合因子分析。

巴特利特球形检验则以从整个相关系数矩阵考虑，其零假设相关系数矩阵为"对角线的所有元素均为 1，所有非对角线上的元素均为零"的单位矩阵，用常规假设检验判断相关系数矩阵的行列式是否显著于零。如果该值较大，且其对应的相伴概率值小于指定的显著水平时，拒绝零假设，表明相关系数矩阵不是单位阵，原有变量之间存在相关性，适合进行因子分析；反之，零假设成立，原有变量之间不存在相关性，数据不适合进行因子分析。表 3-4 显示了本次调研样本数据的 KMO 与巴特利特球形检验结果的情况。

表 3-4 KMO 和巴特利特球形检验

取样足够度的 KMO 度量		0.929
巴特利特球形检验	近似卡方	12 559.729
	df	1 485
	Sig.	0

KMO 值为 0.929，说明很适合采用因子分析法。巴特利特球形检验的 Sig 值为 0.000，小于 0.05，达到了显著水平，说明数据具有相关性，适合采用因子分析法。

2. 因子提取

因子提取是通过统计分析，从测量变量中萃取具有共同特征的因素。在以上效度检验的基础上，本书采用主成分方法，采用特征值（eigenvalue）大于1的标准。由表3-5可以看出，提取公因子前后各因子的特征值和累积百分比，第一个公因子特征值为20.1314，占特征值总和的比例为36.935%，累积百分比例为36.935%，第二个公因子特征值为3.924，占特征值总和的比例为7.134%，累积百分比例为44.069%，依此类推，发现经过因子分析共得到11个特征值大于1的因子，它们的累计贡献率达到了69.625%。也就是说用这11个公因子可以概括原始55个变量所包含的近七成的信息。因此，11个公因子能够较好地描述高校图书馆服务标准因素。

表3-5 解释的总方差

成分	合计	方差/%	累积/%	成分	合计	方差/%	累积/%
1	20.314	36.935	36.935	19	0.608	1.106	80.914
2	3.924	7.134	44.069	20	0.601	1.093	82.007
3	2.48	4.509	48.578	21	0.595	1.081	83.088
4	2.2	4	52.578	22	0.543	0.987	84.076
5	1.839	3.344	55.922	23	0.511	0.929	85.005
6	1.588	2.887	58.809	24	0.49	0.891	85.896
7	1.396	2.539	61.347	25	0.463	0.841	86.737
8	1.229	2.234	63.581	26	0.449	0.816	87.553
9	1.187	2.157	65.738	27	0.439	0.797	88.35
10	1.085	1.972	67.71	28	0.412	0.749	89.099
11	1.053	1.915	69.625	29	0.391	0.712	89.81
12	0.952	1.732	71.357	30	0.377	0.686	90.497
13	0.913	1.66	73.017	31	0.358	0.65	91.147
14	0.855	1.554	74.571	32	0.346	0.628	91.775
15	0.799	1.4527	76.023	33	0.317	0.576	92.351
16	0.756	1.374	77.397	34	0.316	0.574	92.925
17	0.685	1.246	78.643	35	0.286	0.521	93.446
18	0.641	1.166	79.809	36	0.277	0.504	93.95

续 表

成分	合计	方差 /%	累积 /%	成分	合计	方差 /%	累积 /%
37	0.259	0.472	94.422	47	0.167	0.304	98.211
38	0.257	0.468	94.89	48	0.155	0.281	98.493
39	0.253	0.46	95.35	49	0.146	0.265	98.757
40	0.233	0.424	95.774	50	0.135	0.246	99.003
41	0.223	0.406	96.18	51	0.135	0.246	99.249
42	0.214	0.388	96.568	52	0.126	0.23	99.479
43	0.193	0.35	96.919	53	0.107	0.194	99.673
44	0.185	0.337	97.255	54	0.093	0.169	99.841
45	0.181	0.329	97.585	55	0.087	0.159	100
46	0.177	0.323	97.907				

碎石图又称陡坡图，能够直观清楚地展现各因子复合系数的偏向情况，用以协助决定因子的个数。图 3-1 中，横轴表示成分数（即所有被测因素），纵轴表示方法贡献特征值。

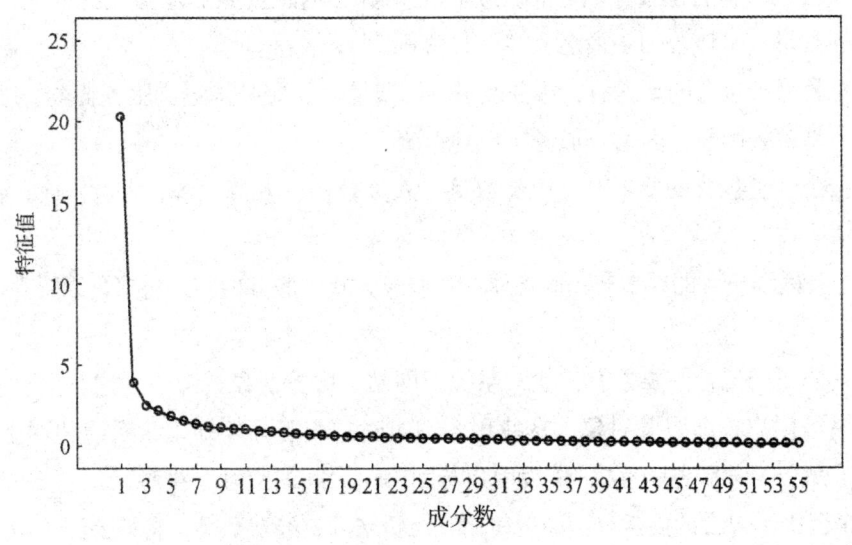

图 3-1　碎石图

从图中可见，前 11 个因子的特征值都比较大，前 11 个因子的碎石图曲线的坡度也比较陡，从第 11 个因子之后曲线趋于平缓，因此提取 11 个因子，可以取得较好的效果。

对因子分析所得因子载荷矩阵，通过因子旋转使公因子的负载向 ±1 或 0 靠近，帮助萃取公因子。因子聚类对高校图书馆服务标准的 55 个要素进行了重新组织和划分。一共聚集形成了十一个类型。通过识别这些公因子，可以形成对高校图书馆服务标准体系的基本认识。

第二节　高校图书馆服务标准的体系结构

通过上一节的因子分析，高校图书馆服务标准的因素被归纳为十一个公因子，这十一个公因子，可以解释高校图书馆服务标准的 55 个要素。本节对这十一个公因子命名，并在此基础上通过分析和综合，对其进行主题归类，从而构建起高校图书馆服务标准体系。

在公因子命名时，以该类因子所体现出的总体特征进行命名。第一个公因子包含的要素有：读者关系管理、读者行为分析、读者满意度调查、服务质量评价、读者规范、读者需求调查、服务效率、服务承诺、服务理念，将该公因子命名为"服务质量"。

第二个公因子包含的要素有：服务纪律、服务态度、职业规范、职业素养、服务技能、部门职责、职业道德、业务规章，将该公因子命名为"服务岗位与规章制度"。

第三个公因子包含的要素有：房屋建筑、空间布局、用地、设备、标识、环境，将该公因子命名为"设施设备"。

第四个公因子包含的要素有：提拔和晋升、薪酬体系、考评机制、馆员教育与培训、馆员招聘和选拔、馆员资质，将该公因子命名为"馆员职业发展"。

第五个公因子包含的要素有：信息资源的来源、信息资源的范围、信息资源的类型、信息资源的数量，将该公因子命名为"信息资源"。

第六个公因子包含的要素有：服务改进、服务监督、服务沟通、服务补救、服务宣传、服务统计，将该公因子命名为"服务推广与监督"。

第七个公因子包含的要素有：人员数量、人员结构、人员配备、人员构成，将该公因子命名为"人员"。

第八个公因子包含的要素有：服务体系、服务方式、服务内容，将该公因子命名为"服务设计"。

第九个公因子包含的要素有：检索系统、网站、服务对象，考虑到这三个要素主要反映的是图书馆用户（即服务对象）在使用图书馆时的交互面（即检索系统和网站），因此将该公因子命名为"服务交互"，体现用户与图书馆之间的交互、接触。

第十个公因子包含的要素有：经费使用、经费来源、经费数额，将该公因子命名为"服务经费"。

第十一个公因子包含的要素有：个性化系统、软件程序、服务流程，考虑到个性化系统和软件程序是关于用户使用图书馆服务过程中需要的平台，将该公因子命名为"服务平台与流程"。

上述十一个公因子的命名见表 3-6。

表 3-6　公因子命名及主题分析

公因子	载荷变量	因子命名	主题
1	读者关系管理、读者行为分析、读者满意度调查、服务质量评价、读者规范、读者需求调查、服务效率、服务承诺、服务理念	服务质量	服务质量
2	服务纪律、服务态度、职业规范、职业素养、服务技能、部门职责、职业道德、业务规章	服务岗位与规章制度	服务管理
3	房屋建筑、空间布局、用地、设备、标识、环境	设施设备	设施设备
4	提拔和晋升、薪酬体系、考评机制、馆员教育与培训、馆员招聘与选拔、馆员资质	馆员职业发展	人力资源
5	信息资源的来源、信息资源的范围、信息资源的类型、信息资源的数量	信息资源	信息资源
6	服务改进、服务监督、服务沟通、服务补救、服务宣传、服务统计	服务推广与监督	服务管理
7	人员数量、人员结构、人员配备、人员构成	人员	人力资源
8	服务体系、服务方式、服务内容	服务设计	服务过程
9	检索系统、网站、服务对象	服务交互	服务过程
10	经费使用、经费来源、经费数额	服务经费	服务管理
11	个性化系统、软件程序、服务流程	服务平台与流程	服务过程

进一步分析这十一个公因子，公因子一构成"服务质量"主题，体现了为满足图书馆服务质量建立的各项要求而设立的标准和要求，以及相关的方法和手段。公因子三构成"设施设备"主题，反映了实现图书馆服务所必需的建筑、设备等基础条件，只有按标准要求建立基础条件，才能为用户提供标准化规范化的图书馆环境，增强服务能力。公因子五构成"信息资源"主题，体现了对图书馆服务赖以实现的最重要的因素的重视，按标准要求建设高校图书馆信息资源，才能保障为高校的教学科研提供优质服务。公因子二"服务岗位与规章制度"、公因子六"服务推广与监督"和公因子十"服务经费"都是服务管理的重要事项，它们共同构成"服务管理"主题，体现出对图书馆服务质量从岗位、规章制度进行的管控，以及对服务过程中的关键环节和相关因素进行管理和控制。公因子四"馆员职业发展"和公因子七"人员"都是有关图书馆人力资源问题的，它们共同构成"人力资源"主题，表明了对图书馆从业者的重视，这种重视不仅体现在人员的工作安排方面，还体现在对馆员发展的关注上，以馆员的发展促进图书馆服务发展。公因子八"服务设计"、公因子九"服务交互"、公因子十一"服务平台与流程"共同构成"服务过程"主题，高校图书馆服务要重视服务的科学设计、重视用户与图书馆的接触面和交互平台，规范服务流程，从而明确整个服务体系，优化图书馆的整体服务。通过对公因子的主题分析和归并，高校图书馆服务标准体系的主题包括设施设备、信息资源、人力资源、服务过程、服务管

理、服务质量等。由这些主题所构建起的高校图书馆服务标准体系如图3-2所示。

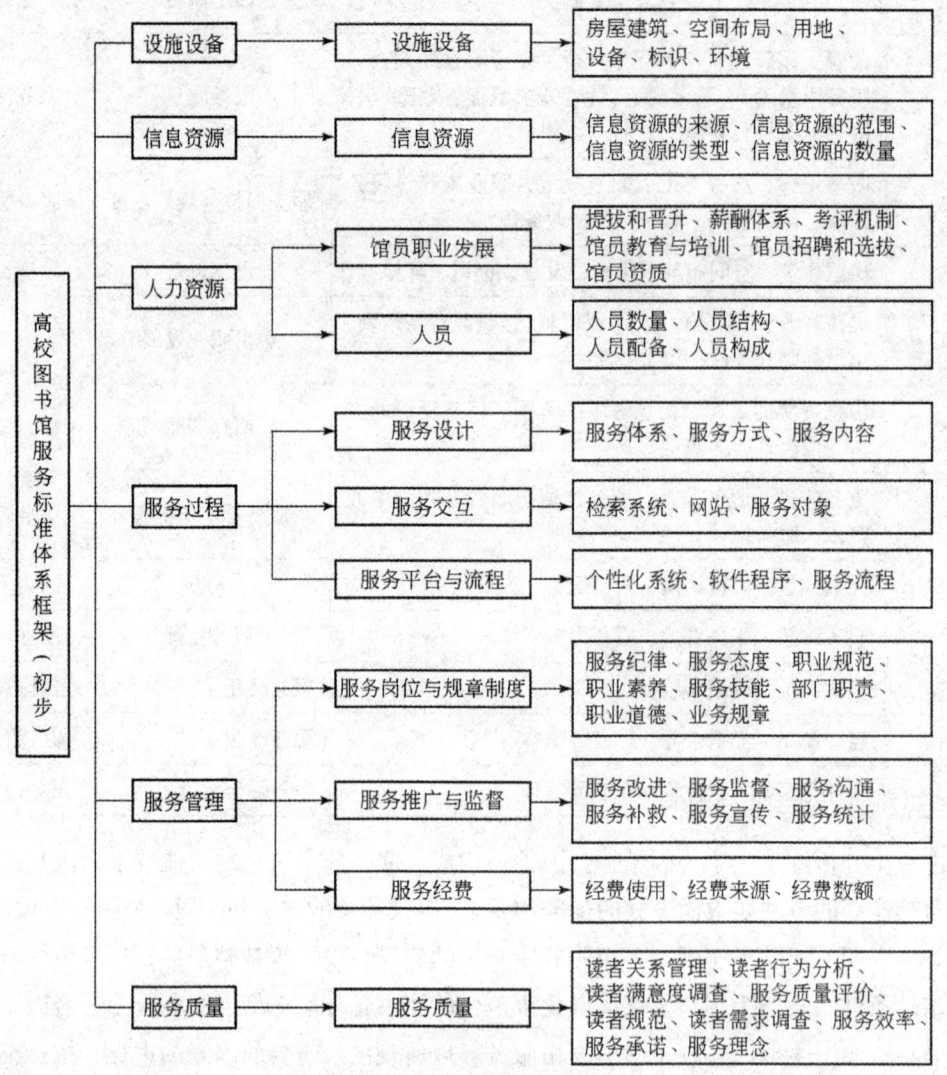

图3-2 高校图书馆服务标准体系（初步）

至此，本书对于图书馆服务标准体系的研究，在文献综述和理论分析基础上构建了图书馆服务标准基本结构（服务条件、服务过程、服务管理、服务质量），并在调查和实证分析基础上形成了六大主题结构（设施设备、信息资源、人力资源、服务过程、服务管理、服务质量）。将它们进行对照，可以发现，因子分析所得的高校图书馆服务标准体系框架更为详细，共包含六个主题，主题"设施设备、信息资源、人力资源"对应于图书馆服务标准基本结构的"服务条件"，其他三个主题则分别与基本结构的内容对应（如图3-3所示）。这表明，通过实证得出的高校图书馆服务标准体系的主题能够较好地验证图书馆服务标准体系基本结构，并且在一定程度上证明了本书提出的图书馆服务标准基本结构的正确性。通过研究，高校图书馆服务标准的体系框架在图书馆服务标准基本结构的四个主题基础上演绎为六个主题，具体包括 55 个要素。

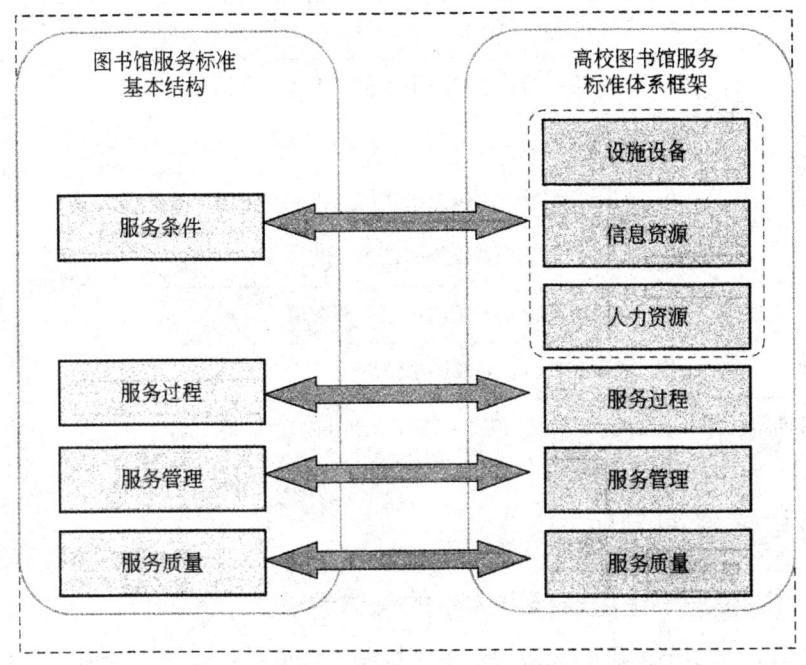

图 3-3　图书馆服务标准基本结构与高校图书馆服务标准体系框架对照

第三节　高校图书馆服务标准体系的验证

一、验证方法

针对第二节研究所得的高校图书馆服务标准体系的六大主题和 55 个要素，围绕此体系框架是否具有科学性与合理性，作者对专家进行了咨询，与专家分别进行了 1~2 次面谈或电话交谈，每次访谈时间为 40~60 分钟，专家均从事图书情报领域研究或实践，其情况见表 3-7。通过收集的专家意见对服务标准体系进行了验证和修正。

表 3-7　专家简况表

专家代码	专家简况
F1	男，教授，博士研究生导师，图标委委员
F2	男，研究所所长，研究员，博士研究生导师
F3	女，教授，硕士研究生导师

续　表

专家代码	专家简况
F4	男，研究馆员，高校图书馆馆长，硕士研究生导师
F5	女，副研究馆员，高校图书馆读者服务部主任
F6	男，副研究馆员，高校图书馆副馆长
F7	女，副研究馆员，高校图书馆信息咨询部主任
F8	女，副研究馆员，高校图书馆馆长
F9	女，馆员，高校图书馆读者服务部馆员
F10	男，副研究馆员，高校图书馆副馆长

注：按照访谈时间顺序给予被访者编号，书中出现同一代码表示访谈内容来自同一人。

二、专家咨询分析

（一）对高校图书馆服务标准体系的总体看法

专家F2肯定了本书的思路，认为对图书馆服务标准体系开展理论研究，总结出体系结构，是科学的研究过程，但图书馆服务标准体系的建设是一个长期的过程，所提出的服务标准体系还要通过实践进行调整。专家F1认为本书对图书馆服务标准体系做出的层次设计，内容分明，方便使用，同时他也提出还要广泛收集专家意见，不断完善这个体系。专家F6将本书提出的高校图书馆服务标准体系与专家所在图书馆情况进行了对比，认为体系中的六个主题与图书馆实际情况是比较吻合的，只是有的名称上说法不完全一样。专家F5特别赞同在图书馆推行服务标准，也认为作者提出的服务标准体系是比较科学的，三层次的标准体系结构对高校图书馆服务标准工作具有指导性，她说："以前读者对图书馆的印象是一个低层次的工作，很大程度是因为我们的服务工作没有标准规范，难以管理。"专家F7结合自己所在图书馆是多校区多分馆并存的情况，认为研究图书馆服务标准体系很有必要，本书所提出的服务标准体系包含六个主题是合理的，能够对具体的高校图书馆服务标准工作提供参考作用。她说："每一个校区图书馆服务的读者虽然有区别，但按照这个体系去制定统一的服务标准就能使全馆统一定位，统一服务要求，统一服务管理。从图书馆目前效果来看，新校区图书馆的环境、设备、条件、人员都是最好的，所以读者的评价也是最高的，可见，图书馆服务的好与差与服务的基本条件是分不开的，环境、设备、设施、馆员配比等都很重要，所以基础条件必须出台规范。"专家F8认为图书馆服务标准体系可以帮助图书馆理清思路，找准自己的定位，有针对性地开展高校图书馆服务标准规范活动。

上述咨询意见表明，专家对本书提出的高校图书馆服务标准体系整体上均给予了充分肯定，认为体系内容正确，结构合理，层次分明，要素全面，并认为该体系的构建，对于高校图书馆服务标准的研究和实践应用具有参考价值。专家结合自己的经验和学识，为本书的标准体系提供了验证的实证基础。专家咨询意见验证了本书提出的关于高校图书馆服务标准体系的科学性与合理性。

（二）对高校图书馆服务标准体系的修改建议

在肯定高校图书馆服务标准体系的价值和合理性的同时，专家对高校图书馆服务标准体系的主题和要素均进行了认真审视和深入探讨，他们对标准体系的具体内容也提出了相应的修改建议。经整理，这些意见有三种情况：增加标准要素、调整标准要素、删除标准要素。

（1）增加标准要素

专家F8专门提出服务标准体系不是一个冷冰冰的工具，反而应该是可以帮助促进服务的，她认为图书馆服务标准体系一定要体现出以人为本，以用户为中心，以标准为依据的原则，并建议在标准体系最前面加上醒目的宗旨：以人为本，以用户为中心，而且在要素制定具体内容要求上也要围绕这个宗旨展开。专家F4借鉴国外图书馆事业发展经验，认为从长远来看，图书馆服务标准应该与图书馆战略规划工作结合起来，在国外图书馆界，这已经成为一种趋势。他还提出比较理想的服务标准是可以用于评价服务质量的，也就是说高校图书馆的服务标准体系可以胜任质量评价体系，可以依据服务标准来开展质量评价。

专家F3认为大学图书馆有两个核心，一是服务对象，即读者，要充分考虑读者需求；二是服务基础，要根据读者需求建设资源。因此她赞同对信息资源主题的提取，认为这个主题体现了对图书馆服务根本的重视，但仅仅规定信息资源的来源、范围、类型、数量等还不够，还要强调图书馆服务对信息资源使用的要求，因为"以前主要是在资源建设和加工方面做了很多规范，涉及资源使用就规范得比较少了"。持同样观点的还有专家F4，他认为信息资源是流动的资源，图书馆应该按照资源的不同类型提出具体的编码、管理、流动、提供服务的要求，信息资源在流动过程中环节上涉及哪些部门就由该部门负责，该专家还介绍了所在图书馆的成功经验："前年我们把期刊的管理和服务进行了修改，将资源使用和业务规范进行整合，形成手册，提高了服务效率。"针对信息资源这一主题，专家F2特别指出在我国大多数图书馆属于复合型图书馆，单独的实体图书馆或数字图书馆都是少数，且对同一图书馆而言，用户可能同时借助网络和现实达成一个相同的需求，难以完全区分，因此需要强化对信息资源的管理。该专家指出高校图书馆同时拥有纸质资源和数字资源，如果不根据高校图书馆用户需求的变动考虑实体资源与数字资源在整个资源系统中的相对比例和服务深度，根据实际服务内容确立具体的标准规范细目，那么这种标准的适用性将有待考量。

专家F5和专家F7认为高校图书馆服务标准除了对部门提出职责要求外，还应有对岗位职责的规范，专家F7说："现实情况下有些图书馆对服务标准的理解就是从岗位职责开始的，而且岗位职责也很严格。例如，我们图书馆的读者服务部就自己根据岗位设置制定了岗位职责，现在只是在内部工作中使用，并没有形成馆内正式的文件。"此外，专家F5

还专门提到了高校图书馆人力资源中的临聘人员和学生馆员问题，认为对他们也应该做出单独的职责要求。

专家F9认为网络设施设备已成为高校图书馆服务开展必不可少的基础，其重要性并不亚于书库、阅览室，因此建议增加网络条件。专家F10认为现在大学普遍采用的服务平台还应该有移动服务平台，建议标准体系的"服务过程"这一主题增加移动服务平台；他还提出高校图书馆要重视经费预算，学校每年的11月为预算月，图书馆就要根据学校的规划提出预算，当然，一般也有一些规律，如"985工程"高校一般购置费是3 000万元，"211工程"高校和部分"985工程"高校是2 000万元，其他高校和部分"211工程"高校是1 000万元以上，省属高校可以少于1 000万元，其中绝大部分用于数字资源，研究型的高校则比例更高，根据学校总体发展目标、图书馆资源建设和服务发展合理地提出图书馆经费预算。对经费方面的规范，专家都认为非常有必要，今后根据标准体系出台高校图书馆服务标准的目的之一是确保经费投入有保障，给高校图书馆的经费、人员、管理上提供制度保障。因此，标准体系中要体现出这一目标。

专家F6总结自己的实践工作经验，提出服务标准体系中的"服务推广与监督"还应增加服务反馈，读者反映的问题要有反馈。他说："如果反馈机制起了作用，责任明晰，图书馆的工作就会流畅。现在在我们读者服务部设置了服务前台，可以承接读者提问，对前台工作人员有回复读者和反馈读者的要求，他们能当场回答的马上回答读者，如读者开卡在读者服务部门就马上给解决了；对于需要找相关部门来解决的就要当场找这些部门，如果需要事后再答复读者的就留下读者电话等联系方式，尽快回答他们，我们一般要求当日将解决方案电告读者。"该专家总结了自己的工作经验，认为图书馆的服务要做好，不在于内部装修有多豪华，首先在于工作人员要发自内心地想把工作做好，态度端正，要让读者感受到工作人员是热情的，工作是符合礼仪规范的。因此，他建议增加服务礼仪的规范要求。

（2）调整标准要素

专家F4提出，图书馆服务标准首先要考虑读者，读者是首位的，图书馆做出的所有对馆员的规范和对资源的管理使用要求，都是为了让读者满意，在加强数字信息资源使用规范的同时可以与流程结合起来。建议要突出服务流程规范，他甚至提出服务流程的规范应该单独成为一个主题。

专家F7说："我们的研究把有关软件的要素归纳成为服务平台、服务交互，可能还需要通过实践检验这样设置是否合理，或者直接叫作软件资源更合理。"她认为，本书提出的标准体系中有对硬件方面的规范，还应该考虑软件资源的规范。提出是否应该将"软件程序""检索系统""个性化系统"等从现在的"服务平台"主题抽取出来，单独构成一个"软件资源"的主题，与设施设备强调硬件资源共同构成高校图书馆开展服务的最基本条件之一。

（3）删除标准要素

专家 F7 提出，高校图书馆工作人员的工资往往并不是图书馆决定的，是由学校统一规定的，所以服务标准中设置薪酬体系与图书馆实际情况不符合，但是希望今后大学图书馆自己能为自己设置薪酬体系，从而起到促进馆员积极工作，认真服务的作用。因此建议先去掉"薪酬体系"这一要素。

专家 F3 提出图书馆房屋建筑方面的规范是可以包含用地要求的，建议将用地合并到房屋建筑要素中。

（三）专家意见的处理结果与体系的完善

为更好地修改高校图书馆服务标准体系，本书对专家给予的意见和反馈进行认真思考和研究，最终采纳了部分意见。根据上述专家意见的归纳与总结，同时经过仔细的讨论与调研，对本书提出的标准体系进行修改和完善。总的来说，专家认为高校图书馆服务标准体系总体结构和具体要素是比较科学合理的，部分问题上给出了具体的修改意见。作者对专家提出的修改意见进行了认真思考，与专家进行了沟通，采纳了大部分建议。通过表 3-8 将专家对服务标准体系的修改建议及本书对建议的处理结果进行了汇总。对专家 F7 提出的单独设置"软件资源"的主题，以及专家 F4 提出"服务流程"应该单独成为一个标准主题，作者希望能通过今后的进一步追踪研究进行考察，因此暂未采纳。专家 F8 提出的增加"以人为本，以用户为中心"是制订服务标准的总体指导思想，不作为要素增加到体系中；专家 F6 提出的增加"服务礼仪"，因服务礼仪涵盖在了"职业素养"中，因此不采纳，"增加临聘人员和学生馆员职责要求"可以包含到"馆员职责"中，因此未予采纳；其他对服务标准要素的调整意见均予以采纳。

表 3-8 专家对服务标准体系的修正建议汇总

建议	提出专家	处理结果
增加"软件资源"主题	F7	暂不采纳
与战略规划结合	F4	不采纳
增加信息资源使用	F3、F4	采纳
增加信息资源管理	F2	采纳
增加网络条件	F9	采纳
增加移动服务平台	F10	采纳
增加宗旨：以人为本，以用户为中心	F8	不采纳
删掉用地，合并到房屋建筑	F3	采纳
服务流程应该单独成一个主题	F4	暂不采纳
增加服务礼仪	F6	不采纳
增加岗位职责	F5、F7	采纳

续 表

建议	提出专家	处理结果
增加临聘人员和学生馆员职责要求	F5	不采纳
增加反馈机制	F6	采纳
删除服务纪律	F6	采纳
删除薪酬体系	F7	采纳
增加经费预算	F10	采纳

通过对专家意见和建议的分析和处理，高校图书馆服务标准体系得以修订。修订后的高校图书馆服务标准体系如图3-4所示。

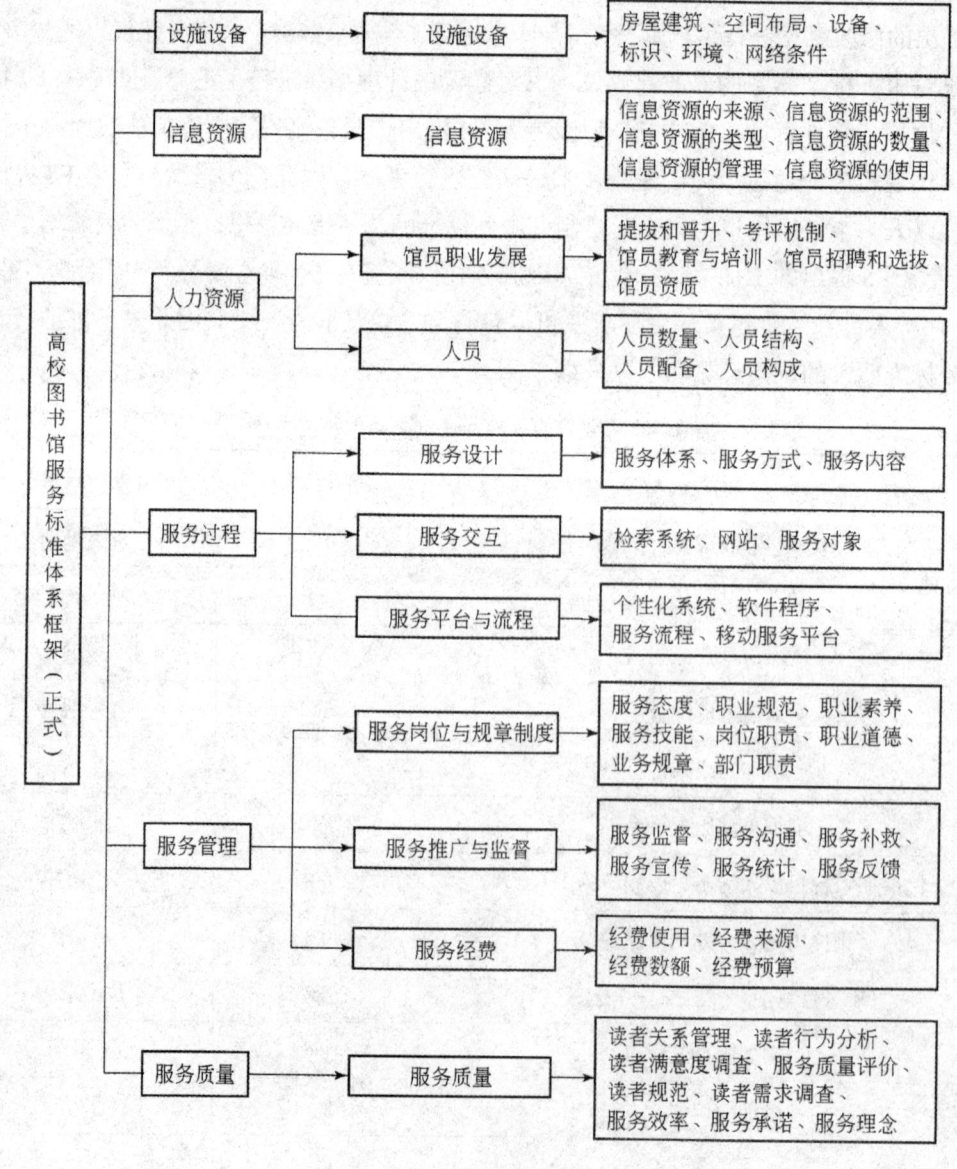

图 3-4　高校图书馆服务标准体系框架（正式）

经专家咨询和修正后，高校图书馆服务标准体系更为完善，将在高校图书馆服务标准的理论研究和实践应用中具备更好的适用性。服务标准体系的总体框架还是保持层次结构，包括六大标准主题，共涉及 58 个标准要素，具体的标准要素更为合理。①设施设备是图书馆开展服务的最基本条件，是服务标准体系最基本的构成，是确保服务标准的其他主题要素发挥作用的基础，任何图书馆的发展都必须重视设施设备。②作为高校的资源中心和学术中心，高校图书馆开展服务最重要的保障和后盾是信息资源。在整个服务标准体系中，信息资源的标准是确保服务质量的重要条件，信息资源依赖于一定的设施设备条件，对具体的服务过程产生直接的影响。③高校图书馆履行服务规范，保持稳定服务水平的重要条件之一就是人力资源。④在整个服务标准的体系中，服务过程最集中地体现了服务本质特征。⑤服务管理是高校图书馆服务标准体系的重要内容，传递了服务标准体系的原则和要求，体现了图书馆服务导向的风气。⑥图书馆服务质量是图书馆服务的最终表现。如果说服务标准体系中的其他五个主题反映的是对服务投入和变化过程的约束，那么对服务质量制定的规范主要是为了提高服务产出的水平。

第四章　图书馆服务管理

第一节　图书馆服务"五原则"

美国图书馆学大师谢拉说,"服务,这是图书馆的基本宗旨"。服务是贯穿图书馆发展的主线,是图书馆的核心价值观。图书馆现代化发展的最终目的就是提供更好的服务。同社会上其他行业的服务相比,图书馆服务有着特定的原则及内涵。图书馆服务所遵循的原则可概括为五大方面:开放原则、方便原则、平等原则、创新原则和满意原则。

一、开放原则

图书馆自诞生之日起,从封闭到局部开放再到全面开放,经历了漫长的渐变过程。开放服务已成为现代图书馆的重要特征。开放原则是图书馆服务的首要原则,开放是服务的前提,没有开放便无服务可言。现代意义上的图书馆开放,是一种全面开放,包括资源开放、时间开放、人员开放和馆务公开。

(一) 资源开放

即把图书馆的所有馆藏资源(包括实体馆藏和虚拟馆藏)和设施向读者开放。资源开放的内容及要求有:①所有馆藏全部开放利用;②尽最大努力实施开架借阅;③经常进行馆藏宣传(如新书通报);④馆与馆之间相互开放资源,实现资源共享;⑤馆内所有设施(如书库、展览厅、视听室等)向读者开放;⑥全面揭示馆藏,健全检索体系等等。

(二) 时间开放

即最大程度延长读者利用图书馆的时间。一些发达国家的公共图书馆,不仅保证天天开馆,而且保证从早晨至午夜的开馆时间。我国的国家图书馆和上海图书馆也实行"365天,天天开馆"。图书馆服务的时间开放要求做到:①节假日和公休日不闭馆,即"图书馆无休息日";②馆内开展任何公务活动都不影响正常开馆;③保证开馆时间的完整性或连续性,避免中断。

(三) 人员开放

即图书馆不分国籍、种族、年龄、地位等，向所有人开放。图书馆不仅仅是一个阅读场所，也是人们观光、交谈、休闲、娱乐的场所，是具有综合功能的社会文化中心。图书馆服务在文化层面上具有不可或缺的存在价值。图书馆服务沟通了人与人之间的感情联系，也提供了人们相互交流的场所，正如荷兰鹿特丹市立图书馆馆长舒茨先生所说"不少读者来到图书馆，并不一定是为了想看某一特定的东西，而是随便浏览一下，看看有什么值得一看的东西，或者只是来会会老朋友，他们把图书馆当成了第二起居室。"、"图书馆向社会上所有的人开放"应成为现代图书馆服务的最具吸引力的魅力所在。

(四) 馆务公开

即凡是与读者服务有关的决策（如有关制度、规定、做法等）过程及其结果向读者公开。馆务公开既是图书馆决策民主化的需要，也是图书馆服务取信于读者的需要。实行馆务公开要做好几方面工作：①制定馆务公开制度。对需要公开的事项、公开的时间、公开的方式等，做出明确规定，使其制度化。②建立读者参与管理、参与决策的机制。凡是与读者利益攸关的重大事情，都应事先征求读者意见，并在可能的情况下让读者直接参与决策过程。为此应设立"读者监督委员会"之类的非常设机构。③公开读者监督途径。如公开读者监督电话（首先应公开馆长电话），设立读者意见箱，公布领导接待读者日等。④公开接受读者评价。图书馆服务工作的好坏，其主要评价主体应该是读者，"读者是否满意"是衡量图书馆服务工作好坏的主要标准。在组织图书馆评估时，应设有"读者满意程度"指标，并使这一指标在整个评估指现代图书馆人丛书标体系中占有足够分量。

二、方便原则

图书馆服务中的方便原则亦可称"简便原则"、"便利原则"或"省力原则"。为服务对象提供方便，是任何一种服务共同追求的目标。不能提供方便的服务注定不会受人们欢迎，甚至被抛弃。方便是服务的本质，方便是服务的核心。图书馆服务中的方便原则，主要体现在：馆舍位置要方便读者，资源组织要方便读者，服务设施要方便读者，服务方式要方便读者等。

(一) 馆舍位置要方便读者

网络条件下，"图书馆离我有多远"问题已不那么重要，但是，"去图书馆是否便利"仍是许多读者关心的问题，因为亲身到图书馆享受恬静、舒适、典雅环境之惬意感受，是网络环境所不能提供的。网络环境再发达，也不可能取代作为物理场所的图书馆。既然图书馆是人们向往的理想去处，就应处于便利的位置。列宁曾提出过"图书馆活动半径"说法，他认为每个公民在距离居民点不远于1.5~2俄里的地方，就应该有图书馆利用。日本图书馆界则认为，图书馆的服务范围一般不应超过1~1.5公里，并提出了"把图书馆办在身边，办到生活中去"的口号。有的国家还规定，从住地最远步行 10～20 分钟的距离内，就应找到一所图书馆。

国外许多城市公共图书馆，大都在街区有多个分馆和汽车图书馆。美国学者 ME. 索普通过调查研究得出结论说，一个信息源在物理距离上越易接近，被利用的可能性越大。可见，图书馆的地理位置是否方便于读者到达，是影响图书馆利用率的极其重要因素。

（二）资源组织要方便读者

从知识组织论的角度看，图书馆是组织文献信息资源的社会组织，图书馆的资源组织方法，要遵循两个原则：一是文献保障原则，即要全面收集和充分揭示文献信息资源；二是读者保障原则，即要按照读者需求组织资源。读者保障原则要求图书馆按照方便读者检索利用的原则组织资源。

首先，在馆藏资源的物理载体组织上要方便读者利用。这些要求图书馆在馆藏资源的空间布局上最大程度地拉近读者与资源之间的时空距离。其做法诸如：①书库和阅览室采用大开间格局，所有书库和阅览室安排在同层或临层位置，采用藏、借、阅一体制度，以此缩短读者在馆内的走动距离。②实行开架借阅。③设立新书架，新书到馆后分编加工之前先投入流通（国外图书馆大都采用此法），以此缩短读者与资源之间的时间距离。

其次，馆藏资源的内容组织要方便读者利用。图书馆要建有完善的馆藏资源检索体系，力争达到"一索即得"的效果。"检全率"和"检准率"就是衡量检索系统质量的标准。用"检全率"和"检准率"衡量检索系统的质量，有一个缺陷："检全率"和"检准率"只考虑了检索的最终结果，而没有考虑检索过程"省力"的问题。检索过程是否"省力"是影响读者是否愿意使用某一检索系统的极其重要的因素。正如著名的穆尔斯定律所言：如果一个检索系统使用它比不使用它更麻烦、更费力的话，这个系统便不会被使用。这就说明，一个检索系统不仅要讲究科学性，还要讲究方便。数字图书馆条件下的机检系统的方便性主要表现为检索界面的易操作。易操作的理想境界就是"傻瓜性"，使那些不懂或不甚懂计算机操作的人们能运用自如。数字图书馆能够吸引入的一个重要原因，是它具有方便于读者使用的资源组织系统。

（三）服务设施要方便读者

服务设施要方便读者，首先应在建筑格局和家具摆设上考虑读者利用的方便。日本的公共图书馆建筑，在服务设施的方便性上考虑得非常周到，大都采用了模数式建筑，即大开间、灵活隔断的开放式建筑模式，各阅览分区都是用低矮的家具进行隔断，走进图书馆的大门，各主题分区一目了然，非常通透，充分显示了书中有人、人置书海的意境。如大阪府立中央图书馆，用无遮掩的楼梯和电梯连接着各层阅览室，长长的、宽敞舒适的服务台设在每层楼的中央，读者站在每一层楼梯口都能眺望到自己所要查阅资料的位置。在服务设施的方便性上还有一个重要问题，那就是专为弱势群体提供方便。还是以日本为例，所有儿童阅览室一律配备低矮的阅览桌椅，以方便于儿童坐阅；本着"无障碍设计"的思想,对盲人、残疾人专门设置特别的设施,提供特别的服务,如轮椅通道、伤残读者接待室、专用电梯、阅览专座、专用厕所等,有的图书馆甚至还从楼梯扶手上为盲人读者设计了特殊的触摸符号,使他们知道该到何处转弯。这样的服务设施,让人感觉到方便无处不在。

(四)服务方式要方便读者

在服务方式上方便读者,一要贴近读者,二要从细微处入手。

深入社区或街区设立分馆,是图书馆贴近读者、方便读者的有效服务方式。国外的图书馆大都非常重视分馆建设,如美国纽约皇后区图书馆设有62个分馆,近50%的居民有借书证;洛杉矶市除中央图书馆在市中心外,另设有66个分馆散布于全市,服务于400万人口;丹麦日德兰半岛北部中心城市奥尔博市人口只有16万,就有中央图书馆及14个分馆,各个分馆的流动汽车图书馆巡回服务于医院、托儿所和残疾、孤老家庭。关注并满足个别读者的个别需求,也是图书馆贴近读者、方便读者的有效形式。如在日本,许多图书馆提供有"个人研究室"、"小组学习室"之类的场所,这种场所可容纳几个人至十几个人,使用这些场所是免费的。著名的日本筑波大学中央图书馆就有59个个人研究室和9个小组研究室。

千方百计减少对读者的限制,是方便读者不可或缺的重要方面。在日本,任何人可不凭证件自由出入、随意阅览图书馆的书刊资料,读者在阅览图书、报刊、视听资料时,无需任何手续,只有外借时才需办借阅卡;任何人可凭任何证件(如健康保险证、驾驶证、学生证等)免费办理借书证。

从细微之处方便读者,让读者感到方便无处不在。如在日本,图书馆的门口一般都设有还书箱,读者还书时若碰到闭馆,可将书放在还书箱中,第二天由工作人员办理还书;大阪市立中央图书馆有23个分馆,不论在哪个分馆借的书都可以随便在任何一个分馆还书。日本几乎所有的图书馆都免费向读者提供精美且详尽的图书馆简介、读者指南之类的资料。

服务方式灵活多样,也是方便读者的重要措施。在美国洛杉矶市立图书馆简介中,有这样一段文字:"图书馆满足您家中每一分子之需要,无论您是青年或老年,您可以在洛杉矶图书馆找到知识、情报、娱乐及休闲。洛杉矶图书馆也对日常生活之疑难提供解答。您开公司、找工作需要协助吗?您想知道您住的社区环境及服务吗?您想学习语言吗?图书馆可以帮助您,如您在找工作,图书馆有书籍及电脑程式帮助您写履历表,如您想继续进修,图书馆有各种专科学校目录及入学申请表格。如您想知道家乡之近况,图书馆也有世界各地之报纸。"

三、平等原则

图书馆是体现人类自由与平等理想的圣地。"图书馆面前人人平等",是图书馆界的"人权宣言"。图书馆服务中的平等原则,要求图书馆以博爱精神关爱每一个读者,尊重每一个读者，坚决维护读者的合法权益。

在图书馆服务中贯彻平等原则，就表现为对读者权利的充分维护。根据国家的有关法律和图书馆的实际情况，图书馆读者应享有的权利至少有以下几方面：平等享有取得读者资格的权利；平等享有阅读的权利；平等享有个人人格和隐私不受侵犯的权利；平等享有提出咨询问题的权利；平等享有参与和监督图书馆管理的权利；平等享有遵守图书馆规章制度的权利和义务；平等享有提出合理化建议的权利；平等享有接受安全、卫生等辅助性服务的权利；平等享有对图书馆工作进行评价的权利；平等享有自己的合法权益受到侵害时提出改进、赔礼或诉讼的权利。

只有充分维护和保障上述读者权利，图书馆服务中的平等原则才能得到贯彻。"读者的权利不可侵犯"应成为所有图书馆人铭记的职业信念。

四、创新原则

图书馆服务创新，包括理念创新、内容创新、方式方法创新等多方面内容。

（一）理念创新

先进的服务理念，是创新的基础。当前，图书馆服务创新应重点打造三个方面理念。

（1）服务是一种品牌

专家指出，"如果一个图书馆能够通过自己的某种独特性：或一定的规模和馆藏，或某一信息产品，或某一特色服务，在同一行业中形成差别优势，那么，这种优势就是品牌"。日本图书馆界提供的无微不至的方便服务和美国图书馆界的全面开放服务，可称之为具有品牌效应的服务。我国深圳图书馆的剪报服务和上海图书馆的导入 CS（客户满意）管理与服务，也可称之为是一种品牌。品牌化服务突出的是服务的特性与特色。特色馆藏、特色服务、特色活动、特色环境等都可形成图书馆特有的品牌。

（2）服务是一种文化

图书馆服务具有其独特的规范和价值观，这些规范和价值观的总和就是一种文化——图书馆文化。图书馆特有的知识底蕴、特有的人文环境、特有的行业规范和特有的价值追求，都衬托着图书馆服务的文化品格。这种文化品格象征着图书馆服务的高尚与高雅、神圣与光荣。

（3）服务是一种获得

图书馆服务是为了获得知识在传递中的轨迹，是为了获得公民素质在提高的价值，是为了获得读者需求被满足的效果，是为了获得人生价值在实现的喜悦。图书馆服务赋予图书馆人以高尚的荣誉、真诚的尊敬、奉献的欣慰、清苦的价值和文化人生的伟大。

（二）内容创新

从图书馆服务发展趋势看，图书馆服务的内容急需拓宽。其主要趋势是加大信息服务和便民服务的内容。在信息服务方面，主要是加大网上信息导航服务内容。在便民服务方面,加大为社区服务的力度,其内容包括职业介绍、购物指南、技能培训指南、市政服务咨询、家政服务咨询等等。在文献信息服务方面也要创新,主要是加大参考咨询服务的力度,努力从文献服务向知识服务演进,提高图书馆服务的知识含量。

(三)方式方法创新

就是改变以往单一的馆藏文献的外借与内阅服务模式,利用现代网络平台,提供各种数据库服务、知识库服务以及多种在线或离线信息服务,如信息推送、知识发现、网络呼叫、智能代理等服务。这些服务方式方法具有较强的智能性、实时性、交互性等特征,能够提供全新的个性化服务。这种能够同时提供实体馆藏与虚拟馆藏服务的模式,极大地丰富了图书馆服务的内容,强化了图书馆服务的能力。

五、满意原则

读者是否满意及其程度如何,是衡量图书馆服务质量的最终标准。满意原则是图书馆服务诸原则中的核心原则。

美国宾夕法尼亚州立大学的安达利(S.S.Andaleeb)和西蒙兹(P.L.Simmonds)提出了测度读者满意度的五个命题:感受到的图书馆资源质量越高,读者满意度就越高;图书馆工作人员反应性越强,读者满意度就越高;感受到的图书馆工作人员能力越强,读者满意度就越高;图书馆工作人员道德行为越积极,读者满意度就越高;感受到的图书馆设施越好,读者满意度就越高。

读者对图书馆服务是否满意,这又属于读者的主体评价范畴,即属于读者(主体)对图书馆(客体)所做的评价范畴。黄俊贵先生认为,读者的主体地位一般表现在三个方面:一是读者对文献,即文献是否符合读者需要,必须由读者做出判断;二是读者对图书馆员,即图书馆员的服务态度、服务能力、服务效果必须由读者进行鉴定;三是读者对图书馆工作,即图书馆的各项业务建设、制度规章、服务项目及设施是否反映读者利益与要求,必须由读者加以评价。

近几年在图书馆界备受青睐的CS理论,可以说是对图书馆服务之读者满意原则的极好注释。图书馆CS管理建立的是以读者为导向,以追求读者满意为基本精神,并以社会和读者的期待为理想目标的管理模式。它包括三方面内容:图书馆理念满意(MS)、图书馆行为满意(BS)和图书馆视觉满意(VS)。图书馆的理念满意是图书馆的办馆宗旨、管理策略等带给读者的心理满足感。它的核心就在于正确的读者观,"一切为了读者满意"是它的精神实质。图书馆的行为满意,是图书馆的行为状况带给读者的心理满足状态,是图书馆理念满意思想的外部表现形式,包括行为方式满意、行为规范满意和行为效果满意。工作人员的服务态度是图书馆行为是否让读者满意的最直接表现。图书馆的视觉满意,是图书馆所具有各种可视性的显在形象带给读者的心理满意状态,它包括对图书馆一切设施设备的性能及其色彩的满意,对工作人员职业形象、业务形象的满意,它传递着图书馆的理念，是图书馆理念的视觉化形式。

在上述图书馆服务五原则中，满意原则是核心原则或称最高原则；开放原则是其他四项原则的基础或平台，它体现的是现代图书馆服务的基本方向；方便原则体现的是现代图书馆服务的内在品质；平等原则体现的是现代图书馆服务的人性化方向；创新原则体现的是现代图书馆服务的可持续发展及其动力；满意原则体现的是现代图书馆服务的终极目标。

第二节 努力提高读者服务质量

当今社会是经济高速发展的年代，人民生活水平不断提高。人们对服务性行业的服务水平、服务素质的要求越来越高了，甚至提出要有"名牌"服务。那么作为公共图书馆，面向社会，每天接待各式各样的读者不计其数，如何树立自己的形象，提高图书馆员的服务品位，创造出我们的"名牌"服务呢？

一、改进读者服务方式，开展主动服务

图书馆的主动服务就是要突破传统的"为人找书"的模式，积极主动地开展多种形式的服务，争取做到"为书找人"，让图书馆发挥更大的效益。针对不同的读者及其在利用图书馆时不同的心理活动，提高利用图书的效益，满足读者的省时心理。

首先，要抓住读者的心理，设立图书专架。例如，可把一些当前正热门的书籍放在一起像《我的父亲母亲》、《雍正皇帝》、《乾隆皇帝》、《口红》等等，都是借阅率比较高的图书，因而应设立"热门图书"推荐架，摆放这类书籍，以方便读者查问。另一方面，根据以往的经验，寒、暑两个假期间，学校都会给学生布置阅读有关国内外经典名著作为课外阅读作业。因此，在放假之前工作人员应做好准备，尽可能地把本室书库中所收藏的中外名著收集在一起，放在图书推荐架上，并指引有需要的读者借阅。这样，能大大地节省读者在书库查找的时间。

其次，作为图书管理员应把每一位读者视为自己的亲朋好友，热情地接待每一位读者，把热门的、新进的或者是自己看过觉得值得推荐的图书，推荐给读者。读者对我馆的藏书建设方面的提议或者是服务质量方面的意见，要及时反馈和加以改进。

然后，每个读者对图书馆的认识程度都有不同，对图书分类、排架更加不懂，有的读者当走进书库就如走入了迷宫一样，无从下手、要费好大劲才能找到自己所需之书。因此，应在个别名家名著的书架前用较醒目的标志牌说明，让读者容易识别。同时，更应不定期举办一些有关如何有效地利用图书馆的讲座，以及举办如"同乐日"形式的活动，加强读者与馆员的沟通与合作，让读者感受到自己也能融入图书馆这个"大家庭"，提高读者对图书馆发展的参与性。这样既能促进图书馆事业的发展又有利于馆员与读者相互之间的了

解和沟通，减少因不理解或误会而产生的不必要的矛盾。

二、重视读者咨询服务

咨询服务是现代图书馆读者服务工作的一个重要窗口，它反映出图书馆服务工作的质量与水平，是图书馆走向现代化的标志之一。

在接待和解答读者咨询时，应做到：一是对馆藏要有较深的认识，对应用系统操作要熟练；二是要耐心聆听；三是要解答详尽。能做到这三点，在解答咨询时是非常重要的。

首先，对馆藏的熟悉和对系统操作的熟练程度，直接影响到有效地解答读者所提出的问题。例如，读者要求查找《浪漫经典集》一书，如果熟悉馆藏的话，可直接告诉读者该书的分类号和架位在书库中的排列位置，并通过查询"在馆情况"得知该系列丛书有哪几册是在馆的。好让读者能心中有数，能做出正确的选择。

其次，要成为一名优秀的图书馆员，首先要做到的应该是耐心聆听。耐心聆听读者的发问，听清楚读者想要咨询的问题，这样才能做到回答准确，给读者明确的答复。反过来说，读者会因工作人员的一时失误，给出错误的指引而白白浪费在书库中寻找所需书的时间，但又一无所获。那样的咨询工作是徒劳无功的，必定会影响到图书馆的形象。

第三，给予读者详尽的解答，在读者咨询工作中是非常重要的一环。解答不清楚或回答得不详尽令读者一知半解的话，容易让读者产生误解或产生不满情绪，从而引起矛盾。要杜绝这一不良现象的发生，要求工作人员在解答的过程中，不仅要语气平和、耐心地做出准确回答，还要求工作人员一定要回答详细，让读者满意地离开。

读者咨询服务不是一般简单式的回答，它的涉及面广，因此要求咨询工作人员对本馆馆藏一定要熟悉，对待读者要热情有礼、耐心细致。努力做好咨询服务工作，可使图书馆充满活力，使读者工作跟上时代前进的步伐，从而推动整个图书馆事业深入持久地发展。

三、对待读者要热情有礼，对待工作要认真负责

俗话说得好"礼多人不怪。"每当接待读者时应多用文明用语，如向读者说声："早上好！"或者是"您好！"等等，都是平常常用的问候语，读者听了心里也会觉得舒服，也拉近了工作人员与读者之间的距离；同时，主动热情地帮助读者，把读者服务工作变被动为主动。相反，脸无表情，对读者爱理不理的话，读者同样会对工作人员产生反感，容易产生矛盾，阻碍正常工作的开展。

在工作过程中注意动作要轻、快、准。热情周到地为每一位读者服务；同时，工作中要做到轻拿轻放，不要因为忙碌而忽略了自己的行为动作，从而令读者产生不必要的误解和矛盾。此外，必须认真而准确地完成每一项工序，使出错率降到最低，做到"无投诉"服务。为图书馆树立一个优质服务的"品牌"。

四、加大为读者服务的深度和广度

随着现代信息技术的进一步发展及其在图书馆领域的广泛应用,图书馆工作人员不仅要有为读者服务的意识,更要有为读者服务的深度和广度。

(一)文献信息提供服务

图书馆的一切工作都是为读者服务的。"读者至上,服务第一"是图书馆的永恒信条。在开架借阅中,应将"一切为了读者"作为指导思想,在工作的设想、布置安排上都应从读者利益的角度去思考,将读者利用率较高、流通率较高的文献全部实行开架,并努力延长开架服务时间,使文献在读者身上得到充分地利用,从而产生最大的社会效益。

(二)文献信息开发服务

图书馆拥有庞大的文献信息资源,是人类知识的宝库,是知识信息传播的重要枢纽,能够为文献信息开发利用提供必要的知识信息。随着知识经济时代的到来,人类不断产生和积累大量的知识信息,图书馆员通过对这些依附于各种载体的知识信息进行揭示、整序、重组和创新,大力进行文献信息内容开发和深层次加工,为社会提供多层次、多品种、增殖的知识信息产品。文献信息开发主要是内容的开发。由于文献信息的繁杂、读者用户科学文化水平的差异和社会活动的多样,使得文献信息开发利用呈现出层次性。

浅层次的开发包括:①通过报道、展示、描述、评价等方式,揭示文献信息中的知识内容,如期刊篇目索引、文摘、书评等;②图书馆员按照分类、主题或专题将文献信息中的知识内容进行整序,以便用户查找文献,如馆藏目录、书目等。

较深层次的开发是指:图书馆拥有十分丰富的信息资源,图书馆员将这些通过各种渠道搜集来的文献信息进行分析、归纳后提出综合性的论述或者评论,并在此基础上对事物的发展动向或态势做出预测或对某事物应采取的措施提出建议。文献信息深层开发服务是一种知识活化的服务活动,图书馆员在对文献信息中的内容进行加工、整序、研究的基础上,通过知识活化而产生新的增值的信息产品。

(三)参考咨询服务

图书馆参考咨询服务就其本质而言属于信息服务,在整个国家信息服务体系中,处于信息交流和传递的中心地位。图书馆通过参考咨询服务架起知识信息和读者之间的桥梁,把信息资源通过读者的利用转化为生产力。

如前所述定题服务是参考咨询服务的重要形式之一。而所谓定题服务(Selective Dissemination of information,简称 SDI)是指"针对某一特定课题的需要和科研生产的需要,由情报人员以文献跟踪服务的方式,主动、持续、系统地向相关课题的人员提供必要的情报资料"。由于定题服务可持续地为科研人员提供最新的相关文献信息,该项服务受到科研人员的普遍欢迎与重视。为了使定题服务取得较好的效果,图书馆咨询服务工作人员应注意以下几点：①主动性。要主动了解读者的信息要求，主动搜索有关信息，主动向读者提供服务；②针对性。SDI 的全部过程都体现了很强的针对性；③及时性。"及时地将情报需求的变化、情报服务效果的好坏反馈给情报的供应系统"；④广泛性。即"在定题条件下的多向主动传递，形成多层次服务的格局"。定题服务随着实践的发展，其理论上已日趋成熟，并朝着系统化、多样化方向发展。

（四）读者辅导服务

导读是根据社会发展的要求，采取各种有利措施主动吸引和诱导读者产生阅读行为，并积极地干预和影响其阅读行为，以提高读者的阅读意识、阅读能力和阅读效益为目的的一种教育活动。导读包括对阅读内容的指导和对阅读方法的指导。阅读内容的指导主要是向读者推荐优秀书刊，指导读者正确理解图书内容，帮助读者从优秀书刊中吸取有益的营养。阅读方法的指导主要是引导读者有目的地阅读，克服某些读者中存在的盲目性和不健康倾向。

（五）宣传报导服务

报导服务作为一项多向主动式的信息服务方式，颇受读者欢迎。所谓报导服务，是指图书馆将采集到的文献信息经过加工整理和分析、综合，运用各种形式主动、及时地向信息需求者通报，以引导信息产品有效利用的一种服务方式。图书馆通过知识揭示、整序、重组、活化开发而产生的信息产品，只有通过报道才能传播给广大读者；而信息产品也只有报道出来，才能更容易被读者所认识，才能得到更充分的利用。

图书馆宣传报导服务的方式和渠道多种多样，主要有：①直观方式，即通过信息产品的陈列展览同读者见面；②群众活动方式，即通过学术报告会、文学欣赏会等宣传推荐优秀文献资料；③资料加工整理成系列化的二三次文献，然后进行传播报道。

发掘读者心声，是图书馆人文关怀的具体体现，而更科学、更有效地服务于读者是"发掘读者心声"的终极目的，也是提升图书馆价值的最佳途径。

随着信息时代的到来，社会上各类定位明确、功能各异的专业和信息机构大量涌现，从不同层面满足了人们多方面的信息需求，从而使社会信息流渠道呈多元化态势，亦使图书馆这一传统的信息服务机构受到了前所未有的冲击与挑战。在严峻的挑战面前，图书馆必须充分发挥自身特有的服务功能，以优质服务和更高质量的信息产品吸引读者，多方提升图书馆的价值，以求在异常激烈的竞争中立于不败之地。

第三节　图书馆信息服务

用户信息需求量大、需求多样化、需求瞬息万变的特点，决定了信息市场需求的无限性，任何一个图书馆都不可能把整个信息市场作为自己的目标市场，分析了图书馆正确选择信息服务目标市场的必要性，讲述了目标市场确立的基本步骤。

所谓信息服务的目标市场，是指图书馆根据信息市场的需求状况和自身信息服务的特点、信息产品的特性及对本身资金、技术竞争能力的分析、在信息市场中、选择一个或几个能发挥其优势并能达到最佳经济效益的细分市场作为开发信息服务的主要目标、这些市场就称为图书馆信息服务的目标市场。

随着信息时代的来临、社会对信息的需求量迅速增长、信息已成为大众生活不可缺少的组成部分、信息市场逐步形成。在信息浪潮的席卷下，图书馆这个古老的信息传递中介，自觉与不自觉地被推上了信息市场，图书馆开展有偿信息服务、追求信息产品的经济效益已得到了社会的认可。怎样才能在激烈的市场竞争中立于不败之地成了图书馆界人士目前亟待解决的问题。信息市场千变万化，用户需求多种多样，任何一个图书馆都不可能把整个信息市场作为自己开展信息服务的目标市场，所谓"全方位服务"只是主观上的美好愿望。事实上求"全"不得而流于"泛"，反而会丧失竞争力，失去市场份额。因此，图书馆要适应信息市场的竞争需要，首先必须正确选择信息服务的目标市场。

一、选择目标市场的必要性

图书馆选择信息服务目标市场的必要性，是图书信息市场用户需求的无限性和图书馆信息服务能力的有限性这一矛盾所决定的。

（一）用户信息需求的无限性

用户对信息的需求是无限的，它呈以下特点：

其一，需求量大。信息社会中，信息与人们的生活息息相关，大到政治、经济、文化，小到个人生活的衣食住行，每时每刻都需要获取各种信息，随着科学技术的发展，人们会越来越重视信息，对信息的需求量将成倍增长。

其二，需求多样化。不同的用户需求各异，同一用户不同时期的需求相差甚远。用户所需的信息内容丰富（涉及各个学科、各个领域）、形式多样（从单元信息到整篇文献等）、范围广大（古今中外、无所不有）、纷繁复杂。

（二）图书馆信息服务能力的有限性

图书馆受到人力、物力、财力的局限，不可能以有限的能力满足信息市场用户的无限需求。

其一，能力的局限。图书馆工作人员在有效工作时间内所生产的信息产品、提供的信息服务都有一定量的限度，人力的投入不可能无限；同时，图书馆虽汇集了众多从事信息工作的人才，但知识面也是有限的，不可能涵盖各个学科，不可能保证在任何领域都能提供有效服务。

其二，物力的局限。任何一个图书馆的馆藏资源与数量巨大的社会文献相比，也只能是沧海一粟。另外，现代技术在图书馆的应用，使信息的存储、处理、检索迈步实现自动化,但信息加工、整理、开发的大量工作还要靠手工完成。因此,图书馆信息服务的范围、信息传递的速度也是有限的。

二、选择目标市场的步骤

目标市场的选择是一项复杂细致的工作,既要掌握大量真实的感性材料,又要通过理性地分析研究,才能保证目标市场选择的正确性。

(一)市场调查

首先,要进行用户情况调查。了解影响用户需求的因素(用户所属行业、用户规模、用户地位、使用信息的能力、获取信息的途径等),把握用户需求的动向及类别、热点和重点,掌握用户现有的和潜在的信息需求量,对信息市场用户的需求状况有一个整体了解。

其次,是信息行业的调查。即把握信息市场的竞争情况,了解其他信息机构的竞争优势,及其信息产品质量的高低、机构信誉的好坏、开发信息能力的强弱、信息服务水平的高低、发展潜力的大小和在信息市场所占份额的大小等等。知己知彼,才能取己之长制其之短。

其三,对本馆信息服务状况的调查。随时了解本馆信息服务在信息市场所占份额、用户的评价和要求、价格及合理程度、新的信息服务项目进入市场的途径及发展前景等等。

市场调查是确定目标市场的第一选择,关键在于所获资料是否完备。

(二)市场细分

信息市场之所以能够细分为若干子市场,主要是因为用户需求的差异性,我们可以把影响用户需求的某些因素作为细分依据。影响用户需求的因素很多,归纳起来主要有以下几个方面:

其一,用户所属的行业。用户所属的行业不同,需求的差异性必然会很大,工业与农业、商业与服务业等,因行业差别而需求各异,这是细分信息市场的主要依据。

其二,用户的规模。不同规模的用户,信息的需求量、需求频率、吸收能力等各不相同,这是细分信息市场的重要依据。

其三,用户需求信息的用途或目的、用户的地位(长期用户、临时用户、重点用户、一般用户等),也可作为细分信息市场的参考依据。

(三)能力分析

市场细分后,图书馆要根据自身的人力、物力、财力,选择一个或几个细分市场作为信息服务的目标市场,因此,对自身信息服务能力的评价就必须客观、全面。

其一要客观。对能力评价过高或过低,都是不符合客观实际的。评价过高,会导致所确立的目标市场庞大,图书馆力所不及,所提供的信息服务泛而不精,缺乏竞争力,最终会丧失已拥有的市场份额;评价过低,图书馆的信息服务能力得不到最大发挥,造成浪费,可以控制和占有的细分市场白白放弃。

其二要全面。对图书馆信息服务能力的评价是一个综合指标，它包括人力、物力、财力等各方面，片面强调某一方面都会使评价失之偏颇，缺乏真实性。

（四）目标

确立目标就是图书馆确定一个或几个细分市场作为信息服务的目标市场。

目标市场一经确立，就要制订开展信息服务的策略。首先要有总体计划，包括信息服务要达到的目标、资金投入数量、信息服务开展的规模、方式、人员的组织与安排以及把信息服务项目报向市场的途径等等；其次，要有具体行动方案，即图书馆信息服务进入目标市场的步骤，分几个阶段，每一个阶段做什么、谁来做、怎样做等等做出详细安排，应该具有可行性和操作性。

已确定的信息服务目标市场要有相对的稳定性，具有长期开发经营价值，这样才能保障图书馆信息服务计划的实施，逐步进入并控制目标市场。

第四节　提升服务品质，塑造良好形象

针对公共图书馆读者服务中存在的问题，图书馆如何完善服务理念，尽力满足读者服务要求。塑造馆员良好形象，提升服务品质呢？

读者服务工作是图书馆一切工作的出发点和归宿，读者服务工作的好坏标志着一个图书馆服务水平的高低。十余年来，图书馆在业务建设、读者服务方面都有长足进步，实现计算机管理；服务体制由传统闭架借书向开架发展，延长开馆时间，由一个人外借发展到集体外借，预约借书等；从被动服务发展到主动服务、特色服务；各图书馆竞相挖潜力、争创新，不断推出新项目，但仍有一些不尽人意的地方，如何才能尽力满足读者需求，让读者满意，树立起图书馆良好的形象呢？

一、读者服务存在的问题及分析

随着社会的发展，读者数量剧增，原有的藏书特色、窗口服务模式已不能满足读者需求，读者对图书馆主要存在以下不满意：

（一）藏书陈旧，缺乏活力

读者数量的递增在要求图书总量上升，阅读范围的扩大要求藏书门类的丰富。但公共图书馆中，普遍存在着科技书籍陈旧，新书少；通俗文学多，名篇名著少的现象，科技图书的收藏期有限，尤其是有关计算机方面的书更新很快，但现在陈旧、过时的图书仍躺在书架上，占据一定的位置，对读者来说往往看起来眼花缭乱，图书也不少，查起来茫然无绪，找起来又残缺不全，图书缺乏活力，激发不了读者的阅读兴趣，一来二去读者对图书

馆就厌倦了。书架上言情、武打、神怪小说琳琅满目，五花八门，产生了一群可观的读者队伍，"席绢热"、"于晴热"、"武侠热"等等阅读取向，易被一般读者接受，但图书馆的藏书给读者带来不容忽视的感觉是藏书质量下降，品位不高。

（二）馆员服务被动，素质偏低

在外部压力不大和内部相对平静的图书馆环境下，读者服务工作人员容易流于上班下班、借借还还、不求效益、不思进取的状态。有的馆员缺乏工作热情和责任心，不熟悉馆藏和图书分类法，不具备提供深层服务的水平和能力。读者提出咨询在哪里可以找到何种书，馆员干脆回答"不知道"。读者服务部门，每天的上架、流通、管理等都是复杂、琐碎的工作，处于一线服务窗口的馆员若忽视自身塑造和完善，一言一行哪怕有半点疏忽就容易和读者产生摩擦。如处理读者违章问题得理不饶人态度生硬，漫不经心地对待读者的提问等。读者也因馆员某个问题不能回答或回答不满意而蔑视馆员。

面对读者服务中存在的这些问题，必须采取切实可行的，具有针对性的对策加以改进和解决，提升服务品质。

二、完善服务理念

图书馆是为读者服务而设立的，因此，图书馆首要任务即是读者服务。图书馆的服务理念的图书馆的文明核心。

（一）明确服务主体

读者为主体，图书馆居客体，这是图书馆不可动摇的永恒信条。图书馆的社会价值从满足读者需求中体现出来，图书馆是读者认识与改造的客观对象。一个图书馆办得好不好，其办馆效益、社会价值如何，主要以读者的图书馆意识去衡量。其中要看读者对利用图书馆的希望程度；读者对服务项目和服务标准的信誉程度；读者对服务人员的素质和服务水平的满意程度；读者对服务效果的认可程度。读者的主体位置一般表现在三个方面：一是读者对文献，即文献是否符合读者需要，其信息量度、内容价值必须由读者做出判断；二是读者对图书馆馆员，即是图书馆馆员的服务态度、服务能力、服务效果必须由读者进行鉴定；三是读者对图书馆工作，图书馆的各项业务建设、规章制度、服务项目及设施是否反映读者需求必须由读者加以评价。

（二）提倡奉献服务

图书馆由国家兴办，居于全额拨款的公益事业单位，不以赢利为目的。因此，图书馆工作人员应具备舍得清贫、乐于奉献的职业道德；要在社会上大力提倡志愿者、义工、读者积极分子到图书馆参与读者服务。在读者中树立起以服务读者为荣，以共职图书馆为荣，把对知识的加工和传播视为一个精神财富的追求者、拥有者。佛山市图书馆吸收了大量义工参与借阅部、少儿部等服务部门的工作，这样做既缓解了节假日图书馆人力不足之苦，又加强了图书馆与读者的沟通，提高了读者的主人翁地位。图书馆的服务是公共的、公益的，如果就物质待遇而言，需要培育与弘扬奉献精神，而对精神享用则应该执着追求，是一个富有者。任何一个图书馆工作者都要树立为读者、为社会奉献的价值观。

（三）重视竞争服务

随着社会的发展，广播电视、文娱体育信息网络正日益发展、提高，任何人都无法摆脱社会文化的影响、制约，并同时参与文化的活动与创造。图书馆存在并发展的主要动力就在于他的服务性。如果没有服务性就失去了存在的价值，图书馆员没有服务的本领，所谓服务只是空话。目前书店、社会读书组织的服务方式远比图书馆服务灵活、方便，颇受读者欢迎，已构成对图书馆服务工作的一个威胁与挑战。对此我们应该树立信心，充分发挥自己的优势、努力克服封闭、保守状态，进一步深化信息开发，提升服务人员素质与服务水平，化被动为主动，力争在各类精神文化服务方面牢固占据自身应有的地盘。

三、满足读者需求，提升服务品质

（一）优化馆藏结构

严格把好进书关，谨防重复购置，杜绝盗版书，把有限的购书经费用好用活，用在刀刃上。图书采选时，学术性强的图书可扩大品种减少复本，对那些可读性强、普及、娱乐、休闲的图书适当增加复本来满足读者的共同需求。对某些通俗书籍的热潮，不被动式地接受，更不迎合这种现象，适当控制总量。做到既保证馆藏图书的质量又照顾到读者的阅读需求。在公共图书馆中，读者群范围广泛，成分复杂，素质高低不同，其中不乏不拘小节、自私、缺乏社会公德之人，这些读者的存在势必增加藏书量的破损量，如不及时补充新书，就会影响服务效果。这时可采取"采、借、读者合一"的办法，即调拨一部分经费给外借处，由外借处负责采选图书，补充新书的工作还吸收读者中的有关专家参与。这样做的好处是，及时补充藏书，缩短新书与读者的见面时间；藏书补充针对性较强，真正做到按读者的需求来安排和优化馆藏结构。

在充分调查了解的基础上做出比较合理，便于操作又便于检查的剔旧制度来，使剔旧工作有章可循。经常地、有效地剔除不符合本馆收藏原则的图书，可以消除滥竽充数和鱼目混珠，是优化馆藏结构的有力措施，同时也是对馆藏文献的一次审查，从中可以发现图书采购中的一些问题，以便提出改进措施，促进采购质量的提高。

对于图书馆购书经费拮据的问题，可以充分发挥读者的积极性。读者中也不乏关心热爱图书馆之士，有的读者主动提出愿意捐款、捐书。如能动依靠读者的经验和能力，采取集资的办法，读者出一点，通过公共活动让企业单位乃至港澳台同胞捐一点，也可以多途径解决购书经费拮据的问题。

（二）加强图书宣传

做好图书馆宣传工作，首先要提高对宣传作用的认识。怎样让更多读者知道图书馆有许多可供选择、符合自身需要的图书，了解图书馆的藏书结构和特色、分类体系及利用图书馆的方法等，这些工作都需要借助宣传手段来完成。例如很多图书馆有许多不外借的文献，如参考、检索工具书，特种文献，进口书刊，价值较高无复本的计算机类图书都是优先保证阅览室，以便于读者全面系统地利用图书。做好这些宣传便能沟通读者了解图书馆藏书渠道，对图书馆多一份理解。

读者服务工作中的宣传形式是极其灵活和富有创造性的，如做好阵地咨询、解答读者问题、指引查阅、介绍馆藏、派发宣传品、介绍服务项目的小册子等。设立宣传栏告示栏，宣传馆藏结构和特色，规章制度等。

利用新书架将新到的图书展示给读者。以往有些图书刚上架马上被借走，这些新书借出一次归还就被归到各架。这样，经常不到一个星期，新书架就几乎成了空书架，后来的读者也可能没有机会见到"新书"了。为了让读者及时掌握新书到馆动态，我馆采取新书上架不编排，只需按书标致颜色区分，根据入室新书的时间一切从实际出发，一个月轮换一次。另外，将分编完毕上至新书架的图书列成按大类编排的书目索引形式报道出来或做成新书推荐，方便读者对近期上架的图书有个概括性的了解，也能发现意想不到的资料线索。

在寒暑假设立中外名家名作专题图书推荐，既为读者提供假期热门图书资料，又能激发读者良好的阅读兴趣，帮助读者树立良好的阅读心态。

满足已有使用图书馆习惯的读者需求比寻求新的读者容易的多了。口耳相传为十分有效的宣传。满意的读者会为图书馆带来新的读者，而不满意的读者不再上门且会为图书馆作负面宣传。

（三）强化信息导航

咨询服务是现代图书馆读者服务工作的一个重要窗口，它能反映图书馆服务工作的质量与水平，读者的问题常因馆员的服务态度和咨询技巧得到不同的结果。应将一些热爱图书馆读者工作又学有专长的人员充实一线，加强读者咨询、课题查询等深层次服务工作。图书馆拥有丰富系统的馆藏文献资源，馆员要充分发掘潜力，广泛地进行社会读者需求调研，把握好国家和地区科技、经济和社会发展的方针政策；建立良好的图书馆信息检索系统，减少读者盲目摸索的时间浪费，帮助读者能以最快的速度获得所需的资料，以提高服务工作层次。图书馆员要善于解答各类读者用户的不同层次的咨询课题，当好读者的"图书信息导航员"。

（四）塑造馆员良好形象

处在一线的读者服务部门是整个图书馆的"门面"。图书馆员的良好形象是改进服务质量，提升服务品质的前提条件。图书馆应建立严格的管理制度，加强馆员的服务意识，对馆员的言行采取一种带强制性的约束教育，使其培养良好的职业习惯，使强制规范最终成为馆员的自觉行动。

（1）提高馆员职业修养

馆员的职业修养是在为读者提供服务时给读者的印象和评价，它既反映了读者对图书馆员的认可程度也体现了馆员的声望和名誉。有学者把图书馆比喻为知识的喷泉，那么流通工作则是泉眼。对于这一重要性，每一位一线管理者必须由衷的认可，鞭策自己注重提高自我修养，塑造、完善自我形象。如何提高馆员职业修养，从以下几个方面做起。

①尊重读者。接待读者时馆员文明规范语言的使用，亲切的态度，端庄大方的穿着，不仅仅是出于对读者的尊重，也反映着图书馆工作这一行业的道德水准，显示着文化水准。

②保持平和的心境，不把自己的激动或沮丧的情绪带到工作中，否则不但影响自己的形象，还容易引起读者误会和造成工作失误。认真对待读者提出的每一个问题，专心倾听读者提问。不以指导者口气轻视读者，不清的问题，以委婉的口吻请求读者澄清，尽力所能给予圆满的回答。馆员在办理借阅时能再次友善地提醒读者归还日期，同时对读者还书也能保持感谢读者合作归还的态度等，这种正面性的鼓励方式，往往会带给图书馆很多意料之外的效果，增进读者对图书馆的情感。

③多学好思。图书馆工作是专业性很强的服务工作，加上读者层次的明显提高，没有一定的专业知识水平，没有一定的综合能力，再规范的服务也只是表面的、肤浅的。能力的培养与提高在于平常的日积月累。每位读者工作者无论自身文化水平高低，业务能力强弱，都应在管理图书、服务读者的工作实践中不断实习，读者工作者的知识形象对读者的感召力影响最大。为了提高业务水平，我馆经常在流通部门开展有关咨询技巧、优质服务等方面的业务学习。这种一人主讲，共同讨论，互相启迪的学习方式，既活跃了气氛，又使每一位馆员得到了锻炼。

④培养团队精神。对读者而言，读者的五官感受都是图书馆服务品质的表现。他们无从分辨何为读者服务工作范围，何者不是。如电灯坏了、照明不佳、借阅状况为可借阅的书在架上找不到、环境不清洁、冷气不够和噪声等问题，会让读者留下负面印象，产生服务品质不佳的评语。因此，馆员们彼此之间也应建立良好的沟通关系。一般技术服务与读者服务各为独立操作系统，虽然有工作来往，但彼此服务重心不同，若缺乏适当的沟通渠道。难免忽略彼此对于图书馆组织目标的认识与共同的任务。所以馆员之间应有各种正式与非正式的沟通机会，有利于彼此达成工作经验共识：不管技术服务做的多好，终究要归结到使用者的满意上。读者，才是图书馆服务的重点，从而促进组织气氛的和谐。

要使每一位馆员都意识到个人在集体中所起的作用。为了有利于读者的监督，我馆在工作中实行挂牌服务。图书馆流水作业的工作性质要求馆员具有高度的协调能力，即使挂了牌，读者也常常因为接受过某一位馆员的服务而给予"馆员素质差"或"馆员态度好"的评价。因此，每一位馆员的言行都代表着图书馆的整体形象，整体的名誉不是任何一个人可以担当的。

（2）提高馆员身心素质

读者服务工作是琐碎艰苦的工作，没有健康的体魄和吃苦耐劳的精神是难以承受的，在日常工作中若没有良好的心理素质则可能和读者发生摩擦影响服务质量。图书馆有责任有义务关注馆员的身心健康，加强人际沟通。可根据馆员中年轻人多，窗口服务外出机会少的情况，积极开展游艺、棋类、球赛、等各类文体活动，短途旅游，到先进图书馆参观学习等，通过活动增长知识，拓宽视野，增进同事之间的了解、信任和睦的关系，协调人际关系，沟通感情，使每一位馆员在亲切愉快的环境中工作，不但干得好，而且干得很开心。

第五节 公共图书馆信息服务的管理

管理的核心是建立多功能、多层次的综合服务系统，探讨了多功能、多层次的综合服务系统的构建。

服务管理又称信息工作管理，是管理主体信息服务过程中所进行的一系列活动，是对涉及公共图书馆信息服务活动的诸要素如人、信息、行为、产品等进行科学、合理的组织与控制，实现文献信息资源的合理开发和有效利用。

目前公共图书馆信息服务管理水平低下，应用的是传统的经验管理方法。随着信息服务的进一步深化，传统经验式的管理让位于理性的科学的管理是毫无疑问的。在信息环境市场化前提下，要想不断提高信息服务的能力、水平，就要按产业化的要求，建立具有生机和活力的自我发展机制，改变目前的集中型管理体制，进行人员、机构分流，并在充分考虑其资源保障、生产方式、供销过程、人员配置及独立工作程序等方面所具有的特殊性（区别于图书馆的其他服务）的同时，采取更加适于信息服务微观活动规律的"个性化"管理，逐步形成服务产业化、功能社会化、组织网络化的管理系统。

信息服务管理的核心内容就是建立多功能、多层次的信息综合服务系统，使信息的搜集、整序、加工处理及服务都处于最佳状态，充分满足社会各方面的信息需求。

系统的组成要素包括：信息产品、信息服务行为、机构、人员、资源、用户等。多功能、多层次的综合信息服务系统的功能主要体现于产品（信息产品）和行为（信息服务）的多样性和多层次性。

一、产品（信息产品）和行为（信息服务）的管理

图书馆的信息服务是一种参与信息市场，为市场主体（个人、各企事业单位）提供产品和服务的行为，它必须以市场需求为导向，针对各种需求展开服务，把信息产品推向市场，同时，信息服务的结果最终由市场来评价和检验。因此，企业经营管理的理想、模式和风格是完全可以借鉴的。

公共图书馆的信息产品和服务需要制定与自己优势相适应的经营策略,并组织和实施这些策略才能达到对信息产品和服务行为的有效管理。

(一)产品经营策略

包括产品差异策略、产品质量策略、产品价格策略和产品营销策略。

(1)产品差异策略。

主要指信息产品在品种、栏次、服务和市场营销等方面有自己的特色,能争取用户和扩大市场。产品差异策略也就是优势策略。公共图书馆的信息服务在信息资源、技术、人才方面具有明显的优势,剪报产品便充分体现了图书馆的优势。剪报产品是图书馆开发较为成功的一种服务方式,它依托馆体丰富的报刊资源,提供专题剪辑资料,如深圳图书馆的剪报中心,多年来共为社会各方面的用户提供剪报资料 100 多种。某市图书馆信息部,现将传统的剪报服务转变为电子剪报,从互联网上收集资料,利用电脑编排,再传送到用户的 E-mail,而且在其部门的网页上提供回溯检索,提高了工作效率,深受用户欢迎。

(2)产品质量策略。

信息服务在信息搜集、加工和服务过程中应严把质量关,强调信息产品的实用性、针对性和信息的增值性,还应了解用户的使用情况、搜集用户的反馈意见,不断改进产品,提高产品质量。产品质量的好坏主要指用户对产品的满意度,最终由用户和市场来检验。

(3)产品价格策略。

信息产品具有独创性、时效性、价值隐蔽性等特点,造成定价的复杂性,尤其是信息产品中的创造性劳动如何定价是一个难点问题。有一种观点值得一提,那就是信息产品在以成本作为定价的基础上,应该以用户对产品的认知程度来合理收费。比如同样一种信息产品(这里指的是非批量生产的信息产品,是一种个别性的信息服务及产生的产品,例如,信息咨询所产生的报告、综述、策划方案),首先,它是满足了用户需要的,其次它的非创造性劳动部分的成本是核算好了的,在这基础上,如果用户甲认为它值 500 元,用户乙认为它值 5000 元,那么我们卖给用户甲就是 500 元,卖给用户乙就是 5000 元。这种收费方式也许不符合标准化和公开化的收费需要,但是信息产品的创造性价值如何衡量,以用户的认知程度来进行衡量也不失为一种方法。当然大部分的信息产品是可以根据成本核算及参考同类产品的价格,本地区的消费水平等来进行定价的。

产品营销策略是指在信息活动过程中,运用适合的促销手段,宣传、促销产品,扩大产品的需求市场。信息产品的营销属于知识性产品的营销范畴,它同样可以借鉴企业产品的营销和促销方法,例如,可以选择合适的新闻媒体作广告和宣传,可以召开新闻发布会邀请记者采访报道,可以举办各种宣传及产品咨询活动,可以召开用户座谈会以激发用户的购买欲望。还可以采用分销和包销的方式来进行推广。当然,最直接的营销方式是推销人员直接上门进行推销,与用户面对面交流,宣传及说服用户购买相关信息产品,人员推销可以了解用户需求情况,直接感受市场动态,及时搜集用户意见,是一种较好的推销方法。

（二）服务多元化策略

用一些企业家的话来说，就是由一条效益曲线变成多种效益曲线。从而避免单一的产品和服务可能带来的风险性。例如，信息资源的多层次开发利用，信息产品的多品种开发，信息服务的多形式内容等等。值得一提的是在信息服务中的以一体化为基础的多样化经营，例如，市图书馆在房地产信息服务领域内，有开展研制的多媒体咨询数据库，有专题剪报，有决策参考服务，有利用场地和设施定期举办地产展销、举办发展与预测研讨会等多种服务，并且和本市房地产交易中心、建委、国土局、房建局等建立了良好的协作关系，在此专门领域内，服务进一步系列化，多功能化和多样化，形成自己的经营特色，这种专一经营的多样化对其他图书馆的信息服务具有一定的参考价值。

（三）信息服务的形象策略

形象策略的内涵十分丰富，是用户及社会公众对图书馆信息服务的整体评价，是信息服务的整体素质及其行为在社会上的综合反映。它包括信息产品的质量形象、价格形象、服务形象、图书馆的信誉形象、图书馆馆容馆貌形象。它要求图书馆在提供优良的信息产品和服务的同时，还要树立起其自身的知名度、影响力和亲和力。

能否开发出对路的信息产品，提供多功能、多层次的高效服务，并在市场中占一定的份额，树立图书馆信息服务的品牌形象是检验公共图书馆信息服务管理水平的重要标准。

同时还应将信息服务过程视为一个循环系统，将信息服务、产品、用户、资源及其他因素组成群体进行有效管理，各方相互作用，相互连结，相互促进与依存，才能最大程度地达到管理的目标。

二、服务管理中的机构组织及人员管理

（一）组织

公共图书馆整体就是一个从事信息服务的机构。具体到每一个业务部门，都是信息服务的业务机构。如果把公共图书馆的服务分为文献服务（借阅服务）和信息服务，那么参考咨询部、信息部、技术部等相关部门可算是信息服务的业务部门。公共图书馆岗位分工越来越细化，要求机构的设置适应这种变化，合理地确定部门之间的关系、职责职权分工及范围；合理地配备人力、设备资源，安排各不同工序管理，才能使公共图书馆信息服务的资源、人员、设备等得到最佳组合，发挥出最大的整体效益。目前公共图书馆应该增设经营性信息服务部门，或者把原在信息部门进行分流、细化，建立一个与信息服务相适应的运转协调的业务机构框架。

（二）管理

信息服务人员指专门从事信息服务的工作人员。信息服务的人员管理包括人员的配备、人员的组织、人员的培训、考核和人员的激励。人员的配备十分重要，信息服务人员

要求的是复合型人才，又称通才。即发展比较全面，知识阅历、活动领域比较宽广的人才。一个理想的信息服务人员要求具有计算机知识、网络知识、外语能力、编辑能力、营销能力、公关能力、信息处理能力及相关专业水平。复合型人才是不可多得的，公共图书馆信息服务离不开复合型人才的培养和群体塑造。在人员管理方面应该贯彻"以人为中心"管理模式，概括讲就是从管理的指导思想，到具体的管理原则和方法，都是从人出发，以人为核心；把以人为本作为根本目标，给予人的能力和素质以关心、尊重，并为满足他们的需求而努力；通过调动和激发人的工作积极性和创造性，以实现效益最大化，最终实现人的全面发展。"以人为中心"的管理不仅保证直接效益目标的更好实现，而且保证着信息服务活动健康持久的发展。

三、服务管理的其他相关内容

（一）资源管理

信息资源是公共图书馆开展信息服务的物质基础。信息资源管理具体来说，就是对信息资源进行优化和合理配置。公共图书馆应根据社会需求并结合社会发展新情况、新趋势，在保留馆藏特色的同时，根据本馆发展方向，把握好各学科、各类型及电子类载体资源的购置比例，将自购、网上下载、互借、特色资源数字化有机结合并合理分配到各部门，从而保障信息服务的高质量、高效益。目前，公共图书馆信息资源管理应着重于以下几个方面：特色化馆藏的建设，网络资源的开发利用，电子出版物入藏比例的递增，书目数据库、全文数据库的建立健全等。

（二）用户管理

用户作为服务的对象，也是管理的主要内容之一，有计划地实施对用户需求的分析、激励和开发；有目的地对用户市场的营销、开拓；对重点用户进行合理选择、确定，沟通和维系等，才能使图书馆拥有数量稳定、类型多样的信息用户群。

我们作一个形象的比喻：公共图书馆信息服务管理系统可以看作是一个进退得法、方圆有度的智能大厦。其中对信息资源、信息用户的管理是大厦的第一层，它为你奠定了内在基础，还为驱动创新提供了源源不断的动力；机构的组织、信息人员的管理是大厦的第二层，它对增强市场竞争能力和提高整体活动力起着巨大的推动作用。信息产品及服务行为的管理是大厦的第三层，它通过经营管理的手段和方式，创造生存与发展的良好环境；使你获得最佳效益，达到整个管理体系的最终目的——经营最优境界。只有如此，公共图书馆的信息服务才能在21世纪白热化的信息市场竞争中占得一席之地。

第六章　网络环境下图书馆服务模式的演变

21世纪人类社会正面临知识经济和信息社会的急剧变革，世界各个角落的人们都强烈地感受到新时代的冲击与震撼。知识更新经济朝代和网络时代的一些特征，已经深入到人们的社会生活中。知识经济是以知识更新为基础的经济，这种经济直接取决于知识更新和信息的生产、扩散和应用。

中国在迈向第三步战略目标的进程中，提出迎接知识经济时代，建设我国国家创新体系，提高国家创新能力的奋斗目标。根据建设我国国家创新体系的构想、任务和目标，已经提出和实施了"知识创新工作"、"技术创新工作"、"211工程"以及国家其他重点科技计划，形成建设国家创新体系完整的总体战略布局。国家创新系统的主要功能是配置新资源，直辖于国家创新活动。国家创新资源配置中包括创新信息服务体系和创新资源的分配体系。图书馆在未来几年的发展中，应成为国家创新信息服务体系的组成部分，发挥依靠基地的作用。

图书馆作为社会重要的信息资源基地，国家信息基础设施和资源的提供者，对信息化、网络化浪潮的冲击更为敏感。现代技术的迅猛发展，全球网络化浪潮的兴起，一个以计算机技术、网络通讯技术、光纤技术、数字卫星技术为主要信息传输载体的社会基础设施的新的信息环境已经在我国形成。

图书馆是社会需求的产物，其天职就是为社会提供服务。图书馆的社会价值是通过服务体现的。在知识经济成为社会经济的主流，社会经济结构开始发生变化的时候，社会需求发生较大变化，知识总量不断增长，知识领域不断扩展，用户自身结构也随之发生变化，从整体上开始从劳动密集性向知识密集型转变。用户信息需求不断增加，使网络环境下图书馆的存在形态发生了变化。图书馆无论在信息资源采集、组织加工、信息服务、管理模式等诸方面将发生更深刻的变革。

一、传统图书馆服务模式的特点

传统图书馆主要收藏以纸张为载体的信息，它的服务必然围绕着纸张文献和图书馆馆舍而展开。中国图书馆由于受封建时期皇家图书馆、古代藏书楼的影响，图书馆和图书馆文献是为少数人服务的。

图书馆的藏书是以保存为主，形成了"重藏轻用"、"重管轻用"的办馆思想，往往把读者放在次要位置。图书馆设施的建设也是以更好地保证藏书、管理藏书为重点，可以说传统的图书馆在服务模式、服务观念、服务结构、服务组织、服务重点等方面形成特有的规律和特点。商品化上服务模式相对单一，服务方法简单，主要有以下几个方面：

（一）封闭型建设模式

由于传统的图书馆受不同时期社会政治和经济发展的制约，在发展过程中与社会的接触是受限制的，可谓自我封闭的内向型，形成"小而全"、"大而全"、"备而不用"、"万事不求人"的自我封闭的图书馆服务模式。每个图书馆都试图建立自己的比较完善的服务体系。例如，建国以来我国的国家级图书馆有国家图书馆、科学院图书馆、社科院图书馆、科技情报所、军事科学陆军图书馆、全国地质图书馆等。每个省市级都有各省市图书馆、省市科技情报所。另外有大专院校系统、军队系统、工会系统图书馆等。又如藏书建设中，自我发展，限定服务对象和范围，致使某种外文期刊，在一个地区可能订购几十份，既浪费资金利用率又极低。由于每个图书馆受所属领导机构的管理体制的限制，加之资金有限，人员有限，服务有限，不能充分发挥文献信息的作用。

（二）公益性服务

我国图书馆的公益性，是随着近代图书馆的产生而形成的。国家图书馆于1912年正式开放，免费向公众服务。新中国成立后，兴建了大量新图书馆，所有经费由国家提供，图书馆完全是公益性的。这种做法为我国图书馆事业的发展提供了可靠的保证，同时，也带来许多弊病，任何业务的开展，都向国家要投资。

同时，计划经济中的人浮于事、效率低下等问题，在图书馆也普遍存在。随着我国市场经济的发展，社会对图书馆的需求扩大，仅靠国家一方的投资，已不能满足社会的需求。

（三）被动型服务方式

传统图书馆的服务一般是等读者上门，所有的服务基本是以图书馆为中心，可谓是围绕图书馆馆舍展开的。图书馆的指导思想是尽可能把藏书收全，服务设施齐全，有比较舒适的环境。主要服务方式是：馆内阅览、书刊外借、文献复制、参考咨询等。图书馆满足于书刊的借借还还、取取归归的服务方式。由于机制、经费、人员、设备的限制、服务工作有许多局限性，同时也束缚了服务人员的思想，缺乏主动服务的精神。

（四）单纯型服务对象

传统的图书馆面向比较固定的读者群，主要对到馆的读者服务，服务对象集中在科研单位、大专院校、国家机关。公共图书馆有自己的读者群，高校图书馆有自己的读者群，专业图书馆也有自己的读者群。由于图书馆服务模式，培养了传统图书馆的用户。他们习惯把获取信息的主要渠道和方式仅仅放在图书馆，获得信息的方式和渠道比较单一，图书馆可提供的服务方式也比较单纯。许多图书馆对书刊的利用率，读者借阅的满足率，服务效果从不过问，把图书馆办得像行政办事机构一样。

（五）浅层次文献型服务

传统图书馆以收藏、加工、保存图书、期刊、资料等纸张为载体的文献信息为主。内容之一，向读者提供原始文献，文献流通方式是一本图书、一种期刊、一份报纸。其次，为读者提供馆藏专题文献，馆藏专题文献又是以一次文献、二次文献的信息单元为主。对文献信息加工做的很少，一切业务工作都是围绕文献开展的。

（六）劳动密集型文献管理

图书馆工作人员对文献的加工，主要是对整体文献的加工和处理，也可称为"粗加工"，例如，图书以整本图书为著录单元，期刊以一种刊物为著录单位。工作人员从书刊的采、编、加工、入库、管理、主要是从事重复性劳动，工作繁琐，劳动强度较大。衡量一个图书馆服务工作的效果，往往是以图书的流通量作为唯一的标准。每一个图书馆以收藏和占有文献的数量，作为图书馆级别的标准。从一个图书馆整体动作而言，以劳动密集型为主。

（七）机关型结构

图书馆隶属于不同的行政机关。图书馆的办馆方向、业务发展、采访方针、读者对象、人员和经费均由上级机关确定，图书馆必须对上级机关负责。因此，图书馆办成了行政办事机关，往往征收社会的需求、政治经济的发展脱节。

二、网络环境下图书馆服务模式的变化

信息高速公路的出现，网络信息资源的出现，彻底摧毁了"田园式"的传统图书馆模式，也给图书馆的自下而上发展空间带来了新的契机。在知识经济时代，社会生产对知识的需求越来越强烈，传统的图书馆服务方式受到严重冲击，促使传统的机制、运作在发生根本性的变化，新型服务模式的雏形已出现。图书馆服务工作从满足书刊代阅的文献需求为主，转移到以满足知识信息需求为主、以知识开发服务为主要功能的模式。网络环境下图书馆服务形成了新模式，其主要特点：

（一）开放型服务模式

图书馆开始突破围墙，跳出固定场所，主动接触社会，摆脱了传统文献处理的限制，在信息的采集、加工、组织、服务方面，面向网络环境，以新的方式组织、控制、选择、传播信息建立了辐射型的开放服务系统。例如，国家图书馆利用网络环境和设施，扩大读者范围和领域，在电子阅览室开展各项网络信息服务，每天上网浏览图书的读者已达50万~60万人次，是每天来馆读书的读者的几十倍。

（二）有偿服务与无偿服务相结合

在市场经济条件下，图书馆为了更好地为社会服务，满足读者的信息需求，在完成公益性服务的同时，开展各种类型的有偿信息服务，已经得到社会和读者的认可。不仅可以弥补国家投资的不足，也可以促使图书馆有自我生存的自身发展能力。

（三）主动型服务

面对社会的信息需求，图书馆的服务已经开始走出图书馆，面向社会、面向需求、上门服务。在做好阵地服务的同时，工作人员主动与用户联系，了解需求，采用新的服务方

式，主动为读者服务。例如，国家图书馆、上海图书馆、广东中由图书馆的剪报中心，主动与大中型企业联系，了解信息需求，编辑专题剪报，提供信息服务，收到较好社会效益和经济效益。清华大学图书馆，聘用专业人员为学科馆员，提高信息资源建设和信息服务质量，主动为教学科研服务。

（四）针对型服务

随着社会的发展，信息社会的建立，图书馆开始冲破传统服务模式，紧密地配合社会需求，提供特色服务，有针对性的服务，不断提高读者的满意率。例如，国家图书馆强化为政府立法决策服务，在近几年的"两会"期间，24小时全方位服务。近期与国家机关和各部委图书馆联系，提供各种信息服务，主动提供政策法规方面的专题咨询服务。上海图书馆主动向政府机关定期提供城市建设、市场发展等宏观决策性信息。浙江图书馆针对本省的经济发展，主动为大型企业服务，提供信息咨询服务。

（五）多样型服务

现代图书馆以用户为中心，需要什么就提供什么，摆脱传统的服务方式，摒弃单个、重复、被动、琐碎的手工服务。把服务模式从"单纯服务型"转变为"服务经营型"，把服务推向市场，开展信息的深加工，如代查、代检索、代翻译、人办手续、代复制、联机检索、光盘检索、联机目录查询、网上专题信息服务等。提供信息资源的范围和载体更广泛。图书馆从文献资料的收藏者和提供者，转变为信息产品的生产者、开发者和提供者。例如，天津图书馆、东城区图书馆实行的会员制借阅方式，国家图书馆为政府机关、重点大学送信息上门。

（六）知识密集型劳动

信息社会需要信息的深层次加工，图书馆开始从以文献单元的加工，深入到以知识单元为主的加工，图书馆的服务工作将从借借还还的服务，转移到多层次信息咨询服务，有更多的工作人员从事信息的组织，直接参与市场，成为信息技术的中介，在信息服务的每一个环节增加智力投入。产生了新型的图书馆信息服务人员，被称为"网上信息员""网上导航员""网上冲浪员"。例如国家图书馆的信息服务人员在网上提供各种类型的文献信息，为各种专业网络公司提供专题信息。信息服务人员已经从简单的劳动，转向智力型劳动。

（七）产业型服务机构

随着市场经济的发展，原有的公共图书馆、专业图书馆、学校图书馆等机构从单纯公益型向以公益型为主，经营型为辅的服务机构。新型的信息服务机构，以生产和经营信息产品为主，出现以经营型为主的服务机构。例如，中国科技信息所的万方数据公司、深圳图书馆集成软件公司等。

三、网络环境下图书馆读者服务工作的发展趋势与对策

在网络环境下知识信息的需求的特点是：知识信息需求的全方位与综合化，知识信息需求的开放化与社会化，知识信息需求的电子化与网络化，知识信息需求的集成化与高效化。

社会的需求促使信息机构的总体发展趋势是向信息增值型、信息产业化、信息服务化、精密化发展。

传统图书馆，文献收藏的数量，对图书馆的服务方式是以面对面的读者借还图书，提供口头咨询为主。

现代图书馆，拥有掌握和利用电子技术的水平和专业人员，获取信息和利用信息的能力，不受馆藏的限制，对图书馆的服务起着决定性的作用。图书馆的服务已经开始以远程通讯的网络应答式提供。

从总体上，图书馆的服务模式的转变主要有以下几个方面：

图书馆的服务观念：从"读者服务"转向"协调、合作、共享"。

图书馆的服务形象：从热情、周到的"服务员"转变到迅速、方便的"信息导航员"。

网络环境下我国图书馆服务工作的发展方向：

①利用图书馆的整体化优势进行图书馆网络的优化组织与协调，使因特网的信息服务功能在图书馆网络化服务中充分实现。促使因特网上的电子信息资源成为图书馆信息服务的有机组成部分。

②国家应该从宏观上有计划有组织地协调我国图书馆网络与科技、教育、经济等专网及其网络有关系，在国内实现更大范围的信息资源共建共享。

③强化网络条件下图书馆的文献信息资源建设，实现网络资源配置的优化，网络信息资源的二次开发与综合信息服务。有计划、分期分批建立不同类型的数字图书馆。促使更多的有中国特色的数据库在网上服务。

④实现图书馆网络化和知识信息的社会化管理，建立网络化信息保证组织和体系，建立健全信息管理的规章制度，建立健全信息法、数据库法，确保网上信息安全的安全和正常使用。

⑤图书馆利用自己"社会大学"、"没有围墙的大学"的特殊环境，有意识地通过网络和计算机技术，培养中国读者的信息素质、信息意识能力。

⑥加强与世界各国图书馆网络化服务的国际合作，学习先进国家的信息技术，熟悉和掌握各国的信息资源的特点。加强与世界各国图书馆在信息服务方面的合作，加快中国信息资源数据库的建设，向全世界展示中文信息，把世界上更多更好的信息介绍到中国，更好地为我国的读者服务。

四、网络环境下图书馆服务工作的对策

（一）树立文献信息资源共享的观念，宏观协调，分工合作

在网络环境下，我国的图书馆服务模式，由于原有格局分布，必然是多中心、多系统、多层次、多类型的局面，因此在网络环境下更要强调分工协调，资源与信息的网上共享，网上服务共享，避免各自为政。例如，在书目数据库建设中，已经存在重复建库，浪费大量资金和人力，许多数据库的建设中要避免走老路，国家有关部门要宏观干预，分工合作。

（二）强化网络环境下图书馆信息资源的增值服务

提高信息的使用价值，要提供信息本身的价值，有偿服务与无偿服务结合，提高服务质量，社会效益与经济效益并举，图书馆要通过服务，满足社会的需求，提高服务的技术含量，扩大服务的效果和服务的能力，使人们在网络和信息时代离不开图书馆的服务。图书馆要利用自己占有信息资源、快速进行信息加工的能力的优势，利用网络环境，对电子资源进行分析与重组，提供信息增值服务。图书馆服务人员要掌握信息源，了解信息资源分布状况，信息网络的分布，熟悉网上信息机构，更好地组织网上信息，为读者服务。

（三）探索网络环境下图书馆服务的新模式

网络环境为图书馆的服务提供了得天独厚的良好机会，图书馆应抓住这个机会，对信息资源的收集、加工、整理、服务赋予新的内容和方式。图书馆的整体组织、人员安排、业务流程都要不断适应网络环境的要求，传统的服务方式可以利用网络环境来发挥新的效益。例如，图书馆的查询、外借预约、馆际互借等服务，可以通过网络功能实现。同时利用网络的技术优势，拓宽服务领域。例如，信息的收集就不仅仅是采访部门的事，参考咨询人员要参与信息资源的收集，原来意义的图书馆分工被打破。图书馆服务工作和信息服务人员将越来越重要，"网上信息冲浪员"、"网上信息标引员"、"网上信息导航员"将会成为新型的图书馆服务人员。

（四）培养网络环境下的新型的图书馆服务人才

实现网络环境下对图书馆的服务提出高水平、高质量的要求，必然对图书馆员的知识结构提出新的更高的要求。在信息服务的服务过程中知识和技术含量加大，向智能化发展，图书馆从事读者服务工作的专业人员在工作方式、工作价值、工作效率、工作成果诸方面将发生质的变化。现代图书馆必须有适合网络环境的专业人才。这是关系到提高整体服务水平的关键问题。组织、设备、资金、机构的落实可以说是硬件，在短时间可以达到，但人才问题就是几年、十几年的问题。因此，国家要在宏观计划中，注意人才的培养。图书馆在人员的使用中，要注意发挥专业特长，培养一批新型的网络环境下的信息服务人才。

第七节　基于知识管理的图书馆创新服务

在知识经济时代，知识管理是最新型的管理思想和管理方法。这节简要分析了图书馆实施知识管理的内容和目的，提出图书馆知识管理的最终目的，在于以创新服务去最大限度地满足读者对知识的需求。并详细讲述了开展创新服务的具体内容。

随着网络的快速发展和知识经济的到来，知识的收集、获取、利用和创新将成为贯穿于图书馆各项业务工作的主线。图书馆知识管理的根本目的就是最大限度地获取、挖掘、利用和传播知识，为读者提供获取知识的窗口，提供有效的知识共享平台。因而，如何运用知识管理的理念和策略，开展创新服务，已经成为图书馆能否持续发展的关键。

一、知识管理的含义

什么是知识管理，目前还没有一个权威的定义。知识管理专业网站的创始人认为："知识管理是当企业面对日益增长的非连续性的环境变化时，针对组织的适应性、组织的生存和竞争能力等重要方面的一种迎合性措施。本质上，它包含了组织的发展进程，并寻求将信息技术所提供的对数据和信息的处理能力，以及人的发明能力这两方面进行有机的结合。"武汉大学图书情报研究所所长邱均平教授等认为狭义的知识管理主要是对知识本身的管理，包括对知识的创造、获取、加工、存储、传播和应用的管理。而广义的知识管理不仅包括对知识进行管理，还包括对知识有关的各种资源和无形资产的管理，涉及知识组织、知识设施、知识资产、知识活动、知识人员的全方位和全过程的管理。虽然学术界对知识管理众说纷纭，但是知识管理以人为中心、以信息为基础、以创新为目标的基本观点却是不容置疑的。

二、图书馆知识管理的内容

图书馆知识管理就是对显性知识和隐性知识的搜集、整理、存储和应用，并使其充分发挥作用的过程。主要体现在以下三个方面：一是对显性知识的序化，即对显性知识加以序化组织，以便建立知识库，供读者使用；二是对隐性知识的发掘，即强调人是知识管理的核心，图书馆要建立一种创新、交流、学习和应用知识的环境与激励机制，培养知识型馆员，建立人才库；三是用知识管理的理念指导图书馆服务，充分发挥服务的价值和知识的价值，走知识服务之路。

（一）关于显性知识的管理

主要包括"馆藏资源数字化"和"网络虚拟资源馆藏化"两个方面。前者就是将本馆收藏的非电子化文献数字化，包括书目数据库建设、特色数据库建设、信息系统建设和各种载体全文数字化。后者是指对网络信息资源进行组织，将大量无序的信息使之有序化，对信息内容进行深加工，最终形成知识库。根据读者的实际需求，为读者提供最直接、最高效率的知识信息服务。运用知识管理的理念和知识管理的策略对这两方面的资源进行合理配置，开展特色数字资源和网络虚拟资源的建设，帮助读者方便、快捷地利用文献信息资源。同时加强具有本馆特色的数字化信息资源的开发，建立起具有馆藏特色资源的数字图书馆。

（二）关于隐性知识的管理

知识管理中的知识还包括存在于人脑中的隐性知识，对隐性知识的管理主要是挖掘图书馆员的潜在知识功能。图书馆应营造一个知识管理的文化氛围，建立有效的激励机制，倡导图书馆员的学习、进取、创新的精神。加强图书馆员的在职培训和继续教育，以保证专业知识的更新和扩充，防止其老化或停滞不前。对于那些通过情报分析、参考咨询等方式创造新知识的馆员和那些通过写作、出版、讲座和辅导等方式与他人共享自己隐性知识和经验的馆员给予激励和表扬。

（三）用知识管理理念指导图书馆服务

图书馆引进知识管理的目的是实现知识的价值和服务的价值，不论是对显性知识的管理还是对隐性知识的管理，落到图书馆的实处，都是为了以知识为内涵，以服务为中心，走知识服务之路。

三、开展创新服务

不管是传统图书馆还是数字图书馆，服务是我们不变的宗旨，也是图书馆永恒的主题，而搞好服务的根本是创新。新技术的应用是创新，管理的改革是创新，服务方式的改变是创新。而图书馆实施知识管理的最终目的，也在于以创新的服务满足读者的需求。故本文重点讨论的是如何开展图书馆的创新服务。

（一）开展虚拟参考咨询服务

为适应数字图书馆建设的需要，近几年来，国外已涌现出数字参考咨询服务、虚拟参考咨询服务和网上参考咨询服务，所有这些都是基于网络的参考咨询服务，只是使用的名称和形式上有所区别而已。这些服务一方面进一步完善技术机制，一方面正努力建立工作流程控制、质量保障和与面对面咨询的协调机制。一方面积极推动协作参考咨询，以充分利用网络环境和分布的参考咨询资源。例如，美国国会图书馆倡导并实施的全球数字参考服务——CDRS，以及美国著名的合作数字参考咨询服务项目虚拟参考咨询台——VRD 和 24/7 Reference Project 等便是这种服务的成功范例。它们以浩如烟海的因特网资源以及丰富的图书馆馆藏资源为依托，以一批参考咨询馆员和主题专家为后盾，通过服务系统，为在任何时间、任何地点提问的读者提供高质量的参考咨询服务。

目前国内的一些主要图书馆也已把虚拟参考咨询服务作为数字图书馆建设的一个重要组成部分。有的图书馆启动了虚拟参考咨询系统项目的建设。在图书馆主页上，开辟了网上参考咨询台，主要由实时解答、常见问题库和学习中心等组成。实时解答系统是在吸取国内外先进经验的基础上推出的，它能实时地帮助读者解决在使用数字图书馆中第一时间所发生的问题。咨询馆员不受地点的限制，只要打开某台联网的计算机，以咨询馆员的身份登陆后，就可在网上解答读者的疑问。而且当咨询馆员和读者的在线交流结束时，系统可以把整个交谈记录的副本 E—Mail 给读者；常见问题库中收集了读者在使用图书馆时经常会遇到的问题，它具有简单的关键词检索功能，以方便读者快速地找到相关的提问。同时由专人的参考咨询馆员负责，将每天实时解答的问题进行分析整理，在经过筛选后将有价值的问题，加入其常见问题库中；学习中心则汇集了电子数据库的使用指南，读者可通过自学后直接在网上使用这些数据库，此形式将采用远程教育的教学方式。

（二）开展基于内容的专业化垂直服务

这种服务是读者目标驱动的面向解决方案的服务。它需要图书馆馆员具有超前意识，即超前于读者的现实欲望，主动出击，深入目标读者群体，把读者需求调研与图书馆提供的信息服务的宣传结合起来；它非常重视读者需求分析，通过对信息的分析和重组来形成符合需要的知识产品，并对知识产品的质量进行评价；它要求与读者的联系更明确、更紧密，建立起针对具体读者或读者过程的服务责任制。如学校图书馆挑选出有学科专业背景及业务知识丰富的馆员，分配到各院、系、所作为图书馆信息服务的联系人。负责全面深入了解有关院、系、所的教学、科研任务及其对图书馆文献保障服务的综合需求；为各院、系、所在图书馆主页上提供学科文献信息导航服务，逐步向重点学科组开展门户网站的学科信息推送，以定期或不定期的形式组织并联系有关院、系、所师生参加图书馆举办的有关电子数据库检索和利用的培训讲座。

（三）以读者为根本，开展个性化信息服务

随着知识需求的变化，知识服务正在向"个性化"方向发展。所谓个性化，即针对每一位读者独特的信息需求提供的有针对性的服务。个性化信息服务按所依赖和采用的技术，目前可分为以下三种形式：一是个性化推送服务或个性化定制服务，利用信息推拉技术，向读者提供定制的 Web 页面、信息栏目，实施查询代理服务；或基于电子邮件的信息推送，根据读者的定制提供相应的信息栏目。如美国康奈尔大学 My Library 系统，包括 My Links、My Updates 和 My Contents 三项服务内容。目前有些图书馆也在这方面进行了尝试。如虚拟参考咨询服务中的"学习中心"，采用网上课堂的教学方式，既可让读者随意浏览各数据库的使用指南，也可作为门户的形式开放给读者，读者在经过注册后就可进入学习，进行个性化定制，选定自己需要学习的内容，通过此平台提问、自学，直至熟练掌握这些数据库的使用。如果该读者所选定的数据库的界面已经发生变化，读者则通过门户网站可及时得到通知。二是个性化推荐服务，不但根据读者的特性提供具有针对性的信

息，而且还能通过对读者专业特征、研究兴趣的智能分析而主动向读者推荐其可能需要的信息。三是个性化知识决策服务，即利用数据仓库、数据挖掘、知识提取、人工智能等技术对信息内容进行深加工，向读者提供能够用于决策支持、智能查询、科学研究、解决问题的策略。这是数字图书馆个性化信息服务的发展趋势。

开展个性化信息服务还必须注重对读者信息需求的获取和分析。读者的信息可以从读者的注册和调查记录、流通和借阅记录、参考咨询留档、馆际互借记录、电话和邮件服务情况、电子数据库的使用等统计和分析中得来。基于大量读者的各自不同的信息需求，应对集成化信息进行高效率的过滤，即进行"信息分流"，从而提高个性化信息服务的质量和效率。

总之，图书馆只有把知识管理的理念和策略真正运用到读者服务中去，以知识和信息作为桥梁和纽带，以创新服务为手段，发挥显形知识和隐性知识的能动作用，最大限度地满足读者的需求，才能最终达到图书馆的知识创新、知识传播与利用的目标。

第五章 图书馆管理创新

21世纪是人类主要依靠知识创新加速社会进步的时代。处于全新信息环境下，逐步走向自动化、网络化、高度社会化、信息化的图书馆，如何抓住机遇，迎接挑战，建立一个有利于知识创新的管理机制、环境和文化氛围，实现管理创新是至关重要的，这也是我国图书馆理论界与图书馆工作者面临的重大课题。

第一节 图书馆管理创新的涵义

在科技迅猛发展、市场瞬息万变的今天，思想观念的更新无疑是图书馆一切其他行为的前提和条件。创新意味着图书馆在新世纪摆脱困境，谋求生存和发展的关键。对图书馆来说，管理创新意味着图书馆面对复杂多变的环境和日新月异的知识经济竞争，对自身所控制的各种资源不断进行设计、发展、整合和利用，使服务手段更加优化。

一、管理创新的涵义

众所周知，"管理是对组织资源进行有效整合以达成组织既定目标与责任的动态创造性活动。"而"管理创新则是指一种新的更加有效的资源整合范式，这种范式既可以是新的有效整合资源以达到组织目标和责任的全过程式管理，也可以是新的具体资源整合目标制定等方面的细节管理。"综合上述两个方面来考察管理创新，可以得出这样一种思想：管理创新是在创造和掌握新的科学管理知识基础上，主动适应外部环境，提高组织各要素在质量上发生新的变化和新的组合的过程。具体而言，管理创新至少包括下述四种情况：

一是创设一种新的适合图书馆事业发展的新思路及与其相配套的组织机构。这种新的发展思路应该是对整个行业而言都具有普遍的指导意义，而组织机构是图书馆管理活动及其他活动有序化的支撑体系，因此，创设的这种新的组织机构要能够有效运转。

二是提出一种或一套新的管理方式方法。这是一个组织新的文化氛围和精神风貌的开始形成，新的方式方法对于图书馆，它能提高服务效率，或使人际关系更加协调，或能更好地激励员工等等，这些都将有助于图书馆各种资源的有效整合以达到既定的目标。

三是设计一种新的管理机制。创新的管理机制则是指在图书馆各类资源最佳的配置的基础上，使图书馆的各种活动能规范、优质、高效的完成。这样一种管理机制如果对所有图书馆的管理而言是新的，则自然是一种创新。

四是进行一项制度创新。管理制度是图书馆资源整合行为的规范，既是图书馆行为规范，也是工作人员行为规范。制度变革会给图书馆及其工作人员的行为带来变化，进而有助于资源的有效整合，使图书馆事业的发展更上一层楼。因此，制度创新也是管理创新之一。

综上所述，我们认为，图书馆管理创新是图书馆用新思想、新技术、新方法对管理系统或者组织、技术、文化等方面的组合进行重新设计、选择、实施与评价，以促进图书馆管理系统综合效能不断提高的过程。

二、图书馆管理创新实质

创新是知识经济的灵魂。二十世纪八十年代，日本经济发展迅速与欧美发达国家相对缓慢的经济发展形成鲜明的对比，西方学者通过比较研究得出的结论是日本政府的"技术立国"战略和日本企业较强的"技术创新能力"，它们是日本经济发展的关键所在。进而他们提出了以技术创新为主要内涵的"国家创新体系概念"。二十世纪九十年代以后，西方学者对国家创新体系的研究有了长足的进展。1992年，丹麦学者伦德华尔主编了《国家创新体系：一种创新和交互学习的理论》一书，1993年，美国学者纳尔逊主编了《国家创新体系比较分析》一书，世界经济合作与发展组织（OECD）继1996年发表的《以知识为基础的经济》报告后，又于1997年发表了《国家创新体系报告》。与此相适应的是国际管理者面对二十世纪三四十年代形成的企业组织愈来愈不适应新的、竞争日益激烈的环境，国际管理者提出要在企业的制度、流程、组织、文化等方面进行创新。在这基础上，诞生了企业再造理论。1993年，由迈克尔·海默（M.Hammer）博士与户姆斯·昌佩（J.Champy）在其合著的《再造企业管理革命的宣言书》中阐述了这一理论：现代企业普遍存在着大企业病，面对日新月异的变化与激烈的竞争，要提高企业的营运状况与效率，迫切需要"脱胎换骨式的革命"。与此同时，还有许多管理学家发表了类似的观点，如特蕾西·高斯等人发表了《重新创业的过山车——为更有力的明天在今天冒险》，其中特别强调：改造不是改变已有的，而是要创造现在所没有的。

一部图书馆发展史告诉我们：图书馆在适应社会的不断发展，始终伴随着自身管理的进步与创新，解放后我国图书馆事业发展迅速的原因，就在于我们否定了过去封建藏书楼式的管理思想、制度及其背后的理念与原则，但同时，我们也应看到，"解放后确立的一整套管理思想与原则，虽然曾经在计划经济条件下塑造了图书馆结构，管理形象与业绩，但在市场经济条件下，它已逐步丧失其活力，并且成了今天我们所说的图书馆管理创新的新的对象。"认识这一点是痛苦的，但却是必需的。因此，任何企图把创新理解为修补现今的不足之处，而不从体制、观念、思想、机制方面进行改造，都将把创新引入歧途。基于上述管理学家对创新的阐述，我们对图书馆管理创新的理解是：（1）恢复过去好的传统、作法，只能说是"继承""发扬"，而不是"创新"。（2）学习与借鉴国外先进经验，只能说是"引进"，但不能视为"创新"。（3）在"继承"与"引进"的基础上，应用现代技术创造有利于我国图书馆管理发展的环境、新思想、新制度、新方法，才是名符其实的"创新"。

三、图书馆管理创新的目的与特点

（1）图书馆管理创新的目的

图书馆作为社会中的一个组织，其本身的生存和发展离不开社会，是随着社会的发展而发展的，但这必须有一个前提，那就是图书馆本身的结构和功能必须得到社会公众（包括社会组织和个人）的认同，否则它就失去了存在的价值。因此，图书馆管理创新不仅应考虑现代信息技术在图书馆管理中的应用，而且更应考虑的：在当前图书馆界普遍有所忽视的由于技术的发展和时代的进步所导致的社会公众对图书馆功能需求的变化发展趋势。

现代社会发展的一个重要特征是信息组织网络化和信息服务社会化，信息技术和包括信息服务在内的信息经济活动已成为社会进步的一大关键，因而，图书馆管理创新的目的应该是在充分认识图书馆系统结构的内在联系和网络化环境下系统运行规律的基础上准确把握人对图书馆系统整体进行优化控制原理、原则和方法、以及实现其最佳控制实践的过程，达到图书馆系统管理的科学化，并最终使图书馆系统的运行机制和功能与社会发展保持一种紧密联系的，相互促进的良胜循环关系。唯有如此，图书馆才能在未来社会中有自己的一席之地，并获得更广阔的发展空间。

（2）图书馆管理创新的特征

管理创新意味着图书馆面对复杂多变的环境和日新月异的知识经济竞争，对自身所控制的各种资源不断进行设计发展、整合和利用，意味着对图书馆现有制度、体系、方法等等方面的否定，并在此基础上，进行新的探索，建立新的理论、制度和方法。这样，就使管理创新具有下述几个非常明显的特点。

一是多层面性。其形式有：1）空间层面。即从中央到地方，从国家图书馆到乡镇图书馆，不管什么性质，什么类型的图书馆，都应包括在内；2）资源层面。如文献、馆舍、设备、资金、人力资源和知识资本等，因而管理创新又可分为物质资本创新、财务管理创新、人力资源创新等；3）工作层面。由于管理是决策层、执行层和操作层等不同层面管理的有机体系，因而图书馆管理创新也是决策层创新、执行层创新和操作层创新的结合与统一，缺一不可。对图书馆管理创新的划分，还可以按管理的职能，管理的过程以及其它标准进行划分，从而形成不同的层面和不同角度的管理创新思维，有助于图书馆管理创新的理论研究和实践探索。

二是全方位。这是在多层面上产生出来的，它涉及到思想观念、发展战略、体制、机制、组织机构、运作流程、方式方法、文化气氛等。

三是全员参与。即图书馆管理创新不仅要求图书馆管理领导到每一位工作人员积极参与，而且还要求读者、用户也积极参加进来，群策群力，共同关心，才能取得成功。

四是持续性。管理特性对图书馆管理创新行为的影响不容忽视，首先管理的二重性决定了图书馆管理创新行为具有复杂性，即图书馆管理创新行为必然兼具技术创新、制度创新两大行为的特点，它们是有机的融合，更具复杂性。其次，管理的动态性，创造性决定了图书馆管理创新行为具有持续性。图书馆管理活动本身是一个需要不断维持和创新的动态过程，卓越的管理必须实现维持与创新的最优组合。一种新制度比较成熟有效以后，都会有一个相对稳定的时期。

五是风险性。"管理的间接性、滞后性决定了管理创新行为更具风险性，这里间接性、滞后性指管理效果具有间接性、滞后性。图书馆管理归根到底是对人的管理、实施管理就是对员工的意志、行为进行规范、协调、诱导，使其行为符合某一预期目的和目标。图书馆管理效果凝结于员工的体力和脑力劳动消耗之中，它表现出间接性、滞后性的，所以，一个图书馆当前服务效益的好坏在很大程度上是前几年管理所造成的结果。图书馆管理间接性、滞后性的存在，使其管理创新活动具有一定的风险。对其行为的创新，风险性自然更大。此外，由于图书馆管理创新不可能向科学技术创新一样，借助一定的实验条件重复进行，这就更增加了图书馆管理创新的风险性。

四、图书馆管理创新必须有序化与经常化

（1）营造创新环境

目前急待要做的事有：①成立中国图书馆创新顾问机构或咨询机构。这种非盈利性的学术机构目前可附设在国家图书馆中，其成员应由现有的著名专家、学者和在这方面有独特见解与创新思维能力强的中外人士组成。②创办"图书馆创新"杂志。目前我国各省、市、自治区几乎都有 1~2 种图书馆杂志，委托一到数家杂志负责组成《图书馆创新》的编辑出版并非难事。该杂志的主要任务就是营造创新环境，报导创新动态，评介创新事项等。

（2）实施激励政策

设立中国图书馆创新基金（由社会和各图书馆捐赠、赞助等主要来源构成），以支持理论研究和创新实践者，并对有成就的人员实施激励，或给予荣誉、称号。通过激励机制，调动人们的主观能动性，形成一种鼓舞人、激励人、催人奋进的良好文化气氛，保持创新活动的经常性。各省甚至各图书馆也可设立这种创新基金。

（3）争鸣与咨询机制

创新是"百花齐放，百家争鸣"的产物，因此，在创新过程中，必须贯彻"双百方针"，对一些重大的创新活动和措施，应召开论证会或向有关顾问、咨询机构咨询，把争鸣与咨询机制贯穿于整个创新过程上。

五、图书馆管理现状与创新不足的原因

中国有着几千年传统文化的积淀，等级观念是这种历史遗产的具体内容之一。一个人所处的岗位，成为个人价值和重要性的标志。地位和身份的偏爱和追求，使管理组织结构自然倾向"金字塔"形式，等级森严，层次分明。基于这种形式，就不可能形成图书馆上下一致的读者观和服务观，这种管理组织都遵循一种分割式的方法管理业务，造成相互制约、相互封闭，这明显与知识经济时代的要求格格不入。图书管理层的各部门，可谓分工明确，各司其职。正因如此，各层管理人员的能力对建议的审批，对决策过程的分析判定是在相对狭隘的范围内进行的，不可避免地带有主观性和随意性倾向。倘若管理层横向关系不协调，甚至井水不犯河水，那么信息传导的阻碍就会加大，这正是今天管理创新的大敌。相互间信息沟通的阻滞不仅不利于工作，还往往因掩盖探究事物本质特性的敷衍作风，而带来大量的工作积压和后遗症。在这种等级森严的组织中，即使训练有素的员工也不得不把自己的行为限制在狭小的空间。相反，一位管理者，尤其是决策者，如果不具备相关知识和能力，势必造成外行领导内行的局面。当今时代，即使是内行，如不积极进取，也将被淘汰。因此，作为管理者，只有不断更新知识和技能，才能把握工作和方向，才能避免摸着石头过河的盲目性。

图书馆是社会公益性机构，应承担其为社会服务的主要职能。但是，在计划经济的体制下，图书馆并不是完整意义上的社会服务机构，它是政府下属的一个文化职能部门。政府相应的对图书馆承担着无限责任。行政任命产生的管理者，必须首先对其任命机关负责。他所做的一切是使上级行政机关满意。这比让读者和社会认同更容易、更方便，也更符合管理者的自身的利益。在这种体制下，图书馆管理很难指向效率与公平的任何一级，随意性颇大，往往是上级或管理者个人意志的具体体现。可以说，未经改革的政府行政体制有多少弊病，图书馆内部就有多少大同小异的弊病。

在新世纪，管理创新将成为图书馆生存与发展的灵魂，只有结合本馆的实际情况，考虑用怎样的智慧、用什么原则对待管理，才能在新形式的挑战面前排除困难，实现目标。但是，图书馆并没有足够的思想准备，在不具备各种条件的情况下，有些馆盲目地去追逐那些并不符合图书馆自身规律的"时尚"，把图书馆的目的活动过程置于商品关系和市场行为的支配下，拜金主义和功利思想喧嚣一时，导致图书馆员价值观念的倾斜和心理失衡。片面的追求效益，采取种种短期行为，使队伍缺乏理想和敬业精神，严重的偏离了图书馆深化改革的方向，影响了图书馆服务功能和整体利益的发挥。更为遗憾的是，因为我们盲目地转移了注意力，因而偏离了方向，失去了宝贵的时间和机遇。

在图书馆这个特殊的范围、有限的组织里，除了机制方面的原因外，人情因素也无所不在。尤其在市场经济大潮的冲击下，许多人仍把图书馆看作"铁饭碗"纷纷通过权利涌入图书馆，造成图书馆职工队伍质量的日趋恶化。图书馆应是知识密集型的组织机构，需

要多学科，多专业和多种技术人才的通力合作，才能顺利用数字化、网络化等现代技术手段为社会服务，满足用户的全方位信息要求。然而，图书馆人才结构的不合理和其他现实问题，使图书馆人力资源的管理与开发面临着十分艰巨的任务。

图书馆在应付社会变革的一次次挑战的同时，轻视了对图书馆自身的"经营"，尤其是对自己人的"经营"。所谓人的经营是指提高人的素质、激发人的积极性、增强人的凝聚力等各类行为的总和。按现代的观点，就是人力资源的管理问题。与传统的人事管理制度相比，人力资源管理突出了人才是资本，并且是最重要资本这一全新的概念。然而，传统的人事制度是一种封闭的、缺乏透明度的、把人置于"保险筐"中的管理方式。从理论上讲，图书馆应该是知识密集型的机构，需要多学科、多专业和多种技术人才的通力合作、才能顺利应用数字化、网络化等现代技术手段为社会服务，满足用户的全方位信息需求。图书馆人才结构的不合理性和其他现实问题，使图书馆人力资源的管理与开发面临着十分艰巨的任务。

第二节 我国图书馆管理创新现状及思路

一、目前我国图书馆管理现状

改革开放20年来，从总体上看，我国图书馆管理水平有了较大幅度的提高，图书馆管理现代化的进程主要呈现出两方面特点：一是图书馆管理思想与服务理念由传统图书馆向现代图书馆转化，表现为从重藏轻用到以用为主，逐步树立以读者为中心的理念；办馆思想由相对封闭转向更加开放，管理方法从计量管理向目标管理转化；内部管理机制的改革日趋深入；以提高服务质量为中心的专业管理等全方位的管理创新和变革。二是受信息技术发展的影响，我国图书馆管理创新和管理现代化的进程同样呈现信息化的趋势，这一方面表现为计算机管理手段在图书馆的广泛应用，另一方面又表现为管理创新与信息技术的发展紧密结合。但如果从当前世界图书馆管理现代化的整体趋势看，我国的图书馆管理还存在较大的差距和不适应性。

（1）对图书馆管理创新的重要性认识不足

图书馆界对管理也是生产力，以及图书馆管理创新对图书馆全面走向现代化的重要性认识不足。较长时间以来，一直存在重业务、轻管理，重视制度创新、忽视管理创新的问题，这不仅导致我国图书馆管理水平与国外同行的差距越来越大，而且成为图书馆事业发展相对缓慢的重要原因之一。

（2）对图书馆管理环境的变化反应迟缓

随着信息技术与社会经济的飞速发展，图书馆的信息环境与社会功能已经发生了深刻的变化。伴随"信息垄断"地位的终结和信息主要提供者地位的削弱,信息行业竞争国际化的时代已经到来。由此带来的图书馆管理环境的复杂性和不确定性前所未有,无论是宏观管理还是微观管理都是如此。如果我们不能定位准确,思路灵活,在管理理念、方式及管理手段上不断创新,势必进一步丧失机遇。

(3) 高素质管理人才短缺,全员素质有待提高

知识经济时代给未来图书馆的管理创新提供了机遇,也带来挑战,而最大的挑战莫过于人才短缺。目前中国图书馆界不仅罕见获 MBA(工商管理)或 MPA(公共管理)学位的管理者,且不少人缺乏职业图书馆管理者的基本素质,将难以承担知识管理的重任。同时,全员整体素质偏低,知识结构不尽合理,高素质、综合型人才缺乏,造成创新能力严重不足。

二、未来图书馆管理的发展趋势

全面深入地分析未来图书馆管理的发展趋势无疑是十分困难的。由于知识经济初见端倪,因而伴随着知识经济的来临而产生的对新的图书馆管理模式的理解也在探索之中。我们只能根据管理学自身发展的轨迹和图书馆事业发展变化的预测,对图书馆管理的发展趋势进行判断。

(1) 现代信息技术的发展将给图书馆管理带来全方位、革命性的影响

以计算机为标志的现代信息技术在图书馆的全面应用给图书馆管理带来的变革将是全方位和革命性的。首先,这种变革将涉及到 21 世纪图书馆管理所关注的所有主题;其次,将促使图书馆的管理思想、管理功能、管理方法和管理组织结构产生根本性变化。在这一过程中,计算机的地位和现代信息网络的作用将日益凸现并最终成为图书馆管理不可分割的重要组成部分。

(2) 以重视"人"在图书馆中的作用为核心,创新图书馆管理理论与实践

进入 21 世纪,"人本管理"的思想得到进一步的丰富和发展,图书馆管理者在管理活动中将更加注重人的内心世界,其核心是激发每个员工的积极性;将建立员工参与决策的机制;将鼓励员工的自主管理;将积极发现具有管理才能的优秀人才;将努力建设图书馆文化,培育图书馆精神。在更为平等的组织形式下,实现高效率与高士气的良性循环和图书馆整体关系的和谐。

(3) 图书馆管理方法由硬管理为主向软管理为主,两种趋势并存

随着未来图书馆管理思想从物本主义向人本主义的演变,图书馆管理方法也将由理性的科学管理即"硬"管理为主向非理性的人文管理即"软"管理为主,两种趋势并存。因为人们正在意识到管理不仅是科学更是艺术这样一个本质规律。未来图书馆的管理者将更重视对组织理论、组织文化、领导原理和用户需求的研究;更多地采用定性分析的方法;更强调利用团队的知识、经验、技巧、能力、才干和抱负,发挥每个员工的主动性和创造性,在协同与合作中最大限度地满足社会需求。

(4)图书馆管理组织将呈现出网络化、扁平化、柔性化趋势

随着信息传递方式由阶层（等级）型变为水平（自由）型，与此紧密相关的图书馆管理组织结构也将从尖顶的"金字塔"型向扁平的矩形网络转变。一些中层组织将被削弱或走向消亡。那种分工过细、相互割裂的管理组织，已不适应发展的需要。把相互关联的管理组织加以整合成了大势所趋。临时性的、以任务为导向的团队组织将取代原有结构中固定的和正式的组织。由此柔性的灵活的虚拟组织，将成为未来图书馆组织管理的重要形式。

三、今后我国图书馆管理创新的思路

我们必须充分认识图书馆管理创新的重要性与紧迫性，把握图书馆管理的发展趋势，立足于我国图书馆的具体情况，通过不断地学习、研究与实践，努力推动图书馆的管理创新。

（一）转变管理理念

要适应知识创新和未来图书馆事业发展的需要，图书馆管理理念首先要转变。比如，管理者的责任，不仅体现在"决策、计划、组织、指挥、协调与控制"，而且还要"引导"。图书馆管理的范围，不仅限于本馆或图书馆系统，它所关心的和所应承担的责任还在于能影响到一个图书馆工作成效与结果的一切事物。任何图书馆组织形式都不是绝对的，也没有哪一种管理方法是唯一正确的，只有一点可以肯定，在未来图书馆管理中，变革成为正常的和经常的现象。面对迅速进行着结构性变化和飞速发展的时代，一个优秀的图书馆管理者，必须敢于变革，并善于变革。要实行变革，又必须反复不断地学习，反复不断地改进，在持续改进的过程中，迟早会导致真正的创新。

管理创新的主体是人，如何深化图书馆的改革。首先要取决人的认识问题。人的管理思想、管理观念对管理行为有先导性作用，有什么样的管理观念就会产生什么样的管理效果。管理理念创新，必须做到五个"转变"。

（1）实现从重"藏"轻"用"的藏书楼观念到"服务重于收藏，取得胜于拥有"观念的转变。传统的藏书楼观念一直禁锢着管理者的思想，捆绑着管理者的手脚，致使新的管理理念、管理模式难以占领战略要地。随着信息技术的介入，网络已延伸到地球村的各个角落。彻底打破禁锢管理者思想的"紧箍咒"，使"服务重于收藏，取得胜于拥有"成为图书馆管理者管理的新理念，由此将产生相应的管理方法、技术等。

（2）实现从"等、靠、要"的保守型向开拓型转变。图书馆的"等、靠、要"思想从管理主体到管理客体呈"流行性"蔓延。致使多年来图书馆的地位不高、影响不大、受重视程度不够，如此恶性循环，造成图书馆难以"旧貌换新颜"，图书馆也被誉为"养老院"，彻底打破管理者的"等、靠、要"思想，在市场经济的环境下，与时俱进，积极开拓，大胆创新，塑造图书馆"文献信息中心"、"社会信息化重要基地"及信息高速公路上的高技术"浏览车"的形象。

（3）从封闭型向开放型的转变。传统图书馆管理偏重于内在要素的管理，即经费、人员、藏书、业务工作都限于馆内范围。新形势下图书馆为适应市场经济需积极开辟服务社会的经营项目以获取社会效益和经济效益。这种新的实践，要求图书馆树立新型的外向管理创新理念，并处理好与市场机制的衔接。同时，打开图书馆大门，形成读者与知识、读者与馆员、读者与读者之间开放的交流。实现图书馆的社会价值。

（4）树立图书馆人力资源的观念意识，实现从"物本管理"向"人本管理"、"能本管理"的转变。人是图书馆管理的主体，包括图书馆员、读者。确立图书馆员的主人翁地位及"读者第一"的管理与服务理念，充分调动和最大限度发挥人的能力，实现能力价值的最大化，营造内外环境的协调统一。实现由轻才思想到重才、识才、用才、育才的转变，推动管理创新理念的形成。

（5）实现由中庸型向竞争型的转变。在管理意识中树立"优胜劣汰"的竞争意识，以成绩争支持，以业绩求生存、争发展，引入创新意识，强化拼创意识，采用正确的竞争战略和策略，实现管理者的"优者从优"。

（二）更新管理模式

图书馆管理的重点将由信息管理转向知识管理。如果说信息管理使数据转化为信息，并使信息为特定组织设定的目标服务，那么知识管理则使信息转化成为知识，并通过知识共享，运用集体的智慧来提高特定组织的应变能力和创新能力。信息管理更注重信息的获取方式，而知识管理包括显性知识管理和隐性知识管理，它是以知识为核心的管理，是对各种知识的连续管理的过程，是以满足现在和未来的需要，运用已有的和获取的知识资产，进行创新活动。它充分地体现了知识经济时代的管理特征，拥有传统管理无法比拟的优势与特点。但同时需要注意知识管理间的差异，以便建立适合本馆发展需要的知识管理模式。

（三）体现以人为本

人类的一切创造活动都是为了人，都从属于人的需要。因此，图书馆管理创新的核心是真正体现以人为本的管理思想，把人看作是图书馆一切活动的主体、前提和动力，确定人在管理中的主导地位。一方面，将员工视为图书馆最重要的资源和提高生产力的主要因素，紧紧围绕尊重人、关心人、培养人、激励人、开发人的潜能与调动每个员工的主动性、积极性和创造性展开管理活动。通过开展世界观、人生观、价值观的教育，树立良好的馆风与共同的信念，正确处理、看待和满足员工多方面的需要，重视创新与竞争，加强培训与激励，促使员工不断提高和充分发挥自己的能力，努力实现图书馆绩效目标与员工个人发展目标的有机结合。另一方面，以读者用户为中心，将读者和用户看作是图书馆主体的重要组成部分，通过图书馆管理委员会，核心读者俱乐部，召开座谈会、设立馆长信箱、发放调查表等多种方式，吸引读者用户参与图书馆管理与决策。这样不仅加强了图书馆与读者用户的交流与沟通，增进相互理解，有利于服务质量的提高，而且将大大激发广大读者用户参与图书馆管理的热情与潜能，充分发挥他们在图书馆管理中的积极作用。同时，体现以人为本的发展模式,还将进一步推动图书馆由相对封闭走向全面开放,最大限度地满足全社会日益增长的信息需求。

(四)完善激励机制

适应知识创新的要求,对图书馆员工的激励机制也应随着图书馆管理现代化的进程不断完善,由相对单一转向逐渐多元。首先,通过人事制度的改革,为优秀人才的脱颖而出和人尽其才创造条件。其次,实行内部分配制度的改革,贯彻按劳分配、绩效优先、兼顾公平的原则。同时,将更加重视满足知识型员工的需要,至少要对他们的利益重视到能吸引他们并使之努力工作。第三,大力提倡全员参与,建立员工自我控制、自我管理机制。要让每一个员工都明确所在图书馆的远景规划和近期目标,积极鼓励员工根据图书馆发展战略和目标以及自身的条件与优势自行确定具体方案,从事一线服务的图书馆员将更加自觉、主动地对用户需求迅速做出反应。第四,努力创造工作内容丰富化且具有挑战性和创造性的组织环境,让更多的员工从自身的工作与自我实现中获得满足与成就感。

(五)创新管理制度

图书馆的管理制度创新包括管理体制创新、管理方法创新和管理目标创新,以解决宏观层面的管理问题为主。在管理体制方面,我国图书馆一直是以行政隶属关系为基础,按照图书馆的领导系统组合的多元管理体制,形成了条块分割、各自为政及重复建设、重复劳动的资源浪费现状。在改革的大环境下,管理体制趋于多元化,如一馆两业,一馆多制,合作办馆,联合办馆,资源共建、共知、共享等。在市场经济环境下,市场化的集中管理是图书馆体制管理创新趋势,应以市场为导向,改变图书馆组织模式、干部政策、办馆思想观念、服务方式、管理制度等等显现出的封闭、僵化、低效状态,从根本上提高办馆效益。

在管理方法方面,图书馆管理移植并改良了许多管理方法,如"人本管理"、"能本管理"、"岗位管理"、"目标管理"、"导化管理"、"权变管理"、行为科学方法、思想政治教育方法等。在市场化集中管理的创新体制下,权变管理方法更市场化。该方法强调:在组织管理中,没有一成不变的、普遍适用的"最好"管理理论和方法,"如果"某种环境存在或发生变化,"就要"采用相应的管理思想、方法等。目前,我国图书馆正处于转型期,传统的经验管理充斥整个图书馆界,管理者中有激进的,有保守的,有中庸的,思想认识差异很大,引入权变管理,在市场环境下,根据馆情差异寻求最佳的权宜、变通的创新管理模式,达到办馆效益的最大化。

在管理目标方面,市场化集中管理体制要求缩小地区或国际差距,从实际出发,确立持续发展的战略目标。从创新管理的角度分析,持续发展首先要内涵发展,即以有利于职能的延伸、工作内容的充实、干部素质的完善、工作质量与效益提高的管理手段为主;其次要协调发展,以有利于内外环境交流及与内部环境形成回流、互动,促进自身转型与发展的管理方法为主;再次要稳定发展,以稳中求进,保持发展政策、规划及队伍稳定性的管理为主;第四,要重点发展,有所为、有所不为,确保管理重点并选择其突破口。

（六）内部管理制度创新

内部管理机制包括理顺内部关系、转换运行机制、调整结构、优化队伍、改善条件、提高待遇、调动积极性和增强内在活力等方面，以解决微观层面的管理问题为主。

组织领导管理创新化。在组织领导方面，健全科学决策机制，形成权责利相统一、办事高效、运转协调、行为规范的管理机制。我国图书馆大都按照事业单位的高度集中的模式管理，责、权、利集于馆长，这种机制不利于调动各层干部和员工的积极性。实行工作目标责任制，明确职责，将用人权、分配权逐级下放，形成责权利统一、分层负责的管理格局；同时还要简化层次，精简人员，提高办事效率，特别是职能部门切忌"政府化"、"上下对口"，应采用合署办公、一人多岗、一专多能。在管理方式上以目标诱导、榜样引导、情理疏导、制度督导等导化管理方式为主。

（1）用人制度管理创新化。在用人制度方面形成竞争机制、利益机制和自我发展机制。实行全员聘用制，双向选择，形成"能者上、平者让、庸者下"的平等竞争环境。在人员使用方面做到"人尽其才，各得其所"。逐步实现从职务管理到岗位管理。同时，建立评估考核目标管理系统，实行馆对各部门，部门对个人的分层检查考核制度。建立定编定岗，工作量定额管理机制，执行缺编补贴和超定额奖励。

（2）分配制度管理创新化。在分配制度上强化激励机制。破除平均主义，实现"最佳岗位，最佳贡献，最佳报酬"。实行以岗位职能和效益为核心的结构工资制。馆员的劳动报酬以优质工作、优质服务为考核基础，让每个人通过自己的能力和工作效率获取应有的收入。在分配上按实绩合理地拉开差距，让每个职工在压力和动力之间积极工作。

（3）业务管理创新化。在业务管理上引入科学管理机制。未来图书馆不会走向消亡，也不可能被"数字化"取代一切，而是实体图书馆与"虚拟图书馆"融于一体，电子文献与纸质文献并重，馆内服务与远程服务相辅相成的"复合型"图书馆。适时调整好馆藏结构和服务结构，引入自动化、网络化管理模式，尽力改变传统图书馆封闭式结构、自我保障方式、收藏与借阅功能、被动应答式服务及落后的管理方式，以自动化、网络化管理模式为主线，加大业务流程重组和作业流程的科学化、规范化管理，促进传统业务向现代化业务过渡，促进对外业务接轨，促进各项业务工作的相互交叉、渗透和共生，实现对外"Door to Door"服务及藏阅借一体化和一站式全程服务。

（4）人才管理创新化。在人才管理方面首先要保持队伍的稳定，形成图书馆群体的内聚力，达到人际之间、群体之间的交流、沟通和理解。使图书馆发展目标与个人需求相互融合，形成团结、合作、互信的关系；其次，建立培训机制，制定综合化、创新化、层次化的培训目标和补缺化、更新化、拓展化的培训教育内容，采用多类型化、多途径化、多系统化的培训教育形式，把传统的文献信息人才培养成掌握现代化信息知识的应用型、复合型人才。

（5）政治工作管理创新化。在思想政治教育方法方面建立实效机制，把党的方针、路线、政策贯穿于职工教育的始终，培养职工爱岗位勤敬业、爱集体做贡献、爱本职勇拼搏的精神，引导职工发挥自身的聪明才智，同时做到上下一致，增强市场意识、竞争意识、创新意识，培育民主、平等的政治环境、人尽其才的用人环境及"家庭"气氛，使全体职工真正成为图书馆的"主人翁"和图书馆可持续发展的主体。

（6）其它管理创新化。图书馆市场化的集中管理体制及权变管理方法，要求图书馆建立一馆两业的管理机制。主业管理事业化、公益化，副业管理企业化、有偿化。对馆办企业进行股份制改造，使企业职工与企业形成"一荣俱荣、一损俱损"的关系。同时建立科学监督约束机制，实行权责利相统一的管理体制，加大各级部门的自主权及相应的监督与约束权。图书馆工作的有效性取决于管理的有效性，办馆效益的提高重在管理创新。其中，管理理念的创新是先导；宏观层面上的大管理创新在图书馆的管理体制、管理方法、管理目标等方面提出了前瞻性、方向性的要求；微观层面上的小管理创新是大管理创新的内化，是理论实践化、实践理论化的不断完善和发展。

第三节 我国图书馆管理创新环境

一、图书馆管理创新环境的界定

分析图书馆管理创新的环境要素，首先要明确图书馆管理与环境要素的具体内涵。吴慰慈、董焱认为："图书馆管理是对图书馆的文献信息、人力、财金、物质资源，通过计划和决策、组织、领导、控制、协调等一系列过程，来有效地达成图书馆的目标的活动。"《中国大百科全书》对于环境的定义是"围绕着人群的空间及其中可以直接、间接影响人类生活和发展的各种自然因素和社会因素的总体"。由此，我们将图书馆管理创新环境理解为对图书馆管理进行创新产生影响的环境因素。借鉴营销学对于环境的分析方法，根据营销环境对营销活动发生影响的方式和程度，可将营销环境分为直接营销环境与间接营销环境，直接营销环境又称为微观环境，间接营销环境又称宏观环境。我们将从宏观和微观两个层次对图书馆面临的环境加以考察。

二、图书馆管理创新的宏观环境

宏观环境是指作用于微观，且对图书馆施加影响的社会因素，包括人口、经济、科学技术、政治与法律环境等。通常我们采用 PEST 分析法进行宏观环境分析。PEST 是指由以下 5 个语词的英文首字母组成：P 政治（Politics）、E 经济（Economy）、S 社会（Society）、T 技术（Technology）。我们主要从以下几方面分析图书馆的宏观环境：

（一）经济环境

经济环境、政治环境以及政府为达到目标而制定的经济政策紧紧联系在一起，同时，也会对图书馆的成本、定价和竞争力产生直接影响。当经费充足时，图书馆的发展便有保障，能够顺利地进行信息资源建设，提供各种信息服务。图书馆经费是指创办图书馆、发展图书馆事业和维持图书馆日常活动的资金。《20030CLC环境扫描：范式识别》报告的调查显示：图书馆经费来自3个基本渠道：

（1）中央或当地政府划拨的公共资金（约占87%），是图书馆经费的主要来源；

（2）用户付费（约占4.5%）；

（3）包括捐赠、赞助和利息收入的其他渠道（约占8.5%）。

可见图书馆主要的经费来源还是国家与政府投入。据有关统计，2007全球GDP增长为5.1%，2008年为3.1%，2009年为负1.4%，预测2010年为2.5%。世界经济正趋于稳定，但经济衰退尚未结束，这直接影响到对图书馆的投入。OCLC2008年7月发布《从自发到自觉：美国图书馆经费支持研究》报告，指出美国公共图书馆80%的资金来源于地方财政。2000年州与联邦政府资金投入占总数的14%，到了2005年则下降到10%，这一趋势仍会继续。美国图书馆协会（ALA）发布的2008《美国图书馆状况报告》揭示：图书馆用于每个学生的费用从1999~2000年的19.14美元降低到2003~2004年的13.67美元，将近下降了30%。由于2010年经费将减少15%，斯坦福大学图书馆已宣布缩减人员、服务、开放时间及资料，如2009年6月16日将58个全职职位削减为32人，缩减采购经费、Green Library缩短开放时间、减少推广活动等，其物理图书馆（Physics Library）更将于2010年夏天关闭。

在我国，截止2000年，在总共2675个公共图书馆，有756个县级图书馆全年无一分购书费，占28.4%。以云南省为例，云南省图书馆每年购书仅为1万多种，因图书陈旧，从2003年至2005年，退借书证的人数达到2000多人，部分州、市、县没有将公共图书馆的购书经费列入财政预算。从长远看，公共图书馆经费普遍不足，其经费来源已经成为严重的挑战。

对哈佛大学、麻省理工学院、斯坦福大学和上海交通大学图书馆4所图书馆年度采购总预算的调查显示：哈佛大学为2700万美元、麻省理工学院为1800万美元、斯坦福大学为900万美元和上海交通大学图书馆约250万美元，上海交通大学的采购经费占哈佛的9.3%，是麻省理工学院13.9%，斯坦福大学的28%。而上海交通大学图书馆的年度期刊采购费用大概只有麻省理工学院的1/5、哈佛大学图书馆的1/10，两项远不及这3所图书馆。2008年，"教育部高等学校图书馆事实数据库"对521所高校图书馆文献资源购置费调查数据，上海交通大学图书馆购置费为24667100元（约合美元361万），居全国第四，是我国高校图书馆经费投入较多的图书馆。由此比较得出：我国高等学校图书馆的经费与世界发达国家图书馆相比存在较大差距。所调查的高校图书馆年平均购置费约为327万，低于平均值的院校有350所，占所调查院校的67.2%，最少的一些高职院校图书馆年购置费还不到5000元。可见，经费短缺仍是制约我国大部分高等院校图书馆发展的主要问题。

（二）社会环境

（1）教育水平。2007年我国教育经费为12148.07亿元，比2006年增长23.77%。其中，国家财政性教育经费增长30.43%。城镇化进程加快，城乡居民生活水平不断提高，教育人口的数量和结构发生明显变化，就业压力较大，对多样化、高质量的教育需求日益增长。《国家教育事业发展"十一五"规划纲要》明确提出要加快高校数字图书馆等应用工程建设。"图书馆是学习、素养与经济发展的引擎"，对大学与研究图书馆而言，其用户受过较高程度的教育，而公共图书馆用户的学历层次较复杂。越来越多用户利用图书馆的教育与社会资源，进行终身学习。随着社会进步，教育水平不断上升，社会分工更加精细化，有必要细分不同教育层次的用户。

（2）人口因素。国际图联/联合国教科文组织（IFLA/NESCO）的《公共图书馆宣言》（1994）指出图书馆是通向知识的途径，公共图书馆应不分年龄、种族、宗教、国籍、语言或社会地位，向所有的人提供平等的服务。还必须向由于种种原因不能利用其正常的服务和资料的人，例如语言上处于少数的人、残疾人、住院病人或监狱囚犯提供特殊服务和资料。图书馆作为信息资源集散地，要以服务全体社会成员为要旨。国际图联20世纪70年代的建议标准是5万人一座公共图书馆，美国每1.3万人就拥有一所公共图书馆，而英国和加拿大每1万人左右拥有一家，德国每6600人一家，奥地利4000人，瑞士3000人。了解图书馆所在地的人口状况，如学历结构、年龄层次等信息，是开展针对性的服务的前提。

（3）阅读成为生活的重要组成部分。阅读是人类汲取知识的主要手段和认识世界的重要途径。阅读已在世界范围内引起重视，美国前总统布什提出"不让任何一个孩子落在后面"的教育改革方案，并且将"阅读优先（Reading priority）"作为政策的一部分。我国新闻出版总署出版管理司和中国出版科学研究所2009年4月公布了2008年全民阅读活动情况调查报告，据不完全统计，全国31个省、自治区、直辖市都有了属于本地区的读书活动，约有400个城市自发开展了读书节、读书月等活动。中国出版科学研究所第六次国民阅读调查初步分析结果显示，我国国民对阅读的重要性认知程度较高，69.2%的被访者认为当今社会阅读是"非常重要"或"比较重要的"。18~70周岁国民的图书阅读率为49.3%，但只有38.6%的国民对自己的阅读状况表示满意，61.2%的国民对自己的阅读情况表示不太满意或很不满意，有65.1%的国民认为自己的阅读数量比较少或很少。

当前阅读趋势正呈现出数字化、多元化、个性化三大特点，阅读成为生活的重要组成部分。2008年开展的第五次国民阅读调查显示，在文字媒体中，互联网阅读率已达36.5%，而图书阅读率仅为34.7%（比2005年降低了14%），网络阅读的兴起已不可逆转。这些特点与趋势是图书馆开展阅读服务与管理必须考虑的因素。

（三）法治环境

图书馆事业的发展很大程度上取决于国家稳定政治法律环境。当前我国出台了一系列有利于文化事业发展的各种政策，图书馆事业进入快速发展时期。2005年中办、国办转发了文化部、财政部《关于进一步加强全国文化信息资源共享工程建设的意见》（厅字〔2005〕5号），对加强全国文化信息资源共享工程建设提出了明确要求；2005年国务院和国办下发了《关于加强文化遗产保护的通知》和《关于加强我国非物质文化遗产保护工作的意见》，要求各级政府切实做好文化遗产保护工作。2006年《中华人民共和国国民经济和社会发展第十一个五年规划纲要》明确规定：要深度开发信息资源。加快国家基础信息库建设，促进基础信息共享。

2007年8月《中共中央办公厅、国务院办公厅关于加强公共文化服务体系建设的若干意见》（中办发〔2007〕21号）明确了公共文化服务体系建设的指导思想和目标任务，2007年国办下发了《关于进一步加强古籍保护工作的意见》〔2007〕6号，部署实施中华古籍保护计划和"十一五"国家古籍整理重点图书出版规划，全面、科学、规范地开展保护工作。

2008年由住房和城乡建设部、国土资源部、文化部批准发布的《公共图书馆建设用地指标》，这是我国建国以来文化设施建设的第一个国家标准，意味着国家对公共图书馆无偿划拨土地、无偿使用土地有了政策依据，也使我国公共图书馆建设走向统一规划、合理布局、因地制宜、配套建设的道路。

2009年文化部把《公共图书馆法》的立法工作作为该年的重点工作，国家图书馆和中国图书馆学会按照文化部的要求，具体负责立法支撑研究工作，现已召开多次工作会议。相信该法的颁布将会强有力地推动我国公共图书馆事业的发展。

以上重要文件的出台，为进一步推动图书馆事业的发展提供了政策保障。我国不仅在政策法规上对图书馆加以扶持，而且加大了财政投入的力度，如国家发改委从2002~2005年投资4.8亿元，用于扶持县级文化馆、图书馆设施建设，共补助县级图书馆、文化馆建设项目1086个，这些项目的实施，在推动公共文化服务体系建设方面发挥了重要作用。

2009年李长春同志《在国家图书馆建馆100周年庆祝大会上的讲话》中指出："大力推进学习型社会建设，提供更多更好的公共文化服务，满足人民群众日益增长的文化需求，进一步推动形成全民阅读的良好风气，是时代赋予我国图书馆事业的神圣使命和光荣职责"，指出坚持改革创新，不断增强图书馆事业发展的活力的"四个要"，即要创新体制机制、创新服务方式和传播手段、加快推进全国文化信息资源共享工程建设、体现人文关怀。他希望各级党委政府坚持以人为本，从中国特色社会主义事业"四位一体"总体布局的高度，重视支持图书馆事业的发展，将其纳入经济社会发展规划，推动图书馆事业积极健康发展。李长春同志的讲话对于我国图书馆事业的可持续发展具有指导意义。

（四）技术环境

对图书馆影响较大的技术有计算机网络技术、数字化技术以及数字图书馆技术。

（1）网络与计算机技术。计算机与网络技术的发展带来了图书馆办公和服务的自动化乃至计算机化，实现了图书馆服务方式的深刻变革。互联网的产生与发展使图书馆突破了建筑实体服务能力与时间的限制。第二代互联网技术Web2.0包括RSS、Blog、Wiki、IM等技术在图书馆的应用，以及知识组织领域中元数据、互操作、本体、可视化等在信息资源组织中的应用，促进了资源间的整合与共享以及易用，极大地提升了图书馆服务效益。

（2）数字图书馆技术。目前我国图书馆界提出要建立第三代数字图书馆，是要建立一个以用户为中心的数字图书馆系统，张晓林认为其技术是以支持用户灵活和协作的处理信息、提炼知识和传播交流为核心，围绕用户信息活动和用户信息系统来组织、集成、嵌入数字信息资源和信息服务。其主要包括分布式资源与运行管理技术、海量信息存储与组织技术、信息标引与检索技术等。当前数字图书馆存在各自为政、体系结构混乱、软件差异与服务共享性差的问题。数字图书馆的外部世界呈现出高度网络化、日渐学术化的特征。我们必须关注数字图书馆的功能性和互操作环境，重视信息和知识的"语境"，结合网格技术、语义技术对知识、知识元之间的关系及其语境进行描述，关注知识创建、获取、传播、组织和利用的整个生命周期，最大限度地实现知识和信息的重复使用，以便在人人参与的信息共享环境——泛在知识环境中把握数字图书馆未来发展方向。

（3）数字化技术。在多元化的信息载体（磁带、光盘、数字载体等）中，数字资源以其获取的便利性受到用户的青睐。数字化相关技术成为实现馆藏文献数字化的关键，主要包括缩微及成像技术以及OCR技术。缩微及其他成像技术能够在较短时间内将大量的纸质文献复制副本，光学字符识别技术OCR（Optical Character Recognition）就是将文本资料进行扫描，然后对图像文件进行分析处理，获取文字及版面信息的过程。中美百万图书计划和Google Prim的图书馆计划都采用了这些技术。

三、管理创新的微观环境

微观环境是直接影响企业为目标市场顾客服务能力和效率的各种因素，如企业自身、供应商、营销渠道、顾客、竞争对手与公众图书馆的微观环境一般指与图书馆有双向运作关系的个体、集团和组织，而且在一定程度上是可以控制并可以对其施加影响的。

（一）竞争对手分析

从营销的观点看，形成组织竞争对手的主要有替代者，上游行业以及下游行业。对图书馆而言，主要竞争对手有替代者和上游行业，具体包括：1）替代品行业。主要是指博物馆、档案馆等公益性机构、母体机构内的计算机中心与网络中心，以及免费的因特网资源。替代品行业是图书馆的传统竞争对手，其竞争主要围绕社会资本而展开。2）替代品行业。主要包括在线书店、信息服务商、网络搜索引擎等营利性行业。它们是伴随信息技术和信息经济成长起来的，通过对信息资源的开发、控制、管理、利用，转化为企业资本，并作为商品进行市场营利。替代品行业对图书馆的冲击，一方面表现在用户分流上，另一方面表现在与图书馆核心价值观的冲突上。3）上游行业。主要包括数字出版发行商、数据库服务商、系统服务商。它们是图书馆信息资源和技术支持的主要供给者，也是图书馆资金输出的主要对象。上游行业利用信息技术将包括文献收藏、检索、传递在内的全面信息服务直接提供为最终用户，使信息服务呈现"非中介化"，图书馆依靠资源、地理、行政地位、技术与系统复杂性等建立的竞争优势随之弱化。以下主要分析搜索引擎与书店等竞争对手。

（1）书店及其他信息提供者对于用户的分流。书店包括网上的在线书店、读书网站以及现实生活中的各种书店。网络阅读主要通过读书网站，包括各大网站的读书频道、原创网站以及电子读物站点等。这些在线的信息提供者不仅分流图书馆在线用户中，在网络化不断普及的今天，也分流了现实世界图书馆的到馆读者。实体书店一直都是我国公民获得文献的主要方式，并且，今天的书店往往会为顾客营造出一种舒适的环境，一些大型书店设有咖啡厅、书吧之类的休闲场所，仅收取较少的费用，就能够获得相当安静、舒适的环境和服务。与书店相比，图书馆的免费服务是吸引读者的优势之一，但由于文献的复本量有限，因此，人们还是会去书店通过购买的方式获取自己想要的文献。此外，我国社会中还存在"读书社"这一新的文献提供者。它们主要以在城市连锁设点为读者办证为特点，以低廉的会费租借书刊为经营方式。当前大多读书社采用的连锁发展模式使其迅速的占领市场。对图书馆而言，民间读书社既有挑战，也有共赢。只有在全面分析图书馆管理创新的环境要素的基础上，才能准确定位图书馆管理的目标，制定相应的发展规划与切实可行的措施，从而实现图书馆社会效益的最大化。

（2）搜索引擎带来的挑战。Google 将自己的使命定义为"组织全世界的信息，使人人都可以获取并从中受益"，从而形成了实际上对图书馆的威胁；同样，百度也将其使命定位在"让人们最便捷地获取信息，找到所求"。"搜索"已成为网民获取信息的重要渠道，我国《第 24 次中国互联网络发展状况统计报告》显示中国网民的搜索引擎使用率为 69.4%，为中国第四大网络应用。2009 年中较 2008 年底搜索引擎用户增长率达到 15.6%。《中国商业搜索行业发展报告：2009 年》数据显示，用户向搜索引擎提交的请求生活化，搜索内容娱乐化，2007 年我国用户搜索的最多的内容排名前五位的是工作 / 学习资料，mp3 音乐、软件、游戏、杀毒等电脑应用，电影 / 视频以及图片，使用均超过 50%。此外，搜索引擎目前采取的用户细分对策使其能够更加吸引不同的用户，例如 Google 推出的生活搜索、百度的老年搜索、雅虎口碑网等等，一定程度上夺取图书馆的在线用户资源。图书馆显然应该从更长远的角度审视其作为信息收集者和组织者，以及关注用户的功能，需要积极应对或超越 Google 的发展视野，不应该仅仅关注到馆人数或者流通量，而应重点关注读者满意度，关注图书馆能为读者做什么而不是图书馆有什么。

（3）用户信息检索行为变化与数字信息环境带来的挑战。用户是图书馆微观营销环境中的重要影响因素。从竞争的角度看，用户是竞争对手之间争夺的重要资源。用户的需求以及获取信息的方式与习惯正在发生深刻变化。2005年OCLC的"大学生对图书馆与信息资源的理解"的报告显示：89%的大学生检索信息时，首选搜索引擎，只有2%学生使用图书馆网站作为信息源来开始信息搜寻的过程。自从OCLC2005年发表该报告以来，加拿大、英国与美国使用搜索引擎的人数持续增长，从71%增至90%，但是图书馆网站的使用从2005年到2007年则呈现下降趋势。现代社会的发展和变化速度加快，新生事物及新技术不断涌现，读者的信息需求心理也极大地受这种趋势带动，在心理转换上趋向与社会同步，在读者信息需求行为上表现为信息与技术生命周期不断缩短。同时，信息技术生命周期的缩短反过来又会促使读者对信息资源的需求心理转换速度进一步加快，读者对信息需求的求新求变的欲望也进一步加强。另外，读者对信息需求的不稳定性还表现在，网络环境中，读者爱好极为广泛，对政治、经济、科技、教育以及新闻娱乐等各类信息都表现出较为浓厚的兴趣与好奇心。图书馆要想吸引这些读者，在信息服务业保持持续的竞争力，就必须不断地在信息服务理念、服务项目及技术方面推陈出新，能经常为读者提供新的亮点。倘若图书馆不再吸引用户，势必无法实现其社会价值，图书馆的生存将受到极大的威胁。

（4）图书馆核心价值的认同

核心价值是一个行业的品牌特征，是图书馆职业的根本价值取向或所追求的根本目标。关于图书馆核心价值的研究已引起国内外的广泛关注。图书馆的核心价值在国外的认同性较高，社会的认同为图书馆带来良好的发展契机。2004年ALA的《图书馆核心价值特别工作组总结报告》将图书馆核心价值概括为：读者可公平获取信息、保障读者的隐私、民主、多元性、教育及终身学习、维护知识自由、保存各种资源、公共物品、图书馆员的专业性、服务民众、负有社会责任。范并思对国外图书馆核心价值关键词句文本进行分析，提出10组核心理念，即服务、信息、职业、获取、自由、学习、社区、多样性和资源等。"图书馆一直以来都是凝聚社区力量的地方，形成共同基础的源泉"美国国会已认识到资助图书馆的必要性，尤其是在美国人比以前更为需要图书馆的这个时候。奥巴马总统签署了2009财年综合拨款法案，增加了图书馆的经费。包括增加州立图书馆机构项目补贴，以及拨给国会图书馆的6.07亿美元。近两年特别是在中国图书馆学会的推动下，图书馆核心价值的讨论已成为热点话题，发表论文百余篇。2008年中国图书馆学会发布《图书馆服务宣言》，提出了七个目标，第一次用与国际现代图书馆学理念及图书馆核心价值观接轨的语言，系统表达了中国图书馆人对于图书馆精神、现代图书馆理念所达成的共识和对社会的职业承诺。作为中国图书馆界第一个行业宣言，标志着中国图书馆行业核心价值体系的重建，对于图书馆组织形象定位与塑造有着重要的时代意义。

第四节　管理创新与我国图书馆的可持续发展

一、我国图书馆管理创新刻不容缓

（一）国家创新体系的建设要求图书馆也要创新

国家创新体系由知识创新系统、技术创新系统、知识传播系统和知识应用系统组成，其主要功能就是知识创新、技术创新、知识传播和知识应用。因而，构成国家创新体系的组织机构也就是一切与其主要功能相关的科研机构、高等院校、企业、图书馆、信息中介与咨询机构等。可以说，无论是从机构还是从功能的相互作用上看，图书馆都是国家创新体系整体中不可或缺的有机组成部分。进一步说，无论是从机构的内在联系还是从功能的相互作用上看，图书馆也都是国家创新体系链条中必要的一环。

知识创新是技术创新的基础和源泉，知识创新系统的核心机构是科研机构和高等院校。知识创新的前提是人类的知识积累，知识积累的前提则是文献保障。所以说，科研机构图书馆和高等院校图书馆，在职能上是知识创新的一个基础性机构。1998年6月启动的中科院《知识创新工程（试点）》明确将"建设科技文献中心"作为知识创新的重点基础设施之一。

技术创新系统的核心机构是企业，同时还包括科研机构、高等院校、图书馆、培训机构、中介机构、信息咨询机构等。企业图书馆和其他图书馆在企业创新中除具有知识积累和文献保障职能外，还具有市场信息咨询、参考职能。上海图书馆、复旦大学图书馆等30多家图书馆与上海宝钢、石化等10家大企业联合推出的"知识干线"计划，旨在为企业技术创新提供信息咨询服务。

知识传播系统的核心机构是高等院校及其他职业培训机构，也包括部分科研机构和企业，主要功能就是传播知识和培养人才。图书馆作为"没有围墙的大学"，其传播知识的职能是社会公认的。在培养人才上，公共图书馆固然没有高等院校的优势，但在人才的完善和终身学习上，公共图书馆的作用也是高等院校无法比拟的。高等院校在知识传播和人才培养过程中，没有完善的图书馆这一基础设施，其教学、研究活动也是难以开展的。

知识应用系统的核心机构是企业和全社会，主要功能是知识、技术的实际应用。知识创新、技术创新、知识传播，最终都要归宿知识的实际应用，使知识与技术转变成现实生产力。知识经济时代要求企业必须十分重视知识资源，即重视对这一资源的拥有和实际应用，同时也要求全民具有适应社会经济发展的必备知识。图书馆作为社会组织机构中的一员，既是知识应用的一个主体，也是知识储备、传播的最主要场所。应用新知识、新技术，能够更有效地发挥图书馆的职能，而图书馆的知识储备、传播职能又进一步发挥了知识的作用。图书馆成为知识应用系统中的知识储存库和知识中转站。

综上所述，我们可以做出这样的定位：国家创新体系可分为知识创新系统、技术创新系统、知识传播系统和知识应用系统。这四大系统当然各有其涉及的机构与单位。但是，作为可以涉及这四大系统的机构与单位，只有图书馆具有其天然优势。也就是说，图书馆不仅可以成为每个系统中的一个子系统，而且更为特殊的是，它还可以在这四大系统中发挥其联接作用。因此，图书馆所处的这种特殊地位与作用，就决定了图书馆的创新活动必然与国家创新体系相适应。换句话说，要参与并适应国家创新体系的建立与发展，图书自身也必须创新，首先是管理创新。

知识经济时代的来临迫使图书馆非创新不可，人类社会正从工业经济时代进入知识经济时代。"国际管理在基于空间关系的复杂组织模式上脱颖为基于时间关系的网络结构的转变趋势，已经比较清晰，而且已经成为主旋律。"与此相适应的是，21世纪图书馆形象的变化："它是一个有形的印刷媒体与非印刷媒体，加上全新的网络信息的综合，一个传统式的图书馆走出了它个体的局限，向四面延伸，使得读者不分距离远近，可平等共享有用信息，是传统图书馆与非传统图书馆的结合。"从宏观的角度来观察，图书馆信息资源不仅随着空间的变化而变化，而且又随着时间的变化而变化。图书馆既是社会时空的一部分，又是信息时空的一部分，在已经到来的知识经济社会中占据着特殊的地位，负有重要的责任，起着不可替代的作用。在信息爆炸的情况下，由于信息生产和传递的无序扩张，造成信息混乱和信息污染，信息时空出现了混杂、淤积、拥挤、无序和信息过剩等严重问题，使得人们在获取所需的信息时，无谓的浪费了大量的人力物力。欧美国家的高级管理人员承认，由于每天要处理的信息超过他们的分析和处理能力，他们的决策效率受到影响，而收集信息的成本超过了信息本身的价值，为此，图书馆应利用自己的优势和特殊地位参与信息时空的信息过滤、重组、优化、增值等工作。一所图书馆面对浩瀚的信息时空可能无能为力，但整个图书馆界拥有强大的力量。当然这就要求图书馆界自己首先要有序化，按照一定的目标和功能设计进行分工合作。在这个基础上，图书馆界甚至有可能通过对信息时空的整理和加工，建立起高效能的与信息时空同步的知识时空，并站在崭新的高度构造人类知识的全息图景，使得人们能够从宏观上把握复杂的知识板块、知识经纬和知识的新陈代谢，从而解决信息无限增长与人们接受、处理信息能力有限的尖锐矛盾。尽管两个时代的管理内容并非完全排斥，后者是以前者为基础的兼容性革新，但是，对于大多数仍处于工业化时期的我国图书馆形态来说，落后的管理基础与网络管理发展趋势存在着很大的差距。这就要求我们既要清楚地认识这一严峻的挑战，又要激励我们抓紧改革、创新。

（二）图书馆事业可持续发展也要求图书馆管理必须创新

图书馆是保存人类文化遗产，提供文献信息服务的重要机构。图书馆的可持续发展是促进和保障中国社会经济、政治、文化可持续发展的关键。可持续发展理论是20世纪末期，人类面对日趋严重的生存危机反思自身观念和行为而提出的一种新型社会发展观，其核心内容是强调正确处理人与自然的关系问题。鉴于西方发达国家在实现现代化过程中的经验和教训，中国政府早在1996年3月颁布的《国民经济和社会发展"九五"计划和2010年远景目标纲要》中，就正式提出了"实施可持续发展战略，推进社会事业全面发展"的施政方略。

可持续发展理论强调的可持续发展的可持续性，要发展就离不开科学技术，更离不开为经济发展提供信息的图书馆。同时，图书馆自身也需要可持续发展理论的指导。正是由于以计算机技术、通讯技术和网络技术为核心的信息技术的发展导致了图书馆形态、经营理念、工作内容、服务手段都发生了前所未有的变化，在数字化、信息化、网络化程度日益提高的今天，图书馆的要素、法则、基本矛盾、属性、社会职能以及图书馆学的研究对象、学科性质都有重新审视的必要。在这场变革中，处于知识和文献信息服务前沿的图书馆，不可避免地要受到信息技术的冲击，接受知识经济的洗礼。我们要深入研究可持续发展理论，探索有中国特色的可持续发展道路，为经济建设、社会发展、人们生活质量的提高提供信息保障。

（三）文献载体的多样化及其转型也要求图书馆管理与之相适应

21世纪是文献载体多样化并从纸基出版物向电子出版物转型的关键时期。已经出现的新型文献载体与现代传媒技术的结合，将对图书馆产生非常巨大的、空前的影响，它将迫使图书馆要实现下述"七化"：①文献载体收藏多样化；②文献信息数字化；③文献阅读形象化；④文献交流网络化；⑤文献管理计算机化；⑥文献资源贮存高密度化；⑦文献服务高效化。如何适应这种趋势将是我国图书馆管理实践者的一个新课题。在已经大大变化了的形势面前，是因循守旧、等待、观望，还是思索、创新，将决定着我国图书馆发展的历程。

二、图书馆可持续发展环境

图书馆可持续发展是指通过对图书馆各要素（包括文献、设备、经费、技术、人力资源）的合理开发与利用，实现图书馆与社会、经济、自然和个人长久、协调发展的一种理念或策略。图书馆可持续发展不能简单地归纳为一种"图书馆所得全部收益超过或至少等于其运行和维护成本的状态"，它应该是图书馆经济效益与社会效益的均衡发展。因此，要谋求图书馆的可持续发展。

1. 可持续发展的外部环境

信息市场的激烈竞争在信息化、网络化、全球化浪潮中，各种信息媒体、信息服务机构不断涌现，构成了激烈竞争的信息市场。在市场机制的作用下，社会将根据各类信息机构对社会信息化所起的作用及其所创造的价值给予不同的资源分配，用户将根据自己所需的信息产品和信息服务选择不同的信息机构。尽管图书馆仍然拥有一些竞争优势，如全面系统地收藏着人类所创造和积累的各种信息与知识，但是在现代化的信息环境中，图书馆己不再是人们获取信息资源的唯一机构,现代信息网络把一个分布式的信息交流环境、广泛的信息资源及多样的技术手段呈现在人们面前,传统的以固定信息机构为主导的信息服务体系正在逐步被以用户为中心的动态信息服务体系所取代。图书馆信息服务已经失去了原有的垄断地位,一些新型的信息服务机构由于能够提供灵活的、增值的个性化服务和针对性与时效性都很强的实用信息,而使自己在信息市场上快速发展,市场占有率不断上升,直接威胁到图书馆的生存与发展。

信息技术的快速发展对图书馆的影响直接而深远,计算机技术、通信技术、网络技术、数字技术正在从根本上改变着图书馆的观念、思维、方法,它不仅意味着文献信息工作模式的变革及服务方法的拓展,而且给图书馆系统的组织和管理活动提出了挑战,施加了新的压力。信息技术既打破了图书馆由于物理位置所造成的限制,通过网络把图书馆融入开放的全球信息资源体系中;又为用户/图书馆提供了包括印刷型、视听型、机读型、光盘型和网络型等各种文献类型在内的信息资源;既为用户/图书馆提供了获取和利用存放于世界各地资源的渠道,增强了图书馆的信息保障能力;又为用户/图书馆开辟了通达学校课堂、科研机构、政府办公室乃至用户家庭的通道,拓展了服务范围和服务能力。

知识经济的发展。毫无疑问,我们已经步入知识经济时代,知识已不是经济增长的"外生变量",而是经济增长内在的核心要素和基本要素,对经济增长的贡献率越来越大。与知识相关的产业结构及消费结构所占比重越来越高,技术密集、智力密集产业及服务业就业比重显著上升。知识经济一方面促进了知识的创新,使得知识信息量急剧增长,社会对知识信息的需求量明显增加,为我国图书馆事业的可持续发展提供了原动力;另一方面,也为图书馆事业的可持续发展奠定了雄厚的物质基础,提供了先进的技术手段,使图书馆成为知识经济时代的知识信息中心与学习中心。

世贸组织(WTO)的影响。中国正式加入WTO后,中国的文化事业将和其他领域一样,逐步地进入经济全球化的循环体系,图书馆服务自然而然地被纳入服务贸易总协定(GATS)所规定的自由贸易范畴。我国图书馆事业一方面面临着新的发展机遇——我国信息服务走向国际舞台,参与国际资源的优化配置,开展国际间的交流与合作,引进西方发达国家的管理理念和方法、资金和技术,实现我国图书馆信息服务的市场化、国际化和产业化,享受成员国的无条件的多边最惠国待遇,为我国图书馆信息产品、信息服务的出口和参与国际竞争创造非常有利的外部环境;另一方面也面临着一些挑战:①竞争更加激烈。中国将在几年内逐步开放文化产业市场,外国商业图书馆、信息咨询公司等同业机构凭借雄厚的资金、高素质的人员、高质量的信息产品和信息服务以及先进的营销手段,争夺国内市场、用户和业务,并有可能逐步形成对信息市场和产业的垄断,从而给我国图书馆事业发展造成不利因素。②知识产权保护问题日益突出。加入WTO后,我国必须遵循《与贸易有关的知识产权协议》,图书馆知识产权保护面临许多新课题,如作品和录音制品的数字化、网络传播、技术保密、数据库保护、商标保护等。

2. 图书馆可持续发展的内部环境

随着全球范围信息量的激增、用户对知识信息的广泛需求和信息技术的发展，图书馆本身发生了一系列变化，集中体现为如下两方面。

（1）图书馆的范式演变。图书馆正处在这样一种范式演变的过程中：从书籍保管者到服务为导向的信息提供者；从单一媒体到多媒体；从自身的馆藏到无边界的图书馆；从我们去图书馆到图书馆来到我们中间；从按时提供服务到及时提供服务；从自建到外包；从本地服务到国际服务。这种范式演变导致图书馆工作重心从书本位向人本位转移，业务重心从第二线（事务性工作）向读者服务第一线转移，服务重心从一般服务向参考服务转移。最明显的标志是：①数字图书馆建设已经从理论走向实践，推出了一系列研究与建设项目。②图书馆建设面积与规模越来越大。③图书馆原有的一些社会功能（如保存信息资源、传递适用信息、开展社会教育等）得到延伸，一些新功能（如数字参考咨询、学科导航与门户建设、知识组织与知识管理）得到拓展。因此，现在的图书馆不再是传统意义上的图书馆，而是网络环境下的信息服务中心与信息素质教育中心，是一种复合型图书馆。

（2）图书馆改革浪潮。人们对图书馆管理体制改革的呼声由来已久，尽管我国图书馆管理体制改革的彻底完成需假以时日，但已经开始试点（如国家图书馆），个别图书馆（如上海生命科学图书馆）已经正式运作。对于图书馆管理机制改革，不管是公共图书馆、高校图书馆，还是专业图书馆，都推出了各具特色的改革方案，其要点集中在人事制度、聘用制度、分配制度、组织机构、服务创新、管理方法等方面。这些初见成效的改革使国内图书馆发展走出了低谷，迎来了新一轮的快速发展时期。

三、加强图书馆可持续发展的战略管理

战略管理是指对一个组织未来方向制定决策和实施这些决策。图书馆战略管理是图书馆管理者在对图书馆外部环境和内部资源条件进行分析和预测的基础上，制定战略意图和战略使命并付诸实施，从而保障图书馆生存和长期稳定发展的过程。在图书馆管理中导入战略管理具有以下重要意义：①战略管理能够促进图书馆管理者密切关注外部环境变化，及时抓住图书馆发展的机遇，同时规避可能对图书馆构成的威胁。②战略管理有利于图书馆优化配置内部资源，均衡图书馆的眼前利益与长远利益。③战略管理对图书馆内部各部门的高效运作起导向作用与协调作用，使图书馆有限的资源（包括人力、信息、设备与财务等）发挥最大的效用。④战略管理可以直接影响图书馆的命运与前途，对图书馆的员工产生激励作用。图书馆可持续发展是图书馆事业发展的长期目标，为实现这个目标，我们必须加强图书馆可持续发展的战略管理，主要包括战略规划、战略实施两部分内容。

（1）图书馆可持续发展的战略规划

所谓战略规划，即系统地做出对于当前来说富有挑战性的决策，并明确地预知未来的一种连续性过程。此外，它还包括系统地组织所需力量来实现规划，并通过反馈来评价其

效果。今后图书馆朝什么方向发展？如何发展？是图书馆可持续发展战略规划必须解决的基本问题。为此，我们需要：确立发展目标。在审视图书馆内部组织结构、人员素质、服务能力、研究与开发能力、设备与财务状况、过去的目标和战略的基础上，通过分析图书馆外部现有环境（特别是信息技术给图书馆引发的变革），设计出图书馆的长期目标与短期目标。鉴别与选择战略方案。图书馆可根据自身实际情况与发展目标要求，选择稳定发展战略或跨越式发展战略。奉行稳定发展战略的图书馆具有如下特性：①满足于现有的效益与效率，并决定继续追求与现在基本相同或相似的目标。②每年所期望取得的成就，按大体相同的比率增长。③继续用基本相同或相似的服务和产品来满足用户的需求。奉行跨越式发展战略的图书馆可描述为：①它们不一定是国内领先的图书馆，但具有快速发展的条件与可能。②它们不是去适应外部世界的变化，而是通过创新来使外部世界适应它们自身。③经常开发新服务与新产品，能够在某个方面或某项服务上做到后来者居上。

（2）图书馆可持续发展的战略实施

战略实施是指为实现既定战略而必须进行的各项活动，包括建立组织结构、管理日常的图书馆活动和评价战略的有效性（战略控制）。建立组织结构就是要确定图书馆部门设置、层级划分、分工与合作、职位与职权的设置以及部门的关系；管理日常的图书馆活动包括对人、财、物的管理与协调；战略控制是指在战略实施过程中，为保证战略计划的执行所进行的纠正偏差的行动。战略控制过程包括：①制定评价标准，可分为定性评价标准和定量评价标准。②评价工作成绩，即把实际成绩与评价标准相比较。③反馈与纠正偏差，对控制过程中出现的问题，必须针对其产生的原因采取纠正措施，以便真正达到战略控制的目标。

四、建立图书馆可持续发展的管理体制

图书馆管理体制是图书馆事业在机构设置、领导隶属关系和管理权限划分等方面的体系、制度、方法、形式的总和。它一般分为国家集中管理体制、国家各类型图书馆分属各自主部门管理的分管体制以及由国家委托有关机构起协调作用的民间协调管理体制。目前，我国采取的是分管体制，从宏观来看，存在3个严重问题：①条块分割的多元化行政管理，由行政指令干预图书馆运行。②分级管理的财政体制，造成各个图书馆建设上的"小而全"与"大而全"。③行业管理体制的分散性，造成了图书馆业务工作的非规范化与非标准化。从微观来看，我国图书馆仍没有摆脱计划经济的束缚，大多数图书馆仍然沿袭传统的机构设置与规章制度；人事管理制度中存在权力过分集中，干部能上不能下的现象；在分配上、"大锅饭"现象比较严重。这些弊端严重阻碍了我国图书馆的可持续发展，为改变这种状况，我们需要从宏观与微观层次上建立适合我国国情的图书馆可持续发展管理体制。

在宏观层次上，应建立一个直属国务院领导下的管理与监督机构，如"全国图书情报

委员会"或"全国信息资源委员会"。它拥有相应的职权，包括：①制定全国标准，如分类和主题标引的标准、图书情报计算机应用系统软硬件标准及通信标准；②制定文献资源配置方案和文献资源共享方案。③负责全国性大型项目的组织、方案制定与实施。④对以上工作的执行情况进行指导、监督和管理。⑤负责与国际图书情报机构、组织的协调。这种"全国图书情报委员会"可以从宏观上实现对国内所有图书情报机构的统一管理，避免资源重复建设，为图书馆的可持续发展提供保障。

在微观层次上，应建立与各种类型图书馆相适应的图书馆理事会。这些图书馆理事会拥有对图书馆进行管理与监督的权力，包括：聘用图书馆馆长；评价与考核图书馆馆长；制定职工工资等级标准等；制定图书馆中长期计划；拟定图书馆各项规章制度；评论与核算图书馆预算等。在建立图书馆理事会制度的过程中，我们必须：①改变过去图书馆馆长"一言堂"的作风，正确处理好图书馆馆长与理事之间的关系，使两者能相互配合而互不干涉其具体事务。为此，在理事会章程中应该明确规定双方各自的职责。②严把图书馆理事关，也就是说要科学、合理地甄选图书馆理事，既要考虑理事本人的知识水平、社会地位，又要考虑理事的组成是否具有广泛性，能够真正代表社会公众来管理图书馆。为此，要明确理事的人数、成份与个人素质条件。③要加强理事的教育、发展与自我评价，包括为图书馆理事提供继续教育和与其他理事分享经验的机会，建立委员会的休假制度和自我评价指标体系。

五、建立图书馆可持续发展的管理机制

机制是事务构成要素之间的相互联系、相互制约、相互作用的关系及其综合活动机能。图书馆管理机制是推动图书馆事业发展的各种社会动力和约束力。它包括运用何种社会动力，采用何种方法或手段，来推动各层次图书馆活动的进行以及协调它们的关系。图书馆管理机制主要包括原动力机制、决策机制、用人机制、竞争机制、合作机制、保障机制等，这些机制相互联系与作用，构成图书馆管理机制体系。为促进图书馆的可持续发展，我们必须基于科学、合理的原则，构建图书馆可持续发展的决策机制。

决策机制就是要求根据图书馆事业发展的现状和趋势，对图书馆发展目标、发展规划、发展步骤、实施方案、重要措施、政策策略以及管理过程中出现的各种情况，做出决定和选择的方式与方法。由于决策水平必然影响图书馆的管理水平，决策不科学必然阻碍图书馆的可持续发展，因此，我们必须基于科学、合理的原则，构建图书馆可持续发展的决策机制。如何构建这种决策机制？我们认为：图书馆应建立重大项目立项、重大资金运用、重要设备或文献采购的集体研究与表决制度，组织馆内外专家成立采访工作委员会、计算机管理委员会、数据库建设委员会、中国图书馆学会数字图书馆建设与研究专业委员会、服务改进与推广委员会等，由各委员会就图书馆发展的各项重大决策问题按照规定的决策程序和方法进行分析、论证与表决。决策程序一般包括：发现和提出问题；确定决策目标；

拟订决策方案；分析评价方案；方案择优；实施决策、反馈并修正决策。决策方法包括：调查研究法、预测分析法、可行性分析法、系统分析法、决策树等。这种决策机制能够以集体智慧和民主的监督管理来保证图书馆实施科学决策，避免个别领导者由于在决策中出现的经验主义、教条主义、主观主义而使决策失误或走弯路。

（一）基于用户信息需求和自身发展需求，构建图书馆可持续发展的原动力机制

图书馆发展的原动力机制是指图书馆求生存、图发展的动力及其作用机能，是图书馆及其员工从维护自身利益出发，对图书馆内外部环境因素及其变化的反应方式和图书馆不同员工行为之间的相互依存、制约和影响方式。从宏观上来说，图书馆的发展动力源于社会生产力的发展需求和社会成员对图书馆的信息需求。这种需求不仅决定了图书馆生存的根基，而且直接或间接地决定了图书馆的发展方向，构成了图书馆可持续发展的源动力。从微观上来说，图书馆的发展动力源于图书馆的改革、图书馆员自身的职业责任感与个人发展需求，它们成为图书馆可持续发展的直接推动力量。因此，为了实现图书馆的可持续发展，我们必须基于用户信息需求和自身发展需求，构建图书馆可持续发展的原动力机制，其核心是用户信息需求分析机制、利益分配与激励机制。

图书馆之所以存在并得到发展，是因为它能为用户（包括社会机构、组织与个人）提供基本的信息需求。不管是阮冈纳赞提出的"书是为了用的"，还是迈克尔戈曼提出的"图书馆服务于人类文化素质"，他们都强调了一点：需求决定发展。过去，图书馆很少主动去研究其用户信息需求，处于一种"闭关自守"的状态。然而在目前网络环境下，由于信息技术给图书馆发展带来了巨大的变化与冲击，我们必须重新思考图书馆发展的诸多问题，如职能定位问题、发展方向问题、经济效益与社会效益问题、信息服务与知识服务问题、图书馆职业与图书馆员工发展问题、图书馆与社会、经济、自然协调发展问题等。对于这些问题的研究，根本出发点是从用户信息需求分析开始，既要面对现实，研究并提供目前用户急需的各种信息；又要面向未来，研究并预测今后用户信息需求的走向，为图书馆长远发展提供政策指导。为此，图书馆的用户信息需求分析应该包括如下内容：对信息服务中用户研究的认识、信息用户研究方法、用户信息需求结构与类型、用户信息需求的内在机理、用户信息需求的存在形式、用户信息需求的影响因素、用户信息吸收与利用效果分析。通过这些分析，可以发现满足用户信息需求的现实与潜在机会，挖掘图书馆可持续发展的生长点。

用户信息需求从外部对图书馆的可持续发展发生着影响和作用，而利益分配与激励机制可从内部促进图书馆的可持续发展。它可细分为分配机制和激励机制。图书馆应建立何种合理的分配机制？过去，图书馆实行的是以职称为主的工资分配制度。这种分配制度实质上是一种"大锅饭"，存在"干好干坏一个样，干多干少一个样"的现象，在一定程度上阻碍了图书馆事业的发展。现在大家都意识到必须对这种分配制度进行改革。虽然不同

图书馆可以结合本馆实际制定不同的分配方案,但是我们必须强调一点:应该基于多劳多得、优劳优得、一馆多制的原则构建图书馆可持续发展的分配制度。这种新型的分配制度本质上要求图书馆贯彻以按劳分配为主体、多种分配方式并存,把按劳分配和按生产要素分配结合起来进行分配。图书馆能够参与利益分配的主要要素包括岗位要素、业绩要素、技术要素、管理要素、职称要素、职务要素、工龄要素等。其中岗位要素、业绩要素、技术要素应该成为利益分配的最重要参考因素,也就是说,要把员工的实际工作能力与成绩当作利益分配的核心指标。

激励是另一种动力。图书馆激励机制就是图书馆主要管理者对管理范围内的人员所采取的调动、激发其积极性、主动性和创造性的一种综合行为机制。其功能是引导员工行为方式和价值观念符合图书馆规定或倡导的行为方式和价值观念,增强图书馆目标的吸引力和凝聚力,调动员工的积极性和创造性,以高效地实现图书馆目标。图书馆常用的几种激励方法包括:目标激励、工作激励、参与激励、奖励激励(包括物质激励、精神激励、时间激励、知识激励)、惩罚激励、领导行为激励、榜样激励、自我激励等。在这些激励方法中,我们认为图书馆管理者应该充分利用目标激励、工作激励、参与激励、时间激励、知识激励、自我激励六种方法来实现图书馆管理创新与可持续发展。这是因为根据美国著名心理学家和行为科学家马斯洛的"需要层次论"理论,人在满足基本的生理需要与安全需要的基础上,将逐步走向更高层次的社会需要——尊重需要——自我实现需要。目标激励可以激发图书馆员的工作热情;工作激励能使员工从工作中体验到愉快;参与激励可以让员工参与决策,采取集体讨论、集体决定的监督方法,有助于"自我实现";时间激励能让员工享有一定的自由时间支配权利,获取"时间等于金钱"的收益;知识激励能激发与提高员工的求知欲、创造欲、工作热情与个人素质;自我激励有助于实现个人的理想和抱负,最大限度地发挥自身潜能并获得成就。

(二)基于公平开放、共建共享的原则,构建图书馆可持续发展的竞争与合作机制

图书馆为获得可持续发展,应该基于公平开放、共建共享的原则,在图书馆内部和图书馆外部(图书馆与图书馆、图书馆与其他社会机构)之间建立有效的竞争和合作机制。它可细分为竞争机制和合作机制。建立图书馆竞争机制的目的是:①激发图书馆员的想象力与创造力,发挥图书馆员的积极性、主动性,为图书馆员提供展示才华、提高个人素质、实现自我价值的机会。②充分利用工作时间,提高图书馆工作效率与质量。③促进技术创新,实施科学的管理。④提高图书馆有序化程度,增强图书馆自身组织能力与功能,保证图书馆的自身发展。而合理的图书馆竞争机制是建立在公平原则、双赢原则、诚信原则、开放原则等基本原则之上的,通过公开与公平的行业竞争或个人竞争来谋求图书馆的长远与高效发展。

除参与竞争之外,建立图书馆合作机制是图书馆谋求发展的另一种手段。长期以来,

我国图书馆人为的、行政性的条块分割严重，图书馆间缺乏高效的交流和合作，在一定程度上阻碍了我国图书馆的发展。今后，图书馆应通过网络与国内外其他图书馆或其他信息机构建立多种形式的联合和协作，形成优势互补、业务关联、互惠互利的虚拟联盟，开展合作馆藏建设、合作编目、馆际互借、文献传递服务、参考咨询、数字图书馆建设、馆员交流与学习、文化交流（如联合书展、文化专题介绍、出版电子出版物）等；也可利用网络与大学进行合作教学、科研和服务。事实上，国内外某些图书情报机构已经在此方面取得了长足的发展，显示出巨大的发展潜力，如国内的CALIS，国外的OCLC。

（三）基于组织结构创新，构建图书馆可持续发展的组织保障机制

完善的图书馆保障机制包括法律保障、政策保障、制度保障、组织保障、领导保障、物质保障、技术保障与人才保障8个方面。图书馆可持续发展理所当然地不能缺少法律、政策、制度、物质、技术、人才和领导的支持。不过，图书馆组织结构具有特殊的作用与地位，它根据图书馆的目标和计划来设置不同层次的业务与行政部门，并规定各部门的隶属关系和相互关系、职能和职权的分工以及人员编制、技能的配备与协调，从而使图书馆成为一个结构有序合理、功能完备的有机整体。网络信息技术的快速发展在改变传统图书馆，服务方式与内容的同时，对图书馆组织结构产生了冲击。传统的直线型、职能型、直线——职能型组织形式呈金字塔形，是层级制、垂直式的，它使得图书馆各部门之间壁垒森严、缺乏交流，图书馆整体功能的发挥受到限制或分割，因此已经不能适应图书馆自身发展的需要。那么，为促进图书馆的可持续发展，必须重组图书馆组织结构。尽管有人提出了图书馆组织结构创新的多种模式，如矩阵型交叉管理模式、蛛网型项目管理模式、车轮型学科单元管理模式、星型虚拟管理模式及其组合模式，但是从图书馆目前的实际情况和长远发展来看，图书馆宜采用"知识型团队"组织结构模式。所谓知识型团队，是一种以知识的创建、传播与应用为基本出发点的由相互协作的个体所组成的正式群体。图书馆知识型团队组织由资源建设团队、信息服务团队、技术支持与开发团队、高层管理团队四部分组成（如图1）

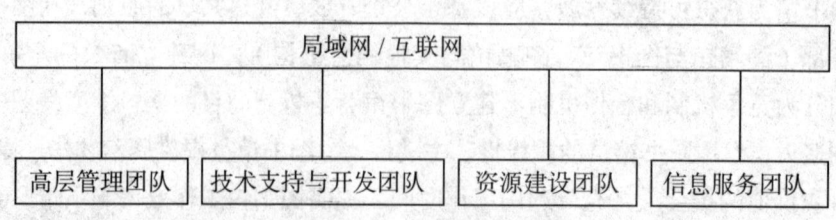

图1　图书馆知识型团队组织结构

资源建设团队负责各种信息资源的收集、整理、数字化转换、描述和加工；信息服务团队主要负责图书馆服务项目的设计与创新，为用户提供各种各样的信息服务与知识服务，如包括外借阅览、参考咨询、网络导航、用户培训等在内的信息服务和包含知识发现、知识挖掘、知识创新等在内的知识服务；技术支持与开发团队负责图书馆新理论、新技术、

新工具、新标准的研究与开发，系统设备的更新与维护，数据处理系统的升级与维护，数据的长期保存与安全保护等；高层管理团队负责规划、组织和控制本馆发展与建设的目标、步骤与进度，构建图书馆知识管理平台，促进馆员之间的相互交流和学习，协调本馆部门间、馆际间的相互关系，进行人事管理和财务管理，组织国内、国际的学术交流。所有团队通过局域网或互联网进行协调与沟通。这种知识型团队组织能够消除由于层层传递所造成的信息失真和延误，加强团队间的相互协作与交流，便于用户参与知识开发与完善图书馆的各项服务，激发团队成员工作的积极性和创造性，改变领导与员工之间的控制与被控制的关系和建立起新型伙伴关系，实现组织结构的扁平化和图书馆业务流程重组。因此，它能为图书馆可持续发展提供组织保障。

（四）基于以人为本的原则，构建图书馆可持续发展的用人机制

图书馆员既是图书馆管理的实施者，又是被管理的对象，是图书馆可持续发展的核心决定力量。因此，我们必须基于以人为本的原则，构建图书馆可持续发展的用人机制。首先，要求树立以人为本的管理理念，将图书馆员作为图书馆系统要素中最重要的资源来加以开发与利用，包括员工的聘用、选拔、培训、激励、监督与约束等。以人为本要求从理念上尊重员工，从制度上关心员工，为员工创造良好的工作环境和生活条件，对员工的管理不再是以使用为中心，而是将人视为最有价值和最富竞争力的资本，以图书馆与员工的共同发展（即双赢）为中心。其次，需要爱才、招才、惜才与用才。信息技术为图书馆提供了巨大的发展空间，在这个空间中，图书馆需要各种类型、各个层次的人才，特别是高技术人才。而目前我国图书馆界中存在一种现象——图书馆招收不到高层次的专业人才，图书情报学、计算机技术等方面的人才大都不愿意去图书馆而是愿意去出版社或公司等其他单位工作。另一方面，有些图书馆现有人才得不到重视与合理利用，导致人才流失严重。要改变这种不良现象，今后图书馆管理者应该在图书馆各项工作与事务中体现爱才之心、容才之量、举才之德、护才之魄、用才之道。再次，需要推行"能上能下"的管理制度，在图书馆内部形成"能者上、平者让、庸者下"的有效竞争机制，废除领导干部职务终身制和员工职称终身制，改管理干部的任命制为聘用制、员工用工制度的单向选择为双向选择。其方法是面向馆内外公开招聘，竞争上岗，通过自愿报名，公开演讲、面试答辩、组织考察等程序，确立最终的管理者或从业者。

第五节　建立面向变化和可持续创新的图书馆管理机制

一、变化、创新与发展管理

（一）变化环境与动态图书馆机制

在数字化网络化信息环境的影响下，图书馆已经从一种稳定的常态机制过渡为加速变化和不断多样化的动态机制。美国 Syracuse 大学信息学院 Scott Nicholson 教授在 2005 年中美数字图书馆高级研讨班上提出"图书馆界过去五年的变化已经超过了以前一百年的变化"。美国 OCLC 的 Environmemt Scanning 报告专门指出，图书馆经历了技术、社会、经济、研究与学习机制等方面的巨大变化，所处环境已经改变，但指引方向的"地图"还没有出版。美国 PEW 关于互联网的未来的调查报告发现，绝大多数人们预言，在未来 10 年内，新闻出版行业、教育行业等将发生根本性改变，而且任何包含中介机制的业务过程都将被改变，任何以中介方式为其主要生存方式的机构都将面临生存危机。

这样的变化，最根本的还不是图书馆为完善自己的服务而不断采用新技术新方法新模式的变化，而是它们所服务的人们利用信息、创造知识的环境与方式变化。

（二）新的发展观和发展管理

在这样的革命性变化趋势面前，对于图书馆来说会有如下变化：

（1）发展的内容已经从提高和扩大传统的资源规模与服务能力，走向了深化服务内涵、建设新型服务能力、构造新型服务机制，从而在新的环境下满足新的要求。

（2）发展的方式将主要不是依靠大规模资源投入，而必须依靠对服务内容、服务方式、服务机制的改造与创新。尽管图书馆还需要在基础能力方面继续完善，但是投入的增长力度及其效益力度都将逐步减弱，满足新的需求能力的跃迁将重新定义服务内涵、重构服务机制、重塑核心竞争力。

（3）发展的推进不再仅仅依靠单一机构的努力，而必须通过多层次和多类型的信息机构的合作联合，既要拓展信息服务机构之间对资源、技术、服务、人才等的共建共享，又要开拓与数据、出版、档案、网络服务、科研、教学等机构的交叉渗透、竞争合作。

（4）发展的过程越来越缺乏可直接借鉴的成熟知识和经验，必须依靠原创性、前瞻性、战略性的分析、探索和创新。

因此，发展的核心将是变化和创新。可以说，一个图书馆的发展与创新能力决定了它在未来环境中的生存能力和生存质量。但是，发展和创新不能是随机和被动，发展和创新需要主动规划、系统管理和前瞻激励。因此，变化管理、创新管理、发展管理，成为现代图书馆管理的核心任务之一。

为了加强发展管理,我们初步建立了如图2所示的行动框架。首先必须加强对用户环境和信息环境的跟踪扫描和战略研究,保证对发展方向的可靠把握;在此基础上要持续地对发展目标进行凝练,对发展战略进行规划,对重点发展任务进行布局。为完成这些发展任务,将更多地依靠对服务、技术和组织管理机制方面的创新进行设计、组织和协调。同时,必须设计相应机制,培育和提升可持续创新能力,使得发展本身成为整体的、全员的、内在的可持续行为。

二、发展战略管理

(一)建立可持续的发展战略管理机制

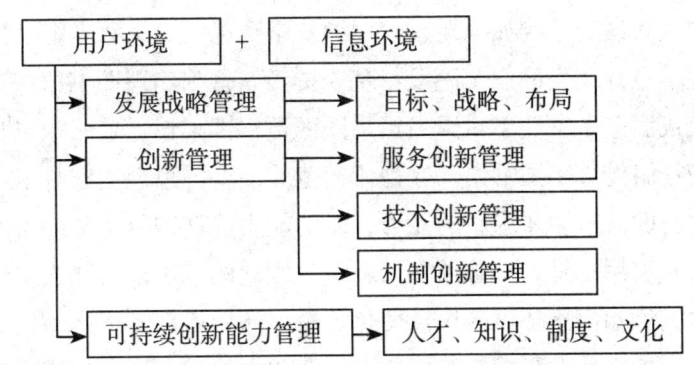

图2 图书馆发展管理框架

由于创新与发展是一个动态发展的过程,因此发展战略管理并不仅仅是简单完成某一次既定的发展规划,更重要的是形成内在的持续的发展战略管理机制。国家科学数字图书馆建设中,力求通过以下三个方面来构建这种机制:

(1)经常性趋势研究,包括我们定期举行专题趋势研究、每年组织的前瞻课题研究、有意识经常举行的国际前沿交流及其总结报告;也包括通过《图书情报工作动态》定期跟踪报道国内外重要研究机构、核心学(协)会、重要图书情报机构、重要相关机构(例如网络信息服务、新闻出版、档案等)、重要相关领域(科研、教育、法律、网络、信息技术)等的重大动态和重要战略文件;我们还准备建立年度观察(Development Watch)制度,形成经常性战略研究。

(2)经常性用户调研,包括系统化用户调研、定期(年度)需求分析报告、与日常服务和培训相结合的用户反馈机制等,将用户需求变化纳入经常性制度性监测之中,将这种监测纳入发展战略管理之中。

(3)年度战略研讨会,由各个方面和各个部门对本业务领域的发展趋势进行研究分析,并成为梳理变化趋势、凝练发展目标的一种基本平台。

（二）建立面向创新的发展战略规划机制

建立发展战略规划时，需要利用规范的方法将分析引向创新。诸如德尔菲法（Delphi）、路线图（Road-mapping）、情景分析（Scenario Analysis）和 SWOT 分析（Strength、Weakness、Opportunities、Threats：优势、弱势、机会与威胁分析）等许多方法都能帮助我们凝练思路，但我们更需要能打破固有思维、突出面向未来的创新的方法，因此，我们借鉴德国西门子公司的双向聚合（Extrapolation + Retropolation）分析。将基于当前趋势的路线图法与基于未来发展的情景设计相结合，既充分考虑当前发展趋势，又有效基于未来的丰富可能。

无论利用任何方式，发展战略规划的出发点，是把握发展的脉络，尤其是有意识地挑战传统范式，有意识地通过范式演变理论来梳理对变化趋势和变化规律的认识，努力洞察即将来临的范式演变。例如，在建设中国科学院国家科学数字图书馆（CSDL）时，专家们归纳整理了范式演变的三个阶段：基于资源、依附物理图书馆的数字图书馆，基于分布环境和集成服务、突破单一图书馆局限的数字图书馆，基于用户和用户过程、打破文献情报服务局限的数字图书馆。这种拷问范式演变的思想基础是承认不断的发展将激发新的需求，新的需求会要求新的能力，新的能力往往需要从新的角度和通过新的机制才能有效开发和利用；是承认必须将创新作为发展的基本动力和主要形式，以创新和需求的快速变化竞争和信息环境的快速变化竞争，从而占据发展主动权；是承认要有意识地探索观念、服务、技术和机制的创新，要有意识地避免自我延伸、自我循环、自我完善、自我束缚，要有意识地争取比用户和竞争对手站得更高、想得更远、动得更快、做得更好。通过战略性思考不断凝练发展目标，通过前瞻性布局激发创新和引导变化，通过滚动性规划推动当前工作和可持续发展。

（三）建立规范的发展战略分析机制

发展战略管理是发展管理的起点，我们需要系统的方法来梳理分析和设计的思路，提高发展战略对未来环境的适应度和创新力度。根据创新规划（Innovation Planning）理论，战略规划的出发点绝不应该是图书馆自己，而必须是它所服务的用户及其环境。通过对用户及其环境变化的分析，建立可能适应未来变化的新的服务范式，在此指导下形成发展目标与场景框架，再由此提出发展任务和实现效果，整个过程（尤其是前四步）不受本机构当前状态的影响。例如，中国科学院文献情报中心在 2002 年进行的关于建设一流图书馆的战略研究，最先选定的分析路线是跟踪国外发达国家的重点先进图书馆，希望通过分析他们的功能与服务来确定我们的发展目标。但随着分析的深入，我们有意识地逐步将跟踪的内容扩展到这些图书馆的发展战略（而不仅是当前状态），继而进一步扩展到它们所服务的领域（例如美国国家医学图书馆所服务的医学与健康、拉斯阿拉莫斯国家实验室图书馆所服务的物理研究）的发展战略，"看看这些先进图书馆所服务的人们所期待的未来变化是什么，看看这些变化对文献情报服务的可能影响是什么"，争取前瞻一步,抢夺发展的主动权,更重要的是将观察与思考对准用户的思路,摆脱自我发展、自我完善的惯性思维。

三、通过创新管理提高设计和组织创新的能力

(一)开放利用技术创新杠杆

现代信息技术对于信息服务的创新与发展具有革命性作用。技术不仅让我们更好地做现在能做的事、帮助我们做现在不能做的事,而且更重要的是,能激发我们做以前没有想到要做的事情,从而改造我们的环境和生活。互联网显然就是这方面的生动例子。因此在创新管理中,需要自觉利用新技术作为创新杠杆,不仅利用新技术去完成现在的任务,更要利用它们去激发新的问题和潜力;技术不仅服务于具体的需要,而且要促进整体改造和未来发展;同时,要有效利用技术本身的发展潜力,将当前的技术应用放在未来的技术发展框架中,又用未来的技术提升当前技术应用的意义和功用。例如,我们利用 Web Services/SOA 和网络技术、开放集成的概念和方法,尤其是基于用户端的集成工具代理系统等,重新设计嵌入用户过程的数字图书馆框架,并以此来推动服务功能和机制的创新。

(二)充分发挥组织机制创新的作用

在很多时候,服务创新很难在原有的组织运行架构中实现。这一方面是由于原有架构本身带来的稳态和惰性往往内在地将人们拉回到原有的任务和流程轨道上,另一方面是缺乏开展新服务所需要的资源(尤其是在原有任务依然存在时,人们很容易找到"充足"的理由让原有的任务占满所有资源)。因此,往往需要用新的组织机制落实新的战略目标。我们提出通过组织结构调整来调整意识、任务和资源配置,包括坚持动态调整组织结构、配合组织结构调整任务和流程、通过组织结构调整促使人们自觉审视与发展的适配度。同时,我们坚持用新的岗位制度保障新的发展布局,包括建立创新(专业)岗位制度、提升岗位要求、推动创新岗位从操作型岗位向知识化服务岗位迁移,坚持按需设岗、按岗聘任、鼓励竞争,坚持全员定期竞聘,坚持推行公开聘任制度。例如,中科院文献情报中心一直按照战略目标不断整合业务单元、建立新的创新单元。2001年,采访、编目、数据库和部分的期刊部被整合成为资源发展部,负责各类资源的集成建设,将流通、检索、期刊(部分)、咨询和培训功能整合为信息服务部,全面组织对用户的各种信息服务。2003年,组建科学文化传播中心,支持该中心充分履行国立科研机构和国立图书馆的社会职责。现在,又根据中国科学院加强科技自主创新能力的要求,酝酿新建面向学科化知识化战略性服务的业务单元,新建面向前瞻研发和技术开发的国内国际合作单元,进一步调整现在的业务和管理单元。我们还按照发展的要求不断调整岗位结构,每隔两年重新设计岗位结构,不断增设学科化知识化服务岗位,相应削减操作性岗位,全面落实全员岗位竞聘,部门主任岗位和正高岗位聘任邀请院内外专家参加,部分部门实现对外公开招聘,逐步做到动态审视岗位结构、规划人员配置、促进员工职业生涯发展。

（三）积极推进服务模式转变

服务模式是在充分把握发展趋势及相应的范式演变的基础上对文献情报服务结构的归纳和提炼。在发展战略规划的基础上，从服务模式转变的角度认识创新与发展要求，认识新的服务目标、内容和方式，有助于人们转换视角、重构服务机制、打破自我延伸、自我循环；而且，从服务模式转变的角度组织服务创新与发展，有助于人们调整布局、重组业务体系、突破现有结构与流程。例如，我们在基于集成的数字图书馆范式基础上，将CSDL建设的重点置于集成资源和服务，很好地支撑了中国科学院这样复杂环境的用户需求；又如，根据数字信息及其网络获取已经成为前沿科研机构的主流信息服务形态的情况，我们提出知识服务模式，推动我们设计和组织以情报研究和学科咨询服务为主的当前发展框架。

四、可持续创新能力管理

我们主要从以下方面进行可持续创新能力管理。首先是人才队伍建设。一方面将人才队伍建设纳入战略规划，注意系统实施。在战略规划中，要建立人才能力发展目标、队伍结构提升规划、促进人才队伍建设的机制体制改革方案。一方面是注重职业生涯规划，推行人才竞争战略，不断地敲问骨干员工：你准备在本专业领域，在现在、2～3年后、5～7年后在什么位置？不断敲问我们自己：本馆人才队伍在现在、2～3年后、5～7年后在国内国际什么位置？另一方面要坚持优化输入和动态更新，既要提高准入标准，持续引进优秀人才，又要通过岗位聘任动态优化人才队伍，保持一定的淘汰比例，同时强化对现有人才队伍的培养，促进他们持续提高，例如通过到国外图书馆做访问学者、参加前沿研究来帮助他们持续更新能力，通过考核来考核岗位职责完成情况、考核发展情况、考核竞争态势。

其次是加强学习型组织建设，建立多层次的学习机制，形成全员学习氛围，促进整体持续发展。一方面广泛学习国内外先进经验，积极组织骨干员工参加国际学术交流，积极组织国际国内高层学术会议、国际专家学术交流报告，积极组织图书馆发展战略论坛，将前沿思想和先进实践引进来。一方面组织进行岗位学习和岗位研究，包括继续教育制度化、岗位学习与研究制度化，并通过年度学术年会制度来集中检验和交流。另一方面努力推动内部交流与学习，包括组织部门学习研讨会议，实行出国学习与考察公开报告制度，建立电子馆务平台，交流学习体会和经验等。

第三是加强创新文化建设，努力营造发展的文化，提倡甘为人梯、敢为人先；努力推动创新的文化，反对自我封闭、自我完善，支持跨越创新、持续发展；努力培育严谨规范的文化，加强机制化制度化建设，形成规范可靠的创新与发展形态；努力塑造和谐团结的文化，以人为本，关心人的才能发挥、职业生涯发展和事业发展，追求和谐、团结宽松的工作与发展环境。

应该说，发展管理的最根本意义不在于对具体行动的精细设计，而在于对环境变化的敏锐跟踪和对发展目标与战略的不断凝炼，在于对"习以为常"、"天经地义"和"理所当然"的不断批判与思考，在于对改革与创新的有意识组织和可持续性推进。因此，尽管本文描述的具体措施还存在不成熟之处，但追求发展、加强对发展的管理、加强发展中创新的规划和组织，将是图书馆的立身之本。

第六章 互联网背景下高校图书馆服务内容创新

第一节 互联网背景下高校图书馆资源共享服务

随着各种社交网络、物联网等新型技术的兴起,大数据时代的到来,学术界、工业界、政府机构都开始关注大数据问题,人类已经进入了以深度挖掘数据价值为核心的大数据时代。人们可以通过对大数据之间的关系进行分析,得出准确的结论,从而做出科学的决策。同时,人们还可以通过分析海量数据来预测某件事情发生的可能性。高校图书馆拥有海量的数字资源优势,如果借助大数据发展,可以进一步推动数字资源建设,为用户提供更好的信息服务。为此,应探讨如何利用大数据思维和技术解决高校图书馆数字资源共享问题。

一、高校图书馆联盟的数字资源具有大数据特征

一是随着高校图书馆数字化建设的深入以及在 Web2.0 时代用户对高校图书馆的文献资源数字化需求的提高,单个高校图书馆的数字资源虽然不具备"大数据"的特征,但高校图书馆联盟的数字资源已经具有了"大数据"的特征。二是高校图书馆的数字资源总量在不断地增长之中,伴随着高校图书馆的数字资源用户的增加,高校图书馆对用户进行服务的信息也是在不断产生非结化数据,高校图书馆联盟的数字资源和服务信息产生的非结化数据是个海量的数据集。三是随着信息技术的发展,用户对高校图书馆的数字资源的信息服务的要求也在不断地提高,不再仅仅局限于对数字资源的查询、查找等一些常规的信息服务,而是转向更深层次地对数字资源的数据挖掘与数据分析。高校图书馆联盟必须根据用户的需求做出数字资源的信息服务策略的改变,以迎合用户对数字资源的信息服务要求。

二、大数据时代高校图书馆数字资源共享的优势

(一)数字资源优势

大数据的主旨思想是将分散的数字资源集中起来,从中进行数据挖掘和分析,发挥其

数据量大的作用。高校图书馆数字资源包括电子图书、电子期刊、各种数据库、音视频资源在内的海量数字资源。单个的高校图书馆的数字资源达不到大数据的标准，但对于高校图书馆联盟，大数据的范围是高校图书馆联盟的全部数字资源。在大数据时代，要对高校图书馆联盟的全部数据进行分析和利用，利用云计算和可视化技术得出精确的结果，并预测未来发展趋势。

（二）海量数据产生的优势

用户对高校图书馆的数字资源的使用，会产生许多的交互数据，使得高校图书馆的非结构化数据快速增加。移动图书馆为高校图书馆的数字资源提供了基于移动网络平台的信息传输途径和服务渠道，同样，以微博为代表的个性化信息服务，都会产生大量的交互数据。将这些数字资源分布在不同的高校图书馆管理系统中，形态不同，组织方式各异，各种数字资源的整合在同一个云平台中，而云计算技术为大数据的发展提供了技术支撑，云计算技术突破了传统图书馆发展局限，通过云计算技术把这些数据集中起来，形成高校图书馆联盟大数据的数字资源体系。同时，云计算具有超强的数据处理能力，并具有对数字资源进行动态分配的能力。

（三）技术优势

云计算技术已在高校图书馆得到应用，而大数据的处理是以云计算技术为基础的。应用云计算技术中的虚拟化技术可屏蔽服务器、网络、存储等物理设备间的差异，可解决物理设备之间无法共享的问题。将高校图书馆联盟现有的硬件设备整合在一起，对硬件设备进行统一调配。利用云计算技术中的虚拟化技术将各高校图书馆的硬件设施都利用起来，降低了高校图书馆联盟的硬件建设成本，为实现数字资源共享提供硬件保障。借助云存储技术，将分散存储在不同高校图书馆的数字资源进行整合与存储，数字资源由云端统一存储和管理，同时，将用户需要的数据进行动态部署，加快了信息服务的进程。采用合理的网络协议，对云计算网络进行严格监控，并由高校图书馆联盟的技术管理人员进行统一管理、维护和监管，提升高校图书馆的数字资源的安全程度。

三、大数据时代高校图书馆数字资源共享问题解决策略

在大数据时代，要解决好高校图书馆数字资源共享问题，我们应探讨高校图书馆的数字资源共享的建设策略、运行策略和安全策略。

1. 大数据时代高校图书馆数字资源共享的建设策略管理层面

大数据共享建设是一项有规划和有可持续发展机制的系统化工程，必须要有良好的建设策略。为此，高校图书馆数字资源共享需要根据大数据时代的要求，高校图书馆联盟要建立大数据管理机构，其功能主要有：①主要负责制订和发布大数据建设和数据共享细则、标准；②负责数据存储，以及处理数据版权事项等工作；③负责数据的管理、使用和分析等工作。同时，各高校图书馆设立大数据基层管理部门，这是大数据组织机构的基层管理

单位，主要负责落实高校图书馆联盟数据管理机构对大数据的规划和要求，组织本图书馆完成基础数据的收集、录入、审核等工作。同时，在高校图书馆联盟数据管理机构指导下统一进行数字图书馆建设与管理，从而整体推进高校图书馆数字资源共享建设。

（1）技术架构层面

大数据技术是指从各种类型的大数据量中，快速获得数据中有价值信息的技术。构建图书馆大数据技术架构，研究解决大数据采集、存储、处理、分析和应用等的相关问题。搭建合理的大数据技术架构是基础性工作，也是整体性工作。大数据技术架构，自底向上，第一层是大数据的采集工作，即对结构化、半结构化、非结构化数据的采集；大数据技术架构的第二层是大数据的存储工作，可以采用云存储、NoSQL、HBASE等技术对数据进行存储；大数据技术架构的第三层是大数据处理工作，即大数据的集成、数据建模、重复数据删除、数据加密、数据备份等工作；大数据技术架构的第四层即大数据的应用，包括信息检索、数据挖掘、数据可视化、学科化服务、知识服务等。其技术架构如图6-1所示。

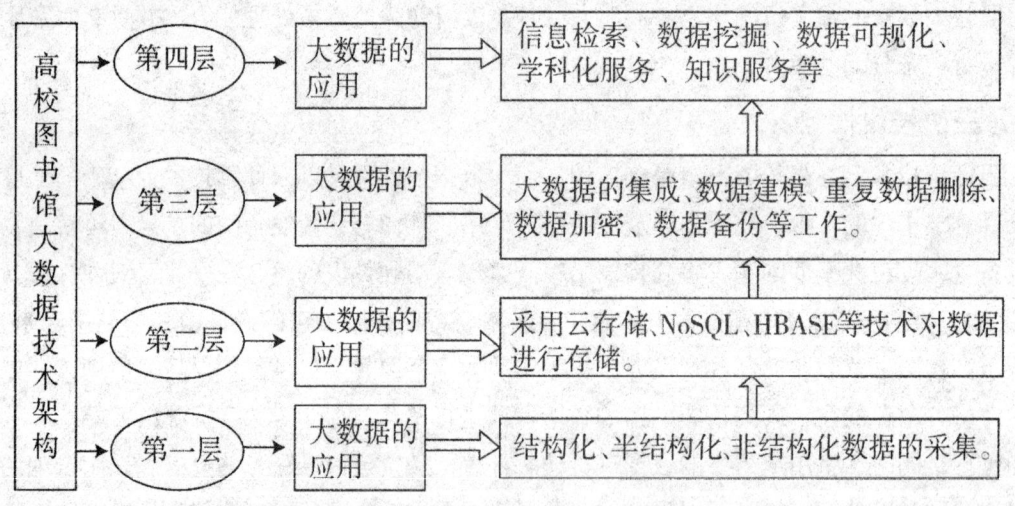

图6-1 高校图书馆大数据技术架构图

（2）建设统一的大数据平台

高校图书馆联盟要建设统一的大数据平台，对各高校现有的数字资源进行整合，进行统一的管理和调配。大数据平台数字资源的采集上要充分利用云计算技术，整合各高校图书馆现有的网络、硬件设备和数字资源，初期对分散在各高校图书馆的数字资源的数据进行抽取和索引，数字资源存储在各高校图书馆，随后逐渐将数据存储集中到大数据平台，最终建立一个为各高校图书馆保存数字资源、数据查询、分析数据提供强大的云端平台。大数据平台采用面向服务的架构，将各类数字资源以按需获取、个性化定制的信息服务形式提交给用户，有助于解决高校图书馆数字资源建设中存在的诸如资源利用率低、信息孤岛、数据安全等问题，从而促进高校图书馆数字资源共享，为需要数据服务的用户提供信息服务。

2. 大数据时代高校图书馆数字资源共享的运行策略

（1）数据运行方面

数据是大数据平台的基础，数据的规范性、准确性以及及时性的更新，对高校图书馆数字资源共享大数据平台作用的发挥有着重要影响。所以，要建立制度化、系统化的数据维护规则，以确保数据来源、审核和使用的各个环节有序进行。

（2）技术运行方面

技术运行维护的对象主要是高校图书馆联盟数字资源的硬件设备、软件系统和数据保存。对硬件的采购，要制订性价比高的采购计划。在日常，重视对硬件的维护，同时，建立灾害备份管理中心，以确保大数据平台运行安全可靠。软件系统方面，要对数据管理系统的使用的友好性、管理数据的方便性、数据运行的快速性等进行及时评估，听取管理者和用户的反馈意见，以便对系统进行升级或更换，优化运行效率。数据保存维护方面，要注意数据存储与使用的合理匹配，保证数据存储的安全和快速，确保用户查询数据高效、准确。

（3）网络运行方面

在建立统一的高校图书馆联盟大数据平台的基础上，利用技术力量对网络进行维护，加强对大数据平台的网络管理，建立网络规划，并组织精心实施，避免因网络的重复建设，而导致人力、财力、物力的浪费。同时，建立网络监控技术系统，对网络运行中存在的问题及时发现，及时维护，避免因网络的问题而造成数据丢失或数据查询困难。

（4）绩效管理和评估反馈方面

建立绩效评估机制，对大数据平台的使用效果和情况定期进行评估，防止因各高校图书馆各自的利益而消极规避高校图书馆数字资源的共享，确保各高校图书馆的数字资源共享长期开展。因此，建立绩效评估机制也可调和各高校图书馆的利益矛盾。建立评估反馈制度，高校图书馆联盟管理机构要对大数据平台的数据的使用情况和安全性进行监控，定期提出指导意见，并进行反馈。同时，大数据管理机构要收集各高校图书馆和用户对大数据平台的反馈意见，发现问题要及时研究，找出解决问题的方法，及时进行修正。

3. 大数据时代高校图书馆数字资源共享的安全策略

（1）数据的安全制度建设

在进行大数据平台建设时需要从国家层面制定数据的安全法规，对高校图书馆联盟数字资源共享安全进行法律保护。同时，对建设大数据平台标准的安全运行机制、数据标准等进行统一规定，越详细、操作性越强的规定，越能减少高校图书馆成员之间在沟通中产生的歧义，以便数据运行安全平稳。还要制定高校图书馆联盟数字资源安全检查的制度，从而对高校图书馆联盟的数字资源的保护有章可循，确保在制度上减少对高校图书馆联盟数字资源安全的制度漏洞。

（2）加强安全监控能力建设

加强日常对大数据平台运行情况的检测，对传输中的数据、正在运行的进程进行监控，共享的数字资源要定期进行安全扫描,确保运行状态安全。在建设高校图书馆联盟数字资源的大数据平台标准的前提下,对大数据平台的各高校图书馆的节点配置安全措施,如果某节点出现安全报警,就将发生问题的节点与整体进行隔离,确保大数据平台的主体安全。同时,要对大数据平台本身的安全监控数据进行整理和分析,如发现问题,则尽早采取相关处理措施。

(3)提高数据安全防范意识

重视保护和挖掘大数据价值的同时,高校图书馆联盟的数据管理人员要具有保护数字资源的敏感性和责任感的意识。高校图书馆联盟的数字资源是一座巨型的宝藏,通过挖掘分析可以对学科的发展方向进行分析、评估和预测,对学科建设和发展将产生巨大的作用。加强数据管理人员安全素质培训,培养数据管理人员的安全的大局观和理念,只有具备大局数字资源的安全意识,才能全面推动高校图书馆数字资源共享建设的科学发展。

大数据技术可以忽略数据类型、时间和空间的限制,从而建立高校图书馆联盟数字资源共享,实现数字资源的联通和集中。同时,通过数字资源共享,大数据技术可以大大提高数字资源的价值。利用大数据技术建设高校图书馆联盟建设大数据平台,实现高校图书馆之间的数字资源的共享。在大数据时代,高校图书馆联盟数字资源共享建设应从三个方面进行:①建立一套完善的运行机制。大数据建设是一项系统工程,必须建立一整套的运行机制,以促进数字资源建设过程中各个环节的有序进行,并做好顶层设计,实现真正意义上的高校图书馆联盟数字资源的整合。②制订一套规范建设的标准。制订各类数据的规范建设标准,实现各类数字资源管理系统的网络互连,为高校图书馆联盟数字资源共享奠定基础。③搭建一个共享平台。有共享平台,才有数据流动和共享的舞台。通过建立大数据平台,将各类数据整合与集成,实现各高校的数字资源共享。

第二节 互联网背景下高校图书馆检索服务

我国高校的学术资源投入一直在保持较快增长,根据"教育部高等学校图书情报工作指导委员会"发布的《高校图书馆发展报告》,2006—2011年纳入统计的近500所高校的文献资源购置费均值超过了300万元人民币,其中超过了1 000万元的高校有42所,有5所高校超过了3 000万元。文献资源购置费的高投入带来了文献资源的高增长,以北京的清华大学图书馆和武汉的华中科技大学图书馆为例,到2011年底学术资源馆藏总量分别为419.7万册(件)和579万余册(含院系资料室),均涵盖了理、工、文、经管等各学科的综合资源,另外分别有各类网络数据库500个和400多个以及大量电子期刊和图书资源。高校馆藏的不断积累,标志着学术资源"大数据(Big Data)"时代的到来。

一、高校图书馆检索困境

学者韩翠峰认为,大数据时代的到来将对作为社会中储存信息知识、提供信息服务的信息中心的图书馆形成冲击与挑战。付蔚和王海兰找到的一份 2002 年的评估报告指出谷歌搜索引擎在一天半的时间内处理的问题要比全美所有图书馆一年所提供的检索服务量还要多。而在 2007 年余金香等人做的文献统计,也支持了以上评估报告的结论,她们发现不少的调查研究都报道了大部分的用户包括学生、教师及专业人员查找资料时的首要信息源不是图书馆购买的商业电子资源或者联机公共检索目录,而是谷歌,造成这种结果的原因主要在于随着馆藏资源的日益丰富,学术资源种类繁多、数据量大、形式各异,不同的电子资源又往往分散在各自独立的数据库、检索系统和发布系统,这使得图书馆的学术信息资源比较分散杂乱,给读者检索和利用造成了许多不便,所以适时、有效地利用先进的学术资源检索技术是高校解决上述问题的重要途径。

二、高校图书馆检索技术及其优缺点

目前我国高校图书馆采用的检索技术主要有"联机公共检索目录"和"联邦检索",现分别介绍如下:

1. 联机公共检索目录

联机公共检索目录的英文为"Online Public Access Catalog"又简称 OPAC,它通过计算机终端查询图书馆书目数据资源,为读者提供馆藏文献的线索和获取馆藏文献的便利。最早的 OPAC 系统出现在 20 世纪 80 年代,OPAC 的初始设计是基于编目理论发展的印刷型世界,目录典型的揭示纸质书刊馆藏,延续了传统图书馆卡片式目录的构建思路,提供与卡片式目录相同的记录内容、记录格式和检索途径,随着网络技术的飞速发展,目前广泛采用的 OPAC 是第二代,它在检索点和网络功能方面进行了改进。根据钱文丽和李亮先提供的调查,我们发现目前国内高校可供选择的 OPAC 的系统厂家有十几家,其中在我国"211 工程"院校使用较多的主要有国内公司开发 Libsys、ILAS 和 MELINETS 以及国外的 INNOPAC、ALEPH 和 Web-Cat。

(1)联机公共检索目录的工作原理

OPAC 的工作原理主要分为三个层次,图书馆馆藏书目源数据与电子资源元数据一起构成数据层;业务逻辑层构建在数据库系统与客户端之间,为每一数据源的 MARC 元数据建立统一的文档类型定义,并通过该类型定义将各数据源的元数据映射成全局 XML 文档视图来进行整合;客户端在 OPAC 的基础上,经过一定的扩充修改后实现统一检索功能。如图 6-2 所示。

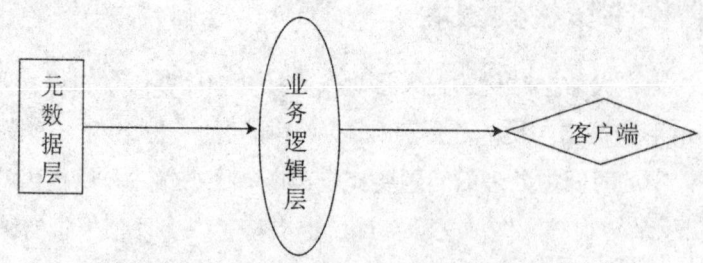

图 6-2　OPAC 系统总体结构图

有关 OPAC 的功能，我们以清华大学图书馆的 INNOPAC 为例，如图 6-3 所示。

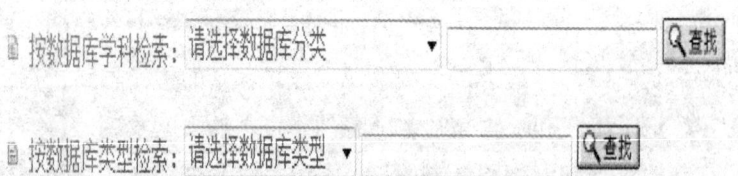

图 6-3　清华大学 OPAC 检索界面

该该系统可查询清华大学图书馆收藏的中西文图书、日文图书、俄文图书、中西文期刊和 1994 年以后收藏的日文期刊、多媒体资源、大部分外文电子期刊、学位论文和中外文电子图书，以及 7 个专业图书馆及部分系图书馆的馆藏。它使用命令语句并包含菜单导向检索，增加了关键词检索，更多地为用户显示数据库记录中的有关主题信息，有的系统还使用词组进行检索。此外，该系统更注重用户界面的设计，为用户提供更多的功能，如下拉式、帮助功能、拼写错误校正、浏览查找、布尔逻辑检索、图形显示书目资料的排架位置等。更加突出的是突破了书目数据的限制，引进了期刊题录、文摘及情报数据等。

（2）对联机公共检索目录的评价

OPAC 系统的应用对学术检索的作用是显著的。首先，OPAC 为读者检索馆藏资源提供了一个统一的界面；其次，OPAC 的应用促使读者养成利用网络查询资源的习惯；最后，OPAC 的机读目录格式为揭示网络信息资源提供了可能。

当然，OPAC 也存在自身的局限，余金香和李书宁就认为 OPAC 发展中存在以下问题：第一，书目记录之间的关联性不强，用户不易辨别和理解检索结果各实体之间的关系；第二，文献单元应该从形式层面提升到内容层面上；第三，检索问题：失败率偏高、耗时，扩展检索能力不强。2005 年 OCLC 在《对图书馆与信息资源的认知：给 OCLC 成员的报告》中提道：信息用户中"84% 的用户使用搜索引擎进行信息检索，1% 的人从图书馆网页上进行信息检索，只有 10% 的大学生认为，在通过搜索引擎找到图书馆网站后，图书馆的馆藏可以满足他们的信息需求"。由此看来，OPAC 技术还需要进行进一步改进，以便更好地满足读者检索学术资源的需求。

2. 联邦检索

维基百科对联邦检索的功能定义为：它可将一个检索请求以合适的语法进行转换后发送到一组独立的数据库中，将合并检索到的检索结果以简洁统一的格式和最小的重复显示出来，同时能提供一个自动或者用户选择的排序方式对结果集进行排序。业界主流的联邦检索系统包括 Web Feat、Meta Lib、Serials Solutions 和 Muse 系统，截止到 2007 年，以上几家公司拥有了全球近 20 000 万家用户。

（1）联邦检索的工作原理

联邦检索的运作机理是这样的：首先它为每个数据库创建资源描述，其次选择满足特定信息用户需求的检索数据库，将用户提问式转译成适合所选数据库的检索格式，接下来合并检索结果并按用户需求定制个性化的排序方式将检索结果反馈给用户，如图 6-4。

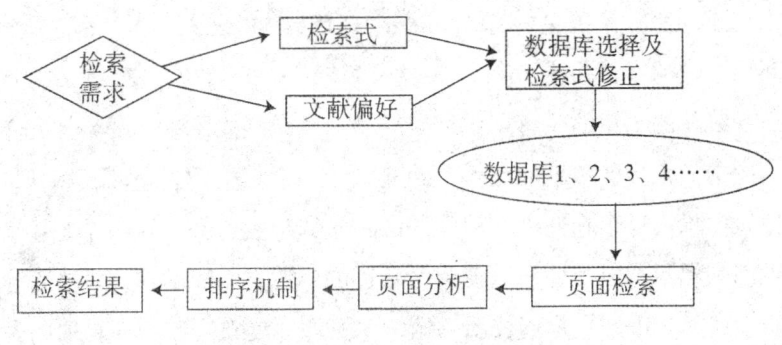

图 6-4　联邦检索流程结构图

以 Meta Lib 系统为例，我们可以实现如下功能的检索：

第一，检索馆藏的纸质资源的电子目录；第二，检索图书馆购买的电子资源并提供全文链接；第三，检索 Google Scholar 等网络免费电子资源并直接反馈全文信息；第四，可以自定义不同资源进行整合检索；第五，读者在登录个人空间模块后该系统能提供个人检索的书目记录文档,也能提供个性化数据库集合定制检索,以及提供定期检索提醒服务。

(2)对联邦检索的评价

联邦检索技术与联机公共检索目录结合,让学术资源的整合检索更加便利,从而提高了学术资源的利用率。

虽然联邦检索系统具有自身的优势,但 Webster 认为该技术还是不能根本解决检索平台间日益增长的复杂性和缺乏统一性等问题。联邦检索在使用过程中仍会存在着一些无法克服的困难,主要有以下几点:①因在多个数据库中同时进行实时检索,这就导致了联邦检索的结果返回速度过慢;②由于每次各个数据库反馈给联邦检索的结果有限(每次只能抓取 20~30 条结果),所以无法实现真正意义上的结果的相关性排序和去重。③读者必须通过图书馆的认证系统才能实现检索功能;④联邦检索并不能优化检索系统,其功能受制于本地数据库检索性能和搜索能力的局限。考虑到联邦检索技术功能的不足,陈家翠认为以元搜索为基础的知识发现系统是下一次学术资源检索发展的方向。

三、检索技术应用趋势

鉴于 OPAC 和联邦检索系统的不足,近年来,图书馆界一直在寻求一种数字资源的整合之道。为用户提供一个实现各类学术资源发现与获取的一站式解决方案,以提升用户利用资源的有效性与友好性,基于元数据预索引的网络级发现服务系统便是其中的佼佼者。2010 年,美国著名的教育技术方面年度报告《地平线报告》就指出,网络规模发现服务将是未来三年发展迅速的一个领域。据几大网络规模发现服务提供商统计,截至 2011 底,已经有 400 余家美国高校图书馆和公共图书馆使用网络规模发现服务。目前,被我国高校用户认识和采用发现服务系统主要有 Summon、EDS 和 Primo 三个产品,虽然用户数量较少,但已引起了业内的广泛关注。

发现服务系统将图书馆的所有资源和馆外学术资源纳入了统一的架构和单一的索引体系,它事先为图书馆众多的本地和远程资源建立了一个集中索引仓储,用户通过一个类似谷歌的单一检索框检索这个仓储以实现资源的一站式检索,并且这些系统还会对检索结果进行有效的组织和揭示,以帮助用户发现最合适的资源,系统的稳定性方面也超越了所有以往的统一检索产品。因此它是高校图书馆学术资源深度整合和便捷获取的发展方向。

目前的发现系统主要采用两种系统架构:纯 SaaS(软件即服务)型和混合型。纯 SaaS 型以 Summon 系统为代表,完全将元数据仓部署在云端,力求实现对于图书馆全部资源元数据的覆盖,并在此基础上构建一个完整统一的元数据索引,如图 6-5 所示。

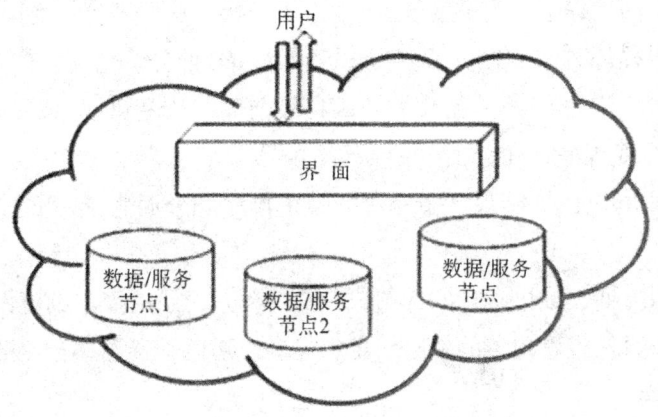

图 6-5 纯 SaaS 模式的发现服务体系结构

混合型以 Primo 系统为代表，本馆馆藏和自建资源数据部署在本地，其他元数据部分则部署在云端，目的是以馆藏和自建资源补充目前元数据仓储中元数据覆盖的不足，如图 6-6 所示。

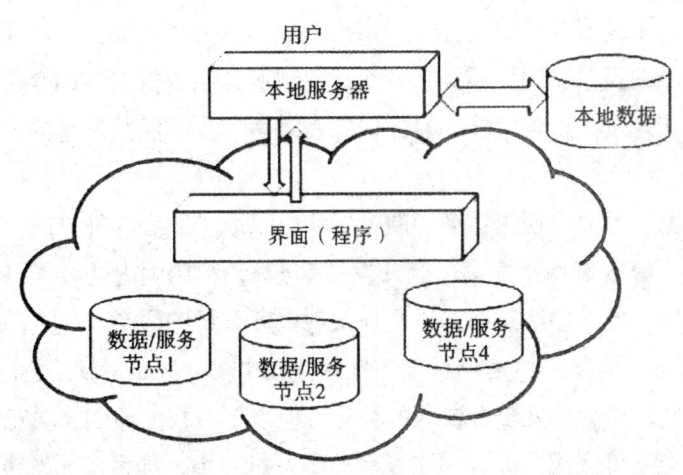

图 6-6 混合模式的发现服务体系结构

两种模式各有利弊，混合型模式能更好地和图书馆原有的 OPAC 系统进行整合，而纯 SaaS 模式能减少图书馆对学术资源维护的成本。

有关发现服务系统的功能，我们以清华大学图书馆的"水木搜索"（Primo 系统）为例：

①在资源整合方面可以整合查询图书馆的各类馆藏资源，包括实体资源和数字资源，涵盖了本地拥有的资源、远程存取资源、书目、全文等。

②在检索方式方面，Primo 提供了简单检索和高级检索两种模式，其中简单检索类似于谷歌的单一检索框，方便读者进行快速检索；高级检索则提供了"题名""作者""主题词"四个检索字段限定栏，同时可以限定"资料类型""语种"和"出版日期"等文献特征，

同一字段内可以使用 AND、OR、NOT 进行逻辑检索，可使用半角双引号进行精确匹配，可使用截词符，不同检索条件间逻辑以 AND 逻辑连接，从而满足精确检索的需要。

③在检索结果提炼方面，提供了多样化的排序和分面分析功能。Primo 将检索结果按照相关度分值排序，与查询相关度最大的排在最前面，读者可以重新选择排序方式，然后按日期或流行程度排序；在分面分析方面，可以通过主题、文献类型、作者、出版来源和语种等多个角度来提炼结果。多样化的结果排序和分面为读者筛选文献提供了便捷的通道。

④在结果获取方面，提供资源的一站式获取。每条记录的简单浏览界面会显示获取链接，结果页面提供直接查看馆藏的借阅信息、提供已购电子资源的全文链接并提供开放资源的 SFX 链接功能等。

此外，该系统还整合了个性化显示和 Web2.0 的功能，结果页面会显示与检索主题相关的百科词条，显示图书封面、目次、书评，并将不同版本或多个分册的图书目记录合并为一条记录显示；它可以让人们联机协作与共享信息，用户参与互动，给系统提供的数据增值，用户可以为百科词条挑错，为记录增加标签、评论、打分，还可以发送检索结果至 EndNote 等。

当然，目前的发现服务系统也存在一系列问题，主要表现在：①国外的几大发现服务系统针对中文资源的目录签约度不高，导致了发现服务系统仅能访问少数中文资源；②并非所有资源都能实现全文检索；③现有的资源发现系统尚不能很好地揭示不同资源条目之间的复杂关系。

针对以上问题，目前发现提供商和图书馆解决采取了部分弥补措施，例如，针对中文资源的访问瓶颈，EDS 和南京大学联合开发了 Find+，利用国内的合作团队开发中文目录资源；而某些高校采取的办法是在引进国外发现服务系统的同时，引进国内开发的中文发现系统。西安交通大学图书馆为例，该馆在引进国外 Summon 发现服务系统的同时，也购买了国内超星发现作为中文资源发现的补充。但由于版权的原因，要想实现所有资源的全文检索则是一个不可完成的任务。在今后的研发过程中，如发现系统更好地借鉴 FRBR（书目记录的功能需求）的思想，将会对资源条目之间的关系揭示带来改进。大数据时代的"3V"：量级（Volume）、速度（Velocity）和多样性（Variety）给不断加大学术资源建设投入的高校带来了严峻挑战，如何让文献检索服务得到广大师生用户的认同是实现大数据第四个"V"（Value）的重要前提，而学术资源检索技术的采用又是文献检索服务得以实现的重要前提。每个新的检索技术的采用并不是对先前技术的全盘否定或者抛弃，而是以原有技术为基础的改进和增加，它们之间是整合协同关系。高校的学术资源提供者应关注检索技术的发展，了解各种检索技术的优缺点，结合用户的切实需求和使用习惯，及时引进新技术并科学引导用户对新技术进行利用，以达到高效利用学术资源的目的。

第三节　互联网背景下高校图书馆个性化信息服务

近年来，国内高校图书馆致力于个性化信息服务的开展，作为信息定向明确、服务针对性强、使用便捷的一种新兴服务模式，它的深入推广受到了高校师生的广泛好评。随着个性化信息服务的大范围推广，如何根据用户不断变化的信息需求情境，实时调整信息服务策略，更好地体现信息服务的"个性化"特征成为高校图书馆个性化信息服务发展亟待解决的问题。

一、个性化信息服务的发展瓶颈

感知用户真实的信息需求情境是开展个性化信息服务的前提。目前，在个性化信息服务过程中，各高校图书馆通行的做法是通过问卷调查、网络访谈、电话咨询等途径事前获知用户的信息需求，通过对获得的用户需求信息进行分析，进而由学科馆员或参考馆员针对相应的信息需求开展独具特色的相关服务。受用户不断变化的信息需求等因素的制约，传统的个性化信息服务模式存在明显不足。

（1）无从感知用户真实的信息情境

传统的个性化信息服务模式在获取用户信息需求时大都以问卷调查或访谈为主，这些传统的信息需求获取模式受问卷调查表设计缺陷、用户表达不清、担忧网络访谈泄露自身隐私等因素的限制，使得高校图书馆获取的用户信息需求往往存在一定偏差，在不真实的信息需求基础上开展个性化信息服务势必难以取得理想的效果。

（2）服务针对性有所缺失

高校图书馆的服务对象主要是在校师生。受师生的教学进度、研究任务不断变化等相关因素的影响，个性化信息要取得良好的使用效益，必须及时根据用户不断变化的信息需求情境实时调整服务策略。然而受时间局限性、频繁沟通的不便等各种因素的制约，日常服务中，师生往往无法做到或不愿向图书馆员来反映自己已经变化了的信息需求，因无法实时感知用户变化了的信息需求，导致高校图书馆所提供的个性化信息服务与用户的信息需求存在严重脱节，服务针对性较差。

（3）个性化信息服务遭遇用户流失危机

互联网环境下成长起来的大学生，自身掌握了丰富的互联网使用经验，他们对图书馆的依赖性有所降低，受图书馆信息服务针对性不强、信息使用不便等因素影响，当有信息需求时他们首先想到的是百度、谷歌、SNS等途径而非求助图书馆。一方面，高校图书馆掌握了丰富的馆藏资源，希望通过个性化信息服务方式为资源找到使用者；另一方面，个性化信息服务针对性不强，用户大量流失。提高个性化信息服务针对性，强化用户使用体验满意度，成为高校图书馆个性化信息服务过程中必须解决的难题。

二、个性化信息服务系统可行性

1. 丰富的数据来源

高校图书馆作为全校的信息资源中心，积累了海量的用户行为数据，如用户查询书目产生的 OPAC 日志，用户借还书所产生的借阅信息，用户浏览、下载电子资源所产生的电子数据库使用痕迹，用户使用学科化信息服务中心与学科馆员的互动信息，用户在图书馆微博和公众号中留下的评语，用户访问图书馆论坛停留时间等。这些海量数据从侧面真实地反映了用户变化着的信息情境，通过对这些海量数据进行有针对性的挖掘、分析，可真实反映用户当下的信息情境，进而为图书馆开展个性化信息服务提供决策参考。

2. 较易识别的目标群体

开展个性化信息服务，需实时跟踪用户不断变化的信息行为，分析用户的信息需求，进而实现精准定位的信息推送。获取用户的信息需求离不开实时的 Web 数据挖掘，而 Web 数据挖掘的难题之一是目标用户的身份识别。对高校图书馆个性化信息服务系统而言，目标群体具有明显的区分度，较易识别。受经费、版权等因素的制约，目前高校图书馆的服务对象主要是在校师生，师生使用图书馆资源时，其信息均已在图书馆注册过，通过对师生的信息记录进行相应的识别，即可准确定位目标群体。此外，高校师生在校园内访问网络资源时，其电脑 IP 地址大都已经在校园网网络中心注册过，通过客户端的用户名及密码，可轻松实现目标用户的精准识别。

3. 用户信息需求的实时感知

用户的信息需求可以通过其相关的信息行为体现出来。对高校师生而言，当他们在教学、科研或学习方面有信息需求时，大都会通过图书馆或互联网等途径进行自我服务。在自我服务过程中，后台服务器能如实记录用户的信息行为数据，通过对这些数据的深入挖掘，用户实时的信息需求显露无遗。

三、个性化信息服务系统构建

1. 系统构建目标

大数据环境下构建高校图书馆个性化信息服务系统，其最终目的是通过对互联网上用户使用日志、会话信息、评论信息、搜索查询记录、图书馆使用记录等进行深入挖掘，实时感知用户变化着的信息需求，进而针对用户的真实信息情境开展有针对性的个性化信息服务。基于系统的构建目的，系统的构建目标为：在图书馆已有的信息服务平台及服务模式的基础上，整合来自不同数据仓库中的相关记录，通过 Web 数据挖掘，感知用户实时的信息需求，并基于此开展有针对性的个性化信息服务。

2. 高校图书馆个性化信息服务系统模型

通过对用户行为数据的实时跟踪，获取用户的信息需求，涉及数据集合、数据规范化、信息分析、信息推送等功能。大数据环境下高校图书馆个性化信息服务系统应包含数据集成模块、数据规范化处理模块、信息分析模块（含结构化数据分析模块、互联网日志分析模块、移动终端位置判定模块）、信息匹配模块、信息推送模块、用户使用评价模块。

3. 高校图书馆个性化信息服务系统模块功能

（1）数据集成模块

高校师生的信息行为数据分散地存储在图书馆不同的自动化系统中，数据集成模块用于将图书馆信息系统相关记录、学科化信息服务平台信息、电子资源使用记录、网络日志等多个数据源中的相关数据进行链接，将不同来源、不同格式、不同记录结构、不同含义特点的数据记录在逻辑上进行有机集中，为数据规范化处理做好准备工作。

（2）数据规范化处理模块

数据规范化处理模块用于对集成后数据进行规范化处理，以使数据符合数据挖掘相关算法的需要。数据规范化处理工作流程如图6-7所示。

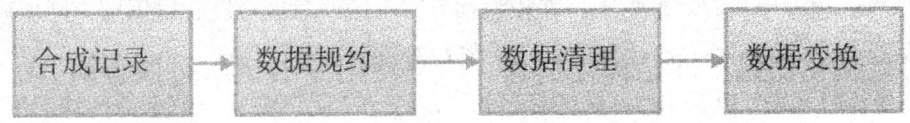

图6-7　数据规范化处理模块流程

第一，合成记录。图书馆所使用的自动化系统由不同的软件开发商提供，因彼此之间缺乏沟通协调，各服务供应商的系统数据库中的数据字段其格式及含义各不相同，要对用户的信息行为进行挖掘，必须选取唯一标识用户的数据字段对来自不同系统的用户行为数据进行有机集合。对高校师生而言，他们使用图书馆的资源，要通过先前办理的图书借阅证，因读者编号具有唯一性，可以将读者编号作为连接用户存贮在不同数据库中的相关记录的连接标识符。

第二，数据规约。不同数据库或网络日志中的信息记录具有不同的标识及记录方法，比如读者信息库中的性别记录可能为"男"或"女"；而校园网络信息中心用户网络日志中的信息记录可能为"Male"或"Female"，而实际他们具有相同的含义，数据规约功能用来对具有不同属性名但含义相同的数据进行规范化处理，以达到降低数据歧义，提高数据分析准确性的目的。

第三，数据清理。经合成记录模块、数据规约模块处理后，同一用户在不同数据库中的记录被集中到了同一字段，这些字段值中有的是重复记录的，需要保留一个属性值，剔除重复属性值；有的部分数据不全，对于遗漏的数据信息，需要进行补充；有的数据有误，需要进行更正；有的部分数值为实数值需要进行离散化处理。数据清理模块主要用于清除噪声数据、污染数据、错误数据及不一致数据。

第四，数据变换。不同的数据分析及数据挖掘算法对数据具有不同的要求，数据变换模块主要通过平滑聚集、数据概化等方式将数据转换成适合数据挖掘算法要求的数据形式。

（3）信息分析模块

高校师生有信息需求时，会通过三种途径加以解决。一是通过图书馆提供的相应服务；二是通过互联网搜索引擎进行信息搜索；三是通过移动互联网求助社交网站。对于用户的这几种信息资源利用方式，分别对应产生了结构化信息、半结构化信息和非结构化信息。用户使用图书馆信息服务时，图书馆大都通过一定的技术手段对用户的咨询内容、服务反馈等进行了如实记载，这些记录大都以规范的表格存储在相应的数据仓库中，属于结构化数据分析模块处理范畴；用户利用互联网进行信息搜索时，会在服务器日志文件中留下使用痕迹，对用户的网络信息行为进行相关分析，属于互联网日志分析模块功能范畴；用户使用移动互联网，利用虚拟人际关系进行信息求助时，其核心节点是人，而非网页，因此对于移动互联网日志我们需要采取特殊的信息分析策略来进行有效分析。

第一，结构化信息分析模块。结构化信息具有固定与规范的数据格式，该模块主要对数据聚合、数据规范化处理后的数据进行数据挖掘操作，对数据挖掘后的相关数据进行聚类与分类处理，根据用户的信息行为，将用户细分为不同的数据粒度，以识别不同用户之间相似的信息行为及相同用户在不同时间段差异性的信息需求行为。

第二，互联网日志分析模块。互联网日志如实地记录了用户对 Web 服务器的访问情况，通过对这些数据进行分析，可以快速、准确获知用户当前的信息需求。互联网日志分析模块分三个工作步骤，如图 6-8 所示。

图 6-8　互联网日志分析模块流程

数据处理模块主要用于对相关数据进行净化处理，识别用户身份，删除不必要信息以达到缩减数据规模、降低系统响应时延的目的。经数据处理模块对数据处理后，可形成如下用户访问日志（见表 6-1）。

表 6-1　用户访问日志

字段名	字段值（举例）	备注解析
IP	192.168.×××.×××	通过电脑 IP 定位用户
时间	3/29/2014	用户访问时间
响应代码	200	用户访问页面时返回的状态码
访问页面	/books/27458.html	用户访问的页面信息
访问频次	27	用户对某一页面的访问频次统计
所用时间	7M	用户端在相关页面停留时间

续 表

字段名	字段值（举例）	备注解析
CRI 查询	××××××	客户端搜索时所使用的字符串
Cookie	××××××	Cookie 中所记录的相关信息
办法	CET	用户端试图进行的操作

在进行互联网信息访问时，用户有可能不通过网页上的链接功能进行页面访问，而是通过浏览器的后退功能直接调用缓存在计算机中的历史记录来进行访问。路径补充模块用于识别用户当前页面信息的原始来源，补充缺失的用户访问路径。

网页的访问频率及停留时间对于判定用户的信息需求具有重要意义。如果用户频繁地访问某一页面或在某一页面上停留了较长时间，则可以认为该页面是用户信息需求的一个集中反映。访问统计模块用于对用户在不同时间段访问的相关页面进行频次统计，填写用户访问日志表中的"访问频次字段"，为用户信息需求判断提供决策参考。

第三，移动信息分析模块。随着智能手机终端、平板等各种移动设备的普及，高校师生通过移动终端获取信息资源已成常态，为改进服务方式，高校图书馆适时推出了微博、微信、掌上图书馆等服务模式，对这些服务模式中所积累的用户信息进行挖掘，对于个性化信息服务的开展具有重要意义。移动信息分析模块用于对用户的移动互联网浏览信息进行挖掘，以获取用户的地理位置、兴趣点等信息行为特征，根据用户的兴趣点实现信息资源与用户移动终端的精确匹配。

（4）信息匹配模块

获知用户的实时信息需求后，高校图书馆工作人员在信息匹配模块针对用户不同的信息需求，利用馆藏资源及互联网信息资源制订不同的信息服务策略，满足用户的个性化信息需求。

（5）信息推送模块

信息推送模块用于对不同的用户进行有针对性的信息推送。系统提供三种信息推送模式，一是用户借阅相关书籍或使用电子资源时自动给用户推荐数据挖掘中发现的其他用户的信息选择结果，有针对性地推荐用户尚未发现的信息资源；二是当用户使用图书馆微博、微信、学科服务时，第一时间根据数据分析的结果，向用户进行相关信息推荐提示；三是根据用户的移动终端位置及终端类型，及时向用户推送其订阅的相关信息。

（6）用户使用评价模块

通过大量的数据挖掘与分析，个性化信息服务系统发现了用户的行为意图，并向用户推送了相关信息。为提高个性化信息服务的针对性，提高系统服务的精准度，用户在接收相关信息时，可以通过用户使用评价模块直接对接收的信息进行评价，系统自动将用户的评价信息存入后台的个性化信息服务库。个性化信息服务库中的信息积累可以为日后高校图书馆工作人员修正数据挖掘算法提供参考，以改进个性化信息服务系统的服务效果。

四、个性化信息服务系统应用

1. 用户隐私权可能受损

个性化信息服务系统通过对用户信息行为数据的集成、分析、聚类、分类等相应处理,发现数据之间隐藏着的用户信息特质,为更好地获取用户信息需求,用户信息行为痕迹被系统实时地监控,无形中增加了用户隐私权受威胁和侵犯的概率。为保障用户的隐私权,在进行用户信息行为数据分析前必须征得用户本人的同意,同时在数据分析前必须对涉及用户隐私的相关数据进行相应的数据清洗操作,删除与个性化信息服务无关的数据,最大程度上避免用户的隐私权受损。

2. 数据来源的限制

只有当用户的信息行为数据达到一定的存储规模并具有一定的数据耦合度时,才能通过个性化信息分析系统来进行数据的深度挖掘与分析,得到具有较高价值的用户信息需求特征。个性化信息服务系统的数据来源大部分局限于校园内,对于用户在校园外的信息行为数据,必须通过与电信服务运营商和移动服务提供商进行沟通协调方能获得。因此,数据来源的局限性,在一定程度上降低了用户信息行为特征识别的精准度。

第四节 互联网背景下高校图书馆嵌入式服务

随着现代信息社会及科学技术的不断发展,使得学科内的团队合作和学科间的交叉合作日益明显,对其综合化要求也越来越高,在具体研究中,对多学科文献资料的专业获取与综合分析成为研究常态。对以主要为院校师生科研、教学提供文献保障与文献信息服务的高校图书馆而言,这些趋势的显现,使得他们不得不思考如何顺应时代的要求,将图书馆服务的中心从以文献为中心转向以用户为中心,无缝地、动态地、互动地融入用户的科研过程中,以此为用户提供专业化、学科化的便捷服务。于是,能满足上述要求与顺应用户需求的融入用户工作学习生活空间的嵌入式服务自被创新应用以来,就迅速地受到了国内外图书馆特别是以为科研等提供信息保障的高校图书馆的青睐,得到了广泛应用。

一、高校图书馆嵌入式服务内容

自 1993 年米歇尔·鲍文斯第一次提出"嵌入式"(embedded)概念,嵌入式逐渐在高校师生的教学科研信息服务中得到动态展现。21 世纪,随着 Web2.0 等现代信息技术的发展与人们获取信息的网络化、数字化趋势愈加明显,嵌入式服务得到了长足发展,图书馆特别是高校图书馆提供嵌入式服务已成为国内外近年来流行的一种主要信息服务模式,并得到国际图联(IFLA)、美国图书馆协会(ALA)等图书馆组织的重视。如国际图联 2008

年社会科学图书馆学分会讨论的论题之一就是"变化着的图书馆员角色,学科馆员、嵌入式馆员等如何改变学术交流的模式"。美国图书馆协会2011年的一期网络直播节目就是关于嵌入式馆员借助不同的方式和途径,嵌入到高校院系的物理空间和虚拟空间,并且有效地融入相关的教学科研活动中。

国外不少图情工作者都认为图书馆的未来取决于图书馆员自身能力的转变,要将大卫·舒马克在其著作《嵌入式图书馆员》中用巡回图书馆员、个人图书馆员、虚拟图书馆员、信息工作者和联络者等称谓来定义离开自己的办公桌,并试图利用他们的人际关系和专业知识,更好地服务于特定的用户群体的图书馆员,他们实践着图书馆的嵌入式服务。通过物理空间的嵌入、虚拟空间的嵌入以及组织空间的嵌入,主动走出图书馆,改变图书馆只"藏"的知识管理模式,而要结合"藏"更好地"用"信息资源,重塑高校图书馆的"智库"价值。

图书馆嵌入式服务是通过利用"藏"在图书馆的知识去服务用户,实现了由向用户提供信息的能力到向用户提供知识能力的转变。因此在开展之初不少图情工作者就认为嵌入式服务将是未来高校图书馆信息服务的必然发展趋势。如美国嵌入式服务研究专家大卫·舒马克指出,从馆内的参考咨询服务向嵌入式馆员的转变是非常必要的。这种认识的出现是因为用户有着不同的专业背景与学科需求,这使得高校图书馆员在日常的服务工作中不但对图书馆信息服务所需的信息检索、信息组织与信息分析等工作技能有着深厚的积累和历练,也对所面对用户的学科领域知识较为熟悉和了解,因而在学科服务上具有一定的优势。由于嵌入式服务能提高资源的发现、利用率,提高用户的图书馆服务满意度,因此,全球范围的高校图书馆都根据自身学科优势和特点积极探索实践嵌入式服务,提倡学科馆员走出图书馆,为用户提供跨越时空的信息咨询、学科导航、课题跟踪、科学数据发现和管理等服务,以促使他们有机地融入师生的教学、科研和学习之中。如美国亚利桑那健康科学图书馆组织嵌入式图书馆员,为各学院提供分布式服务;约翰霍普金斯大学韦尔奇医学图书馆的嵌入式信息专员项目面向教师、学生和职员开展服务;我国的中国科学院国家科学图书馆也早在2006年就提出了"融入一线、嵌入过程"的第二代学科馆员服务,即嵌入式服务模式。

二、高校图书馆嵌入式服务实践

20世纪90年代,我国一些大学图书馆在借鉴国外嵌入式服务的基础上,开始尝试在教师的教学、科研项目中开展嵌入式服务。但当时由于受技术、资源及服务经验等的多方限制,开展的服务也大多是基于学科资源服务与推送提供的学科服务,还不能完全称之为嵌入式服务,自进入21世纪以来,我国高校图书馆才开始真正实践嵌入式服务,如2006年江西宜春学院图书馆开展的在医学院临床专业一种以学生、教学院为中心的教师和馆员学科教育合作模式探索、2007年沈阳师范大学图书馆尝试应用"Big6信息问题解决模式"

嵌入到本科生和研究生的教学过程中、2008年上海交通大学图书馆与任课教师合作，开展了嵌入新生课程的信息素养培训等。随着我国高校图书馆嵌入式服务的深入开展，嵌入式服务的方式、途径与模式也多种多样，我国已有学者将嵌入式服务的途径、模式等进行了总结与分类。作者在此根据嵌入式服务的活动目的与过程不同，将其分为嵌入到师生科研项目活动中的服务、嵌入到日常教学活动中的服务、嵌入到日常学习和生活活动中的服务以及嵌入到政府与社会组织中的服务四种类型。

1. 嵌入到师生科研项目活动中的服务

嵌入到科研项目活动中的嵌入式服务是高校图书馆嵌入式服务的主要形式。具体是指高校图书馆利用自己的丰富资源与在信息获取等方面的专业服务优势，使图书馆员参与用户科研团队，从项目的选题、申报、研究、结题、成果评价和成果转化等各个环节提供全程式的知识信息服务。在科研过程中，图书馆员为科研人员提供研究背景、国内外研究现状等信息，定期或不定期提供同行的最新研究进展与学术动态信息，撰写专题调研报告、学科领域的技术热点报告，对科研机构及其国际国内竞争对象的研发实力、研发产出、未来研发趋势、市场竞争力等方面进行分析与评价。如上海交通大学图书馆农业环境学科馆员范秀凤积极嵌入到教师的科学研究过程，2011年1月12日受邀参与上海交通大学农业与生物学院召开的"农业与生物学院科研项目申报工作会议"，并做了题为"科研课题申请前的文献调研和前沿跟踪"的讲座；上海交通大学图书馆的语言媒体学科馆员汤莉华充分发挥馆员在信息收集、资源获取方面的专长，为刘士林教授的研究课题《中国都市化进程报告》提供面对面的资源检索辅导服务，还为刘士林教授主编的《中国都市文化研究》主持"都市学术资讯"栏目与编撰。

2. 嵌入到日常教学活动中的服务

高校图书馆是学生的第二课堂，除提供信息资源外，为学生提供信息素养教育、提高学生的阅读兴趣与技能等也是其应有的职能之一。因此，图书馆除向科研团队等提供嵌入科研过程的服务之外，将服务嵌入到日常教学活动之中也是其嵌入式服务的一大主要组成部分。国内高校图书馆嵌入到日常教学活动之中的服务，主要是以图书馆员作为教学助手嵌入到用户课堂或者嵌入到网络教学平台（如Blackboard、Web CT等），有机地将信息素养与专业课程结合起来，把信息检索技能、信息意识和信息道德融入专业课程教学内容，通过专业教师与图书馆员的协作使学生掌握专业课程的基本知识，提高学生的信息素养能力，增强学生的自学能力和科研创新能力。例如，自2008年起，上海交通大学图书馆与国家级教学名师王如竹教授倾力合作推出嵌入式新生研讨课《可再生能源的高效转化与利用》。在嵌入式新生研讨课基础上，王如竹教授与图书馆合作申报的《新生研讨课的嵌入式教学和考核新模式探讨》项目获批为2010年上海交通大学本科教学改革项目；重庆工学院图书馆与该校汽车学院合作，将信息素养教育融入《互换性及测量技术》课程的教学和实践。图书馆员负责拟定信息素养课程教学策略、教学大纲，收集大学生实习主题的相关信息，对《互换性及测量技术》课程学习前后大学生信息素养能力进行测试和分析，根据测试分析结果为学科教学和信息素养教学提供改进的参考建议。

3. 嵌入到日常学习和生活活动中的服务

现代信息技术的发展与泛在知识环境的进一步深化，使得人们的信息需求、信息获取都发生了巨大的变化，各种信息服务机构无处不在、无时不有的服务对作为传统社会信息中心的图书馆提出了挑战，为了应对这一挑战，图书馆通过流动图书车、24小时自动借还机来延伸物理服务空间；通过移动图书馆、数字图书馆来延伸网络服务空间；还通过Web2.0技术、工具条开发技术嵌入到社交网络、用户计算机桌面、浏览器、手机等移动终端来实现用户日常学习、生活的嵌入式服务。如清华大学图书馆研发了"The library"工具条、北京大学图书馆研发了"LIBX"工具条等嵌入到用户的浏览器之中；上海师范大学图书馆、清华大学图书馆于2009年11月2日和11月27日分别融入开心网、人人网，围绕图书馆的最新动态和专题培训等信息服务发布日志和记录，建立起"以书为介质、以人为中心"的交流互动，通过投票、测试等趣味应用以及可预期和随机的奖励，让用户对图书馆产生兴趣，使图书馆服务无缝融入用户的社会网络。

4. 嵌入到政府与社会组织中的服务

高校图书馆作为高校的文献信息中心，拥有丰富的专业资源，同时，图书馆员不仅具有信息检索、信息组织等专业服务素养，更是由于近年来高校图书馆在学科服务方面的开展与积累，使得图书馆员还具有较为深厚的专业学科知识，具有一般机构信息服务人员难以比拟的优势，因而高校图书馆在专业领域的信息服务方面还具有人才优势。随着高校图书馆面向社会开放的推进，高校图书馆不仅将文献资源、学习空间面向社会开放，还结合阵地服务，开展了诸如社会阅读推广等社会活动与服务，面向社会、企业、科研单位的嵌入式服务就是其中之一。高校图书馆面向社会提供的嵌入式服务主要是针对用户的需求，提供专题报告，如2009年清华大学图书馆的四位学科馆员和该校的几名博士研究生合作，为北京某科研单位太阳能新材料技术研究提供月度简报和发展态势研究报告。

三、高校图书馆嵌入式服务发展趋势

（一）服务更注重用户体验，服务呈现立体化、常态化趋势

通过嵌入式服务，学科馆员将用户可能需要的信息知识推送到了用户的科研、学习与生活之中，由此可以看出，用户的信息知识获取是在学科馆员根据用户的科研项目、学科背景、选题领域等分析基础上的信息推送、素养培养，对用户来说是一种被动的信息接收过程。毫无疑问，这类针对性与专业性强、信息丰富的信息知识，对于用户来说是非常有价值的，但由于用户的信息接收途径、时间等个体喜好的差异，图书馆完全按照自己的服务模式，去向用户提供已经设定了服务模式的数据产品，用户的体验感受无法在服务中得到体现与反馈，这与越来越强调用户体验的图书馆服务理念是相悖的。因此，可以预见，在嵌入式服务的经验与模式已达到一定积累和成熟的未来，注重用户体验的嵌入式服务将

是图书馆服务发展趋势之一。而且随着大数据时代用户的要求更加趋向差异化、知识化、学科化方向发展,图书馆的嵌入式服务将呈现立体化与常态化发展趋势,从而实现泛在知识环境下的任何时间、任何地点、任何方式获取所需信息。

(二)技术在服务中将发挥更大的作用

技术的产生、发展、运用总能推动着社会的进步,图书馆一直是善于运用信息技术的社会机构,从20世纪70年代的MARC到20世纪末的元数据,再到21世纪初的云计算、大数据,图书馆总能在探索中找到将它们应用于读者服务之中的方式、途径,并且每一种新技术的出现都能促使图书馆升级服务的模式。对嵌入式服务来说,现在已有了从最早的将学科馆员嵌入到科研团队、教师课堂等环境之中来为其提供相应的信息知识,到后来的通过工具嵌入到用户的桌面、浏览器、社交网络等以通过用户的信息定制、互动会话来实现信息的嵌入推送服务。大数据时代的到来推动技术在嵌入式服务中起到越来越大的作用,基于信息数据分析、数据挖掘、知识发现的大数据技术将运用到用户的服务之中,以通过分析、挖掘丰富的用户信息行为等数据来实现对用户可能需要知识的深层揭示与提供。

大数据时代的到来,数据的类型将更加多样,数据的数量将更加丰富,对数据和真相的分析与认识需要管理平台和技术的保障,因而在知识环境下进行所需信息的查找变得更加困难,图书馆需要对服务的内容、对象和手段实施变革,通过系统集成、服务集成、团队工作等多种方式,采用开放式的服务模式,协调和利用各种技术、知识、资源和人员,融入用户工作学习和生活的物理空间、虚拟空间、组织机构和社会网络,嵌入到用户教育、科学研究和决策过程,提供一种到身边、到桌面、随时随地的主动服务。

第五节 互联网背景下高校图书馆知识服务

信息社会的快速发展与大量智能终端的广泛应用,使得数据的产生、来源、类型变得简单而丰富,越来越多的非结构化数据、半结构化数据呈爆发式增长,且其组成结构、类型格式、存在形态等都愈加复杂,整个社会发展进入了一个大数据时代。大数据时代,数据将成为社会资源的一部分被加以重视,基于数据的处理、分析、挖掘等服务都将被信息服务机构所应用和开展,这对承载着知识存储、组织、开发与传播重任的图书馆及以文献信息分析为基础的图书馆咨询服务工作造成了强烈冲击,大数据为高校图书馆知识咨询带来新的机遇。

一、高校图书馆咨询服务新模式

1. 知识咨询服务:有别于传统咨询服务的创新型服务

知识咨询与参考咨询及信息咨询相比,在诸多方面均存在着差异。首先,从定义来看,知识咨询是针对用户在工作、学习、生活中的知识选择、吸收、利用需求，以图书馆员的图书馆学、情报学、信息学等专业知识为基础，利用先进的技术对相关信息进行提取、组织、优化，融入用户知识获取的全过程，为用户决策与创新提供丰富的知识、有效的答案；参考咨询是图书馆员根据用户需求而进行的文献搜集、检索、揭示、传递并提供知识产品的过程；信息咨询则是向用户提供有关数据、资料的服务过程。其次，从服务的专业化、知识化水平来看，参考咨询和信息咨询都只限于所能提供的数据或信息，而知识咨询更在意是否能提供解决用户问题的知识。最后，从服务类型来看，知识咨询服务的提供方式可以是参考咨询、信息咨询的服务提供方式，如将结构化（或标准化）文献信息、数据、线索提供给用户，或将进行了一定数据分析加工的知识产品提供给用户。但知识咨询服务更注重用户的专业化、知识化、个性化需求，提供解决用户实际问题的知识，以及与用户协同合作创造的知识服务和面向用户的知识管理等。

2. 知识咨询服务：大数据时代图书馆知识服务的主要方式与手段

大数据时代，信息资源的竞争力已不再是其所占的数量、范围等因素，而是在于基于信息资源服务的信息化、知识化和信息数据的分析与组织程度，以及基于知识的创新力竞争，产品和服务的最大价值判断标准是其隐藏的信息与知识含量多少，提高产品的信息化、知识化，以寻求隐藏在事物表象背后的本质成为市场竞争的主要手段。图书馆界已敏锐地看到了社会的发展及服务的转变需求，由原来的资源依赖型、劳动密集型服务向知识服务、信息服务转变。21世纪初，国内外图书馆界在知识服务方面就进行了积极探索，到目前已形成了较为完整的图书馆知识服务体系，产生了大量个性化、专业化、团队化的创新服务途径与模式。其中，基于内容分析，与知识服务完美融合的知识咨询服务，必将成为图书馆在大数据时代的咨询服务模式。

二、高校图书馆知识咨询服务新机遇

大数据时代的到来，意味着我们进入了一个以密集型数据的相关挖掘、分析、处理来推动社会创新发展的时代，基于大数据分析等数据处理业务的盛行与成熟，也将为高校图书馆知识咨询服务带来新的发展机遇。

（1）大数据为知识咨询服务带来了更加丰富的数据资源

大数据时代的到来，意味着大量的非结构化数据、半结构化数据应用将进入人们的视野，据互联网数据中心的《数字宇宙》研究报告称，2011年全球被创建和复制的数据总量为1.8ZB，预测到2020年，全球将拥有35ZB的数据量。另一则统计数据显示，世界结构化数据增长率是32%，而非结构化数据增长率则是63%，至2012年，非结构化数据占互联网整个数据量的比例已达到75%。这些数据无不说明大量的社交数据、信息行为数据等结构化数据、非结构化数据、半结构化数据将被记录、存储、分析与利用，无论是数据的类型，还是数据的数量都将得到极大地丰富。

（2）大数据为知识咨询服务带来了更加专业的数据分析技术

信息时代大量信息数据的产生，使得方差分析、判别分析等数据分析理论得到了极大的应用与发展，同时这些分析理论被图书情报服务机构将其与信息技术如仿真模型、神经网络分析、Web挖掘等有机结合运用到了机构网站链接、学科优势分析、影响力评估、可视化图谱绘制、科技发展态势监测、国家竞争力分析等领域。但具体分析这些技术和理论，会发现它们都是基于大量、有序的结构化数据，并不能从真实发生而又未被记录的数据中发现、挖掘更深、更多的隐含信息，进而得到更能揭示事物发展本质以及发展规律的知识。大数据时代的到来则为这一难题提供了解决方案，通过高速捕捉、发现和分析从大容量、多类型的数据中获取价值的大数据技术架构将为数据分析业务带来更多的变化与支撑，如目前被广泛关注和应用的分布式系统基础架构Hadoop、非关系型数据库技术NoSQL等大数据技术。

（3）大数据为知识咨询服务带来了新的解决问题的思维方式

不管是传统的信息咨询、参考咨询还是知识咨询，一般的服务思维都是出现问题—逻辑分析—找出因果关系—提出解决方案，使用户的问题得以成功解决，可称为逆向思维模式。但根据大数据战略，基于大数据的知识咨询流程是：收集数据—量化分析—找出相互关系—提出优化方案，使用户的问题解决方案从成功跃至卓越，可称为正向思维模式。这种解决问题的思维方式的变化将为图书馆的知识咨询服务带来发展机遇，也可引入其他服务。国际商业机器公司与美国孟菲斯警察局合作的"利用数据历史减少犯罪"项目就是一个很好的例证。该项目将大量的数据进行软件分析，发现强奸案和户外付费电话之间存在着较强的关联关系，因此，警方决定将付费电话转移至室内，这使得强奸案的发案率明显降低。

（4）大数据为知识咨询服务提供了广阔的合作视野

知识咨询服务与传统的信息咨询、参考咨询最大的区别就是知识咨询以用户需求为本，寻求解决用户疑问的知识服务。这种服务一方面需要以专业的知识组织、知识发现等素养去完成，另一方面也需要大量的相关信息、数据去支撑，而这些信息、数据的组成很可能是某一专业领域的，也可能是跨专业领域、多专业领域的；既可能是一个信息机构所拥有的，又可能是多个信息机构共同拥有的。这种特征在当前信息时代非常突出，而在大数据时代将更加显现，这就为图书馆带来了一个巨大的发展机会。因为从微观上看，图书馆的数据资源随着这种特征的突显而更具优势；从宏观上看，数据的更加开放、多学科的数据分析联系更为紧密，将为图书馆与专业性服务机构的多领域、高层次合作注入全新动力。

三、高校图书馆知识咨询服务驱动因素

国际商业机器公司目前发布的基于全球95个国家、26个行业的，1 144名业务人员和IT专业人士广泛调研形成的《分析：大数据在现实世界中的应用》白皮书认为实践大数据的五大驱动因素中，数据资源将会是大数据时代发展各个相关业务的主要驱动因素之

一。同时,"2012年互联网数据中心亚太区大数据高峰论坛"及其与会者的最新调研成果《中国大数据技术与服务市场2012—2016年预测与分析》认为"大数据相关人才的欠缺将成为影响大数据市场发展的一个重要因素"。虽然大数据时代图书馆知识服务的发展驱动因素有很多,但数据资源和人才建设将是最主要和最重要的两大驱动因素。

(1) 数据资源建设

大数据时代的到来,使得数据成为企业、机构乃至政府所重视的资源。2012年1月,瑞士达沃斯论坛发布的《大数据、大影响》报告形象地将数据称为社会的"金矿"和"黄金"。此外,一些IT业发达的国家如美国等近来出现了一批以数据的获取、聚合、加工为盈利手段的企业,由此可看出大数据的资源价值。图书馆知识咨询服务中的数据分析,数据处理和数据挖掘等大数据技术的实现也需要大量的大数据资源支持,而这些数据可能是已存在于图书馆数据库中的书目信息、电子图书等结构化数据,也可能是用户在图书馆的借阅行为、阅读习惯等非结构化数据,更可能是在其他社会场所如商业中心、社会服务中心、娱乐中心和工作空间等的信息行为数据。有权威机构2011年发布的统计数据显示,全球数据总量每两年就会增长一倍,预计到2020年人类拥有的数据总量将会达到惊人的35万亿GB。新增数据中,90%以上属于传统技术难以处理的非结构化数据,如音频、视频、图片、网页等。因此,图书馆应认清数据在知识服务特别是知识咨询中的重要性,提高数据收集意识,并通过对现存数据进行分析、加工、重组,把大量随机的、分散的、无序的信息转换为规律的、集中的、有序的数据,来为将来的知识咨询等服务提供坚实的数据保障。

鉴于目前图书馆的数据资源类型较为单一,特别是隐藏着巨大价值的非结构化数据收集几乎属于空白,图书馆在数据资源的建设中,需特别重视非结构化数据的收集与丰富,以满足用户个性化、多样化的知识需求。如美国国会图书馆的"美利坚记忆",收集整理了照片、手稿、海报、乐谱、地图等记载美国历史文化特色的馆藏资源。又如馆内布局与藏书流通率的关系等,表面上看起来毫不相关的两件事,通过大数据分析,却能量化并预测用户的借阅行为。因此,只有将非结构化数据与结构化数据加以综合收集、分析,知识咨询服务才更能得到用户的认同,并创造出真正的价值。令人欣喜的是,国家图书馆正在进行新一期维修改造,建成之后的数字图书馆的非结构化数据存储量将达到800TB,这说明我国图书馆界已认识到大数据带给图书馆的价值与机遇,并已开始了数据的收集与整理工作。

(2) 人才培养

大数据时代的到来使得大数据技术与服务市场得到空前发展,也使得社会对掌握数学、统计学、数据分析、商业分析和自然语言处理等多学科知识的数据工作者的需求越来越旺盛。互联网数据中心认为中国大数据技术与服务市场将会从2011年的7760万美元快速增长到2016年的6.16亿美元,同时麦肯锡也认为2018年,美国需要14万~19万名具有"深度分析"经验的工作者,以及150万名更加精通数据的经理人。而多种数据显示这类工作人员非常稀缺,如著名的国际研究暨顾问机构高德纳咨询公司(Gartner Group)就认为只有 1/3 的新的工作岗位能雇佣到熟悉大数据技能的 IT 专业人员。图书馆若想从信息时代的参考咨询、信息咨询走向大数据时代的知识咨询,并将其嵌入到用户的管理决策,教学科研,科技创新等社会行为的全过程之中,提供以智力、知识、工具的应用为特征的深度知识服务,则需要咨询馆员的知识结构、技能素养等。互联网技术巨头眼中的数据工作者、数据科学家相差无几。因为在大数据时代,图书馆知识咨询馆员既要掌握学科服务、嵌入式服务等咨询服务工作必备的信息检索、信息分析、信息组织及相关平台与工具使用等基本素养,还要掌握大数据环境下的数据挖掘、数据组织等大数据知识与技能。

英特尔中国研究院首席工程师吴甘沙也认为大数据最为关键的部分就是数据分析和挖掘数据价值,这就需要对数学、统计学、机器学习等多方面知识的综合掌控。因此可以看出,大数据时代图书馆知识咨询馆员除需具备传统咨询馆员的基本素养外,还需具备的首要素养就是能对数据做出预测性的、有价值的分析。这是因为从计算机学界的理解来看,大数据的核心技术是机器学习和知识图谱,介于基础设施和应用之间。例如,大数据应用的代表谷歌公司的开发方向即为机器学习以及由搜索团队负责的知识图谱。也正是由于大数据具有这样的业务特点,所以企业最需要两种人才:一类是综合型人才;另一类是技术专家。但对图书馆来说更需要第一类人才,因为图书馆知识咨询馆员既要了解所服务的用户学科背景,还要了解图书馆的相关服务知识,更要了解大数据技术的各个层面,以综合的视角制订切实可行的方案。

在人才培养途径上,目前一些互联网公司已经意识到了大数据人才紧缺的问题,建立了专门的数据科学家团队,但对图书馆来说,与专业的数据处理公司和高校合作,通过人才委托培养等方式,使用成熟的产品和技术是更为现实的选择。另外,一些高校与企业联合开展的大数据教育模式,也为图书馆的大数据人才培养途径提供了捷径与借鉴。如北京航空航天大学计算机学院、软件学院与百度、淘宝、腾讯等企业合作,联合创办了国内首个大数据专业工程硕士培养项目。美国的密歇根州立大学、伊利诺伊州立大学、北卡罗来纳州立大学和亚利桑那州立大学等也开设了大数据的相关课程和研究方向。如亚利桑那州立大学已经围绕元数据、数字格式和数据迁移等主题开设了数字馆藏课;伊利诺伊州立大学香槟分校则开设了一个数据监护方向的硕士学历教育项目。

大数据时代的到来及大量相关技术的广泛应用,将使得海量、复杂、多结构数据的即时获取、精确分析、深度挖掘成为现实,为图书馆等信息服务机构的服务手段、服务理念、服务思维、服务基础、服务载体、服务管理等带来支持与改变,也将为正在国内外图书馆界兴起的知识服务带来诸多服务增长点,其中基于大数据分析支持的知识咨询就是主要的增长点之一。但如同 Web2.0、云计算等技术一样,任何技术都是一把双刃剑,大数据在为图书馆带来全新的技术、方法、平台、理念来帮助和促使人们通过数据整合、数据分析、数据挖掘来揭示出数据的内在价值,并且实现数据的价值增值的同时,也给图书馆带来了诸多的其他问题。如大数据的应用在推动服务向以数据为中心的密集型、创新型服务转化的过程中，用户个人隐私却无处遁形了。2013年央视3·15晚会曝光的网络广告商通过Cookies偷窥用户隐私的行为，其实也就是一种大数据的隐私泄露事件。包括图书馆在内的社会服务机构，若想在大数据时代有所发展，解决诸如此类的相关问题也就显得非常必要和紧迫。

第六节　互联网背景下高校图书馆阅读推广

图书馆学界著名学者范并思认为，高校图书馆应该将阅读推广作为图书馆发展的核心领域。通过推动大学生阅读，培养大学生良好的阅读习惯，帮助大学生树立正确的世界观、价值观、人生观，帮助大学生建立健全人格和品质。在高校图书馆阅读推广中，如果能充分发挥利益相关者的作用，将会使整个阅读推广体系更健全、更丰富、更有效。

1963年，斯坦福大学研究所对"利益相关者"做出了定义，认为："利益相关者是指若失去其支持则使得组织无法生存的团体。"随后，瑞安曼对"利益相关者"给出了较为全面的定义："利益相关者通过企业来实现其目标，同时也对企业实现目标产生影响。"目前，影响较大的是1984年美国学者弗里曼在其著作《战略管理：利益相关者管理的分析方法》中提出的利益相关者相关理论，他认为"所谓利益相关者，是指能够对组织目标的实现产生影响，或者受到组织目标影响的个人或者群体"。利益相关者理论明确说明了集体或者集团应该追求的利益最大化不应该仅仅是其本身的利益，应该是集团相关者与集团共同的利益，也说明了集团的发展离不开相关的参与者。

一、高校图书馆用户分析

高校可以被视作一个利益相关者组织，作为高校的一个子组织，高校图书馆也是一个利益相关者组织。高校图书馆的利益相关者，是指那些对高校图书馆的运作和发展产生影响的组织或个人。高校图书馆利益相关者由读者、图书馆员工、管理部门、学校其他部门、资源商、其他图书馆、社会捐助方、媒体、其他相关机构等组成。这些利益相关者可以分为直接相关层、兄弟伙伴层、资助层、其他层四层。

直接相关层，包括直接与图书馆日常事务相关的读者、员工、资源商和管理部门。读者对图书馆的使用状况直接决定了图书馆的资源建设方向和发展目标，所以，读者是图书馆核心的利益相关者。虽然目前读者能够直接参与图书馆管理的途径较少，但是读者参与图书馆管理非常有必要。图书馆员工包括图书馆各个部门的工作人员，图书馆员工是图书馆建设和服务的主体，在大数据环境下，图书馆员工更应该具有连接信息资源和读者的能力。资源商是指为图书馆提供纸质资源、电子资源等资源的出版社、杂志社、电子数据商等，这些资源商提供资源的种类和数量直接决定着读者能从图书馆获得知识和信息的广度和宽度。管理部门是高校中管理图书馆工作的部门，包括财务、基建等部门，这些部门直接决定着图书馆馆舍的位置、大小，图书馆每年能够购买资源的资金等，从而决定了图书馆能够为读者服务的便捷性、舒适性以及图书馆资源的全面性和实效性。

兄弟伙伴层包括学校其他部门和其他图书馆等，学校其他部门是指与图书馆工作不直接相关的部门，这些部门虽然不直接决定图书馆的各项资源，但是可以与图书馆开展合作，如共同举办学生活动等，来提高图书馆的利用率。其他图书馆则指其他院校图书馆和公共图书馆等，通过与兄弟图书馆的合作，共享资源和服务，能够为图书馆的发展提供支持和帮助。

资助层是指为图书馆提供资助和捐助的集体或个人，资助方为图书馆提供资金或者实物捐助，有效地补充高校图书馆在财政方面的不足。

其他层则是指与图书馆工作相关的其他集体或个人，包括媒体等相关机构。

二、国内外高校图书馆阅读推广活动

（一）国内高校图书馆阅读推广活动

国内高校图书馆开展了各种各样的阅读推广活动和读书项目，这些活动主要集中在图书馆主导的一些传统的服务项目上，包括讲座、刊物出版、阅读活动等。

（1）新书/好书推广赏析讲座

许多高校图书馆都开展了新书/好书推广、推荐和赏析的讲座，为读者提供新书资讯。有些高校图书馆会不定期开展相关讲座，邀请图书作者或专家为读者介绍和鉴赏好书。有些高校图书馆还会通过这种方式推荐一些好的影视作品。

（2）导读刊物

不少高校图书馆编制了导读刊物，通过刊物，图书馆工作人员与读者、读者与读者进行交流。刊物内容不仅仅局限于好书推荐、发表读后感，还可以分享经典小故事和原创文章等。

（3）特色阅读活动

高校图书馆根据自己学校和地域特色，开展特色阅读活动，如根据阅读内容定的"红色阅读"，集中推广爱国爱党书籍；根据阅读对象定的"亲子阅读"，主要鼓励教职工与孩子共同阅读；根据时间定的"睡前半小时阅读"，主要倡导读者每天开展一定的阅读。

（4）阅读日/阅读月活动

高校图书馆在特定的时间开展阅读日或者阅读月的活动，如结合4月23日世界阅读日等时间契机，开展读书文化系列活动，引导图书馆读者以书为友，养成良好的自主读书习惯。

（5）结合网络技术的阅读推广活动

许多高校图书馆通过开设图书馆博客、微博等，在网上为图书馆用户推广图书阅读。此外，有些高校还开发了移动图书馆，为读者在手机等移动便携终端提供电子阅读服务。

（二）国外高校图书馆阅读推广活动

国外高校图书馆在阅读推广活动方面，除了开展与国内类似的常规活动外，还有一些特色创新活动，主要有：

（1）鼓励电子阅读

目前电子化阅读非常流行，国外有些高校图书馆专门建立了电子阅读室，让读者在图书馆享受到丰富多彩的电子化阅读。例如，美国北卡罗来纳州立大学就设有专门的学习共享空间，在这个空间里有多种先进的多媒体设备，包括触屏阅读机、影视墙、电子报纸等，很好地弥补了传统纸质图书阅读的不足，满足了网络时代读者的阅读需求。

（2）读书认证机制

国外有些高校图书馆有专门的读书认证机制，学生需要完成基本阅读数量或者参加足够的读书活动并通过评价考试才能毕业。为了保证毕业阅读认证的顺利实施，还配备了专门的阅读推广机构，对毕业阅读认证进行运作。例如，韩国江原大学的学生如果选择读书认证，则需要完成规定的基本阅读数量或阅读活动，同时江原大学有专门的毕业资格读书认证运营委员会，负责出台相关政策、推荐图书、举办活动、开展考试和宣传等。

三、高校图书馆阅读推广策略

目前，大数据环境下的高校图书馆阅读推广活动不应该仅仅限于图书馆主导。除了图书馆本身，其他的利益相关者包括资源商、兄弟部门等也都是阅读推广的受益者。因此，高校图书馆在开展阅读推广时，应该与利益相关者进行合作，或者直接由高校图书馆的利益相关者牵头开展一系列阅读推广活动。

1. 直接相关层阅读推广活动

（1）读者开展的阅读推广活动

读者是高校图书馆开展阅读推广的实施对象，读者需要在所有阅读推广活动中承担受众的角色，除此之外，读者也可以发挥自身能动性，主动参与阅读推广相关活动。读者可以在各类阅读推广活动中承担志愿者的角色，利用目前的大数据环境，在各个平台上积极参与阅读推广的活动；也可以帮助进行口碑影响，在读者之间宣传阅读推广。图书馆还应该鼓励用户自创阅读推广活动，发挥用户的聪明才智为用户提供展示自己的平台。

（2）图书馆员工开展的阅读推广活动

图书馆员工是高校阅读推广的主体，在保持现有的、常规的阅读推广活动外，高校图书馆员工应该加强交流和学习，开展更加丰富多彩的阅读推广活动。其主要措施可以分为硬件和软件两个方面：硬件方面，高校图书馆员工应该为图书馆用户提供良好的阅读环境，包括富有文化气息的桌椅书架、先进便捷的阅读设备、温馨的装修装饰等；软件方面，高校图书馆员工应广泛开展各种阅读推广活动，如针对特定的节假日开展主题阅读活动，在端午节举行屈原作品品鉴会、国庆节举行爱国作品茶话会等。

（3）资源商开展的阅读推广活动

高校图书馆的资源商可以对图书馆阅读推广活动给予一定的资金支持，为其他活动提供奖品等。资源商也可以作为活动的主办者，开展一些阅读推广活动。例如，超星等电子资源提供商可以开展读书大赛，鼓励高校大学生阅读电子书，并根据大学生阅读的数量进行评比和奖励；CNKI可以根据其收集的用户使用大数据进行用户行为分析，从而为用户推送具有针对性的资料；新华书店等纸质书商可以在校园里开展签售会、读后感征文比赛等，鼓励大学生阅读。

2．兄弟伙伴层阅读推广活动

（1）高校其他部门开展的阅读推广活动

高校里的其他部门包括各院系、各职能部门等，这些部门除了可以帮助图书馆协办阅读推广活动外，还可以主办一些阅读推广活动。例如，团委可以结合文化活动打造阅读推广品牌活动，让全校师生感受到丰富的书香文化；院系可以举办某一学科的图书阅读月，在这一个月大力推荐该学科名著，帮助学生提高专业素养。

（2）其他图书馆开展的阅读推广活动

其他图书馆包括其他院校图书馆、公共图书馆、各种机构图书馆等，其他图书馆在高校开展阅读推广活动，可以提高该图书馆的图书利用率和该机构的知名度。例如，公共图书馆可以针对高校师生无押金办理借书卡，鼓励高校师生到公共图书馆进行阅读和使用，这样可以帮助高校图书馆补充资源的不足，也使得公共图书馆发挥更大作用。

3．资助层阅读推广活动

资助层除了在图书馆开展阅读推广活动方面进行资助之外，还可以开展以资助方命名的阅读推广活动。例如，一些知名人士为高校师生免费发放资助者的传记，鼓励高校图书馆用户学习名人精神和力量，同时也可以提高资助方的知名度。

4．其他层阅读推广活动

其他层包括媒体、社区等各种与高校图书馆有关的群体，这些群体既是高校图书馆的利益相关者，又是高校图书馆阅读推广的参与者和受益者。媒体可以利用高校图书馆阅读推广活动开展宣传，也可以在高校图书馆用户中推广自己的媒体产品。社区可以与高校图书馆结合，倡导社区居民与高校师生一起共享阅读，也可以邀请高校图书馆员工、用户参与到社区图书馆建设和文化氛围塑造中，打造学习型、阅读型社区。

阅读推广是高校图书馆的主要工作主题，阅读推广不仅仅能够为读者提供知识，也使得高校图书馆的利益相关者们从中受益。在阅读缺失的年代，高校图书馆的利益相关者们，应该站在共赢的视角上，转变传统的观念，积极共同努力，引导高校图书馆用户开展阅读、关注阅读，打造书香校园、书香社会。

参考文献

[1] 黄如花, 司莉, 吴丹. 图书馆学研究进展 [M]. 武汉: 武汉大学出版社, 2017.

[2] 中国社会科学情报学会. 图书馆、情报与文献学研究的新视野（7）：中国社会科学情报学会 2013 年学术年会论文集 [M]. 北京: 中国书籍出版社, 2014.

[3] 霍瑞娟, 刘锦山. 基层图书馆建设与服务创新 [M]. 北京: 国家图书馆出版社, 2016.

[4] 钱静雅. 我国现代图书馆管理理论与实践研究 [M]. 北京: 中国水利水电出版社, 2017.

[5] 阮光册, 杨飞. 公共图书馆管理与服务 [M]. 上海: 上海科学技术文献出版社, 2015.

[6] 范并思. 图书馆资源公平利用 [M]. 北京: 国家图书馆出版社, 2011.

[7] 沈学植. 图书馆学 ABC[M]. 北京: 知识产权出版社, 2017.

[8] 刘芳. 图书馆学会职能的拓展与延伸 [M]. 沈阳: 辽宁科学技术出版社, 2015.

[9] 徐娅囡. 新形势下高校图书馆的发展与创新研究 [M]. 北京: 中国纺织出版社, 2018.

[10] 王惠君. 基层图书馆公益讲座 [M]. 北京: 国家图书馆出版社, 2011.

[11] 叶继元. 图书馆学学术规范与方法论研究 [M]. 北京: 科学技术出版社, 2014.

[12] 何秀荣. 高校图书馆创新发展研究 [M]. 北京: 中国农业大学出版社, 2018.

[13] 柯平. 图书馆战略规划研究 [M]. 北京: 社会科学文献出版社, 2014.

[14] 盛小平. 图书馆职业发展与制度建设 [M]. 北京: 科学出版社, 2016.

[15] 李华, 史新伟, 李迪. 高校图书馆信息资源建设与学科服务研究 [M]. 北京: 中国纺织出版社, 2018.

[16] 郑建明. 数字图书馆建设体制与发展模式 [M]. 北京: 科学出版社, 2013.

[17] 李健. 高校图书馆服务标准体系研究 [M]. 北京: 科学出版社, 2017.

[18] 张浩如. 图书馆营销研究 [M]. 北京: 国家图书馆出版社, 2017.

[19] 王波. 图书馆学及其左邻右舍 [M]. 北京: 海洋出版社, 2014.

[20] 朱明. 图书馆管理制度与制度化管理 [M]. 北京: 中国社会科学出版社, 2018.

[21] 龚娅君. 数字图书馆新媒体服务研究 [M]. 北京: 国家图书馆出版社, 2016.

[22] 张成昱，张蓓，远红亮，等，移动数字图书馆：和知识一起运动 [M]. 北京：清华大学出版社，2017。

[23] 杨新涯，图书馆服务共享 [M]. 北京：知识产权出版社，2016。

[24] 程娟，图书馆核心竞争力研究 [M]. 北京：国家图书馆出版社，2016。

[25] 张伟，刘锦山，公共图书馆转型与内涵发展 [M]. 北京：国家图书馆出版社，2017。